U0922310

序言

全国政协常委
中国煤炭工业协会会长 王显政

“十一五”期间是我国煤炭行业发展最快的五年。这五年，煤炭政策法规体系不断健全、市场化进程加快，行业发展环境改善，企业经济效益稳步提高；煤炭投资规模扩大、煤矿产能快速增长，累计投资超过万亿元，产量年均增量1.78亿吨；自主创新成果丰硕、科技进步速度加快，一大批关键技术和重大装备攻关取得成效，煤矿生产力水平显著提高；结构调整力度加大、产业融合进展快速，产业集中度大幅度提高，上下游联合发展机制初步形成；科学发展理念逐步树立、企业主体地位不断提升，内部治理机制逐步完善，企业市场竞争能力明显增强；矿区环境面貌改善、职工收入水平明显提高，许多矿工家庭喜迁新居，和谐矿区建设日新月异，我国煤炭工业发展站在了新的更高的历史起点上。

展望“十二五”，国家发展蓝图已经绘就，前进的号角已经吹响。新的五年，我国转变经济发展方式将取得实质性进展，综合国力、国际竞争力、抵御风险能力将显著提高，人民物质文化生活将明显改善，全面建成小康社会的基础将更加牢固，煤炭作为我国的主体能源在“十二五”必将会有较大发展。我们要科学判断和准确把握社会经济发展的客观规律和基本趋势，充分利用各种有利条件，积极应对风险和挑战，认真贯彻落实科学发展观，坚持以科学发展为主题、以加快发展方式转变为主线，全面提升煤炭工业发展的科学化水平，努力构建资源利用率高、安全有保障、经济效益好、环境污染少、健康可持续发展的新型煤炭工业体系，为实现国民经济和社会发展第十二个五年规划和全面建设小康社会宏伟目标做出新的更大的贡献。

中国煤炭工业协会自成立以来，始终坚持为企业、为行业、为政府、为社会服务的宗旨，充分发挥联系政府、服务企业的桥梁和纽带作用，致力于推动行业改革、结构调整、科技进步、节能减排、发展循环经济、加强行业自律、维护会员合法权益、促进企业科学发展，得到了政府的认可、企业的信赖和社会的支持。新时期赋予新使命、新任务，我们将继续以构建中国特色一流行业协会为目标，不断提高服务质量，积极反映诉求，加强自身建设，努力促进煤炭工业健康协调可持续发展，发挥更大作用。

“乘风破浪会有时，直挂云帆济沧海”。让我们共同努力，在我国煤炭行业不断发展的康庄大道上，再谱新的篇章！再写新的辉煌！

建设具有国际竞争力的世界一流煤炭综合能源企业

神华集团有限责任公司

神华集团党组书记、董事长 张喜武

"十一五"期间，神华集团有限责任公司（以下简称"神华集团"）在党中央、国务院的正确领导下，以保障国家能源安全为己任，积极践行科学发展观，努力建设本质安全型、质量效益型、科技创新型、资源节约型、和谐发展型"五型企业"和实施"科学发展，再造神华，五年实现经济总量翻番"的发展战略，经济与社会效益得到全面提升。

神华集团煤、电、油、运各业务板块保持高效安全运行。2006～2010年，原煤产量增长76.8%；商品煤销售量增长68.0%；发电量增长110.5%；铁路运输货物周转量增长51.9%；港口装卸量增长43.2%。2010年新增业务中航运装船量完成5050万吨；化工品产量完成762.5万吨。煤炭安全生产状况得到了明显的改善，五年共生产原煤14.0亿吨，百万吨死亡率仅为0.0327，远低于国际同行水平。

企业自主创新能力大幅度提高。2006～2010年，神华集团共获得国家科技进步奖9项，省部级科技进步特等奖1项、一等奖16项，并获得了中国工业大奖表彰奖；申报专利754项，获得国家专利授权376项；创造163项中国企业新纪录；一批关键技术的攻关和应用步伐加快；科技创新取得了巨大的经济效益，每年获得的直接经济效益超过100亿元。

企业节能减排成效日益显著。2009年，神华集团万元增加值综合能耗比2005年下降28.9%；SO_2和COD排放总量分别比2005年下降20.8%和36.6%，超额完成国家有关部门对神华集团提出的考核要求。2010年，风电装机突破200万千瓦，风电事业初具规模。

企业价值创造能力显著提升。"十一五"期间，神华集团营业收入增幅255%，利润增幅160%，总资产增幅200%，缴纳税费增幅262%，经济增加值增幅112%，对社会的公益捐赠金额增长了40倍。2003年以来，神华在国资委中央企业负责人6次年度考核和2次任期考核中均获评为A类，并在2010年公布的《财富》500强企业排行榜中位列第356位。

"十二五"期间，神华集团将进一步做大做强做优，通过建设先进的、现代化的煤炭生产体系、电力生产体系、煤制油煤化工生产体系、路港航运输体系和安全生产体系，丰富和发展神华集团一体化模式，加快转变发展方式，力争建成具有国际竞争力的世界一流煤炭综合能源企业。

在开启新征程的关键时刻，神华集团在党中央、国务院的领导下，在社会各界的鼎力支持下，全体员工齐心协力，坚定不移地贯彻落实"十二五"规划，实现"建设具有国际竞争力的世界一流煤炭综合能源企业"的宏伟目标，为国家、社会和行业的发展再做新的、更大的贡献！

打造“中国的鲁尔”

开滦（集团）有限责任公司

开滦集团党组书记、董事长 张文学

开滦（集团）有限责任公司（以下简称“开滦集团”）始建于1878年，已有133年的开采历史。被称为中国煤炭工业的源头、中国北方工业的摇篮，在中国民族工业发展史上具有十分重要的地位，创造了多个中国近代工业的第一。毛泽东同志在《中国社会各阶级分析》一文中，高度评价开滦工人阶级“特别能战斗”。20世纪70年代，周恩来总理两次表扬开滦集团为国家“出了力，救了急，立了功”，全国工业战线开展了“学大庆、赶开滦”的群众运动。1949～2010年底，开滦集团共生产优质原煤11.1亿吨，精煤2.8亿吨，上缴利税206.6亿元，为加快我国工业化进程做出了重要贡献。

2008年以来，开滦集团深入贯彻落实科学发展观，积极调整企业发展战略，加快推进企业结构调整和经济转型，构建了具有开滦特色的“六大转型模式”和“一基五线”转型发展产业新格局，初步走出了一条资源型企业转型发展的新路子，连续3年实现了经济跨越式发展。2008～2010年，原煤产量增长了111%，营业收入增长了494%，利润总额增长了295%。其中，2010年，原煤产量完成6087万吨，营业收入完成932亿元，利税总额完成42亿元，同比分别增长了50.5%、66.7%和55.6%；非煤产业收入比重保持在70%以上。2010年，开滦集团在中国企业500强排名第103位，两年前移188位，是全国名次前移最快的企业，被评为影响世界的中国力量品牌500强企业，中国企业成长100强第7名。

“十二五”时期，开滦集团将认真贯彻落实党的十七届五中全会和河北省委七届六次全会精神，坚持以加快转变经济发展方式、推动企业转型发展统领工作全局，进一步加快经济转型，加快发展速度，提高经济运行质量，积极构建“一基七业一区”的产业发展新格局。“一基”即煤炭产业；“七业”即现代煤化工、现代物流、高端装备制造、文化旅游、节能环保、精品钢铁、新一代电子信息；“一区”即临港工业园区，包括在唐山港、曹妃甸港各建一个现代煤化工园区、现代物流园区、现代生产服务业园区，以及曹妃甸一个高端装备制造业园区等七个工业园区。到“十二五”末，开滦集团煤炭产量将达到1亿吨以上，跨入亿吨级煤炭企业集团行列；实现销售收入2000亿元以上，保持中国煤炭企业100强前10名，进入中国企业500强前100名，跨入世界500强企业行列。开滦集团也将成为主业突出、结构合理、多元经营、科学发展的跨地区、跨所有制、跨国的现代化大型企业集团，探索出一条资源型老企业成功转型、可持续发之路，打造“中国的鲁尔”。

一切为了发展，一切为了职工

淮南矿业（集团）有限责任公司

淮南矿业集团董事长、党委书记 王源

淮南煤矿1903年建矿，曾是全国五大煤都之一，新中国成立后累计向华东地区输出煤炭近10亿吨。国家批准资源量285亿吨，是我国黄河以南资源储量最大、最具开发潜力的一块整装煤田。淮南矿业（集团）有限责任公司（以下简称“淮南矿业集团”）由淮南矿务局于1998年3月改制而成，同年7月下放到安徽省管理，是安徽省17家重点企业之一。现有11对生产矿井，1对在建矿井，2个均股煤电公司（下设2个煤矿和2个电厂），2座煤矸石电厂，在岗职工7.3万人。2002年以来，淮南矿业集团确立了“一切为了发展，一切为了职工”的企业宗旨，实施“建大矿，办大电，做资本”发展战略，坚持“发展先进生产力，保护生命，保护资源，保护环境”发展模式，煤、电、房地产、物流、金融等多产业快速发展，被列为全国13个亿吨级煤炭基地和6个大型煤电基地之一，是国家首批循环经济试点企业、中华环境友好型煤炭企业和国家级创新型试点企业，2010年中国企业集团500强排名第183位。

“十一五”期间，淮南矿业集团抢抓天时、地利、人和的机遇，实现了集团稳定健康可持续发展。坚持安全发展，集团设有煤矿瓦斯治理国家工程研究中心，积极破解瓦斯治理这一世界性难题，连续13年杜绝了瓦斯爆炸事故，百万吨死亡率10年下降40倍，产能提升6倍；坚持绿色发展，集团设有煤矿生态环境保护国家工程实验室、深部煤炭开采与环境保护国家重点实验室，煤炭资源回收、“三废一沉”治理、生态环境修复等技术行业领先；坚持创新发展，首创煤电一体化模式，瓦斯治理核心技术有的已成为国家标准，达到国际先进水平；坚持和谐发展，主动履行国企社会责任，实施地企统筹战略，棚户区改造、塌陷搬迁、和谐矿区建设等成为行业亮点。经过“十一五”发展，淮南矿业集团已成为国家重要的煤电基地，具有较强的发展潜力和可持续发展能力。目前，煤炭产量规模、电力权益规模、房地产规模、资产规模、上缴税费和职工收入均处安徽省属企业第一位。

“十二五”时期，淮南矿业集团将继续坚持以科学发展观为指引，调整产业结构，转变增长方式，扩大开放度，以煤、电、房地产三大主业为支撑，立足淮南本土，向南积极参与皖江城市带承接产业转移示范区建设，向北参与西部煤炭资源开发，同时，更加注重技术创新、生态环境和民生等主题，使企业发展具有更强的可持续性。“十二五”末，淮南矿业集团将投入千亿元以上，实现产值超千亿元，资产总额超千亿元，建成我国黄河以南最大、华东地区影响力最大的新型煤电能源企业。

打造具有国际竞争力的新型能源化工集团

中国平煤神马能源化工集团有限责任公司

中国平煤神马集团董事长、党委书记 梁铁山

中国平煤神马能源化工集团有限责任公司（以下简称"中国平煤神马集团"）是一家以能源化工为主导的国有特大型企业集团，旗下拥有平煤股份和神马实业两家上市公司，产业遍布河南、湖北、江苏等9个省区，产品远销30多个国家和地区。煤炭产销量居全国前列，糖精钠、超高功率石墨电极、碳化硅精细微粉产能全国第一，尼龙66盐、工程塑料产能亚洲第一，工业丝、帘子布产能世界第一。

"十一五"期间，是中国平煤神马集团历史上发展最快、效益最好、职工得实惠最多的五年。2010中国企业500强排名第75位，较2005年前移122位。

企业发展实现历史性跨越，经济总量大幅跃升。原煤产量由3305万吨增长到4973万吨，焦炭产量由141万吨增长到956万吨，帘子布产量由3.3万吨增长到4.7万吨，工业丝产量由4.2万吨增长到10.6万吨。2010年实现营业收入1066亿元，是2005年的6倍多。

资本运作硕果累累，整合发展步伐加快。通过收购、兼并、股权转让、战略投资和股票上市等一系列资本运作，引资、融资100多亿元，与40多家世界500强企业及跨国集团建立了战略合作和资本合作关系。大规模整合资源、重组企业，着力扩大主业规模，优化辅业布局，使资源规模、产业规模都得到了迅猛发展。

产品产业结构进一步优化。依托平顶山地区丰富的煤、盐、水等资源优势，中国平煤神马集团形成了煤炭采选、尼龙化工、煤焦化、煤盐化工4个支柱产业和高新技术、煤电、建工建材、装备制造、物流贸易5个辅助产业的产业格局。产品品质、品牌建设效果显著，构建了集团最大关联度、最好成长性、最强竞争力的战略支撑产业，并成为全球最完整、循环经济特征最明显的煤基尼龙化工产业链。

大力实施科技强企战略。率先在全煤行业成立了能源化工研究院，先后担纲制定16项国家行业标准，接连攻克针状焦、水合催化剂国产化等一系列技术难题，填补了多项国内空白。累计获国家、省、部、行业、市级科技进步奖400余项。其中国家科技进步二等奖6项、国家发明奖1项，为企业发展提供了强有力的技术支撑。

思想文化建设成效显著。中国平煤神马集团以学习型企业文化建设为抓手，不断深化文化对企业改革发展的引领推动作用。建成全国和省级文明单位26个，荣获全国企业文化优秀奖。吴如、七星和谐单元等先进典型享誉全国，白国周班组管理法在全国推广，企业美誉度显著提升。

站在新的历史起点上，中国平煤神马集团确立了宏伟发展愿景：到"十二五"末，力争煤炭产销量突破1亿吨，营业收入实现2000亿元，资产总额达到2000亿元，利税总额超200亿元，奋力跨入世界500强行列，职工收入与经济效益同步增长，实现安全生产。

亿吨煤炭，立体能源，总量翻番，国际潞安

潞安矿业（集团）有限责任公司

潞安集团董事长 李晋平

潞安矿业（集团）有限责任公司（以下简称“潞安集团”）是山西省五大煤炭企业集团之一，现有总资产634亿元，职工家属30万人，子分公司75个。两次获得全国“五一”劳动奖状，两次被评为“中国十大最具影响力企业”。2010年，潞安集团煤炭生产经营总量7098万吨，营业收入达到900亿元，实现利润42亿元。在全国企业500强中排名127位，比2000年前移了363位。

“十一五”期间，潞安集团全面实施战略管理，依靠战略制胜，紧紧围绕资源型企业转型发展，立足煤、延伸煤、超越煤，建设“中国潞安”，取得了集团历史上经营绩效最好、发展速度最快、发展后劲最强、职工得到实惠最多的好成绩。

煤炭产业由现代化向信息化、数字化大步迈进，集约高效水平继续保持行业领先；在全国首创“防得住、避得开、救得快”的矿井新型救援防护体系，安全生产持续稳定健康发展，百万吨死亡率保持在0.028，达到国际先进水平。

煤化工产业取得了突破性的发展。2008年12月产出了全国第一桶煤基合成油，21万吨/年煤基合成油示范项目全部建成；1GW太阳能项目一期工程建成投产；形成了煤油、煤电、烯烃类现代煤化工、高纯硅业•太阳能一体化四大循环经济园区，潞安集团成为全国循环经济试点企业。

潞安集团在山西省率先实施“走出去”战略。通过兼并重组整合，煤炭储量达到436亿吨，为亿吨级煤炭集团建设奠定了坚实基础。整合重组了天脊煤化工集团公司，进一步壮大了现代煤化工技术力量和职工队伍，发展资源进一步盘活，为潞安集团转型跨越提供了有力支撑。

坚持技术创新，实施科技兴企战略。5年间，承担国家科研项目3项，获得国家科技进步奖3项，省部级科技进步奖80余项。制订国家标准5项，制定行业标准5项，拥有国家专利53项，被确定为全国创新型试点企业。成功打造了中国喷吹煤基地，建成了全煤系统唯一的高新技术企业——潞安环能。

探索出党建工作新模式。形成了“一个机制，四个载体”新模式，党建工作科学化水平得到新提升，受到中央领导的充分肯定。主题活动、企业文化、社区和安全社区建设、全国一流文明矿区建设蓬勃发展。

“十二五”时期，潞安集团将按照“亿吨煤炭，立体能源，总量翻番，国际潞安”的总体要求，全面建成以煤炭、电力、煤基合成油、煤基天然气、煤制烯烃、太阳能垂直一体化等多层次、立体化能源输出体系为主要内容的绿色新型能化集团，建成国际化潞安，实现潞安国际化。“十二五”末，潞安集团将实现投资2000亿元，新增资产2000亿元，资产总额达3000亿元，营业收入达到2000亿元，实现利润200亿元，跨入中国企业100强，跻身世界500强。

Zhongguo Meitan Gongye Fazhan Yanjiu Baogao

2010
中国煤炭工业发展研究报告

ANNUAL
REPORT ON COAL INDUSTRY
IN CHINA 2010

2010

中国煤炭工业协会◎编

北 京

图书在版编目（CIP）数据

2010 中国煤炭工业发展研究报告/中国煤炭工业协会编
北京：中国经济出版社，2011. 10
ISBN 978 - 7 - 5136 - 0968 - 5
Ⅰ. ①2… Ⅱ. ①中… Ⅲ. ①煤炭工业—经济发展—研究报告—中国—2010
Ⅳ. ①F426. 21

中国版本图书馆 CIP 数据核字（2011）第 165629 号

责任编辑 张 户
责任审读 贺 静
责任印制 张江虹
封面设计 华子图文

出版发行 中国经济出版社
印 刷 者 北京市京津彩印有限公司
经 销 者 各地新华书店
开 本 710mm × 1000mm 1/16
印 张 19
字 数 278 千字
版 次 2011 年 10 月第 1 版
印 次 2011 年 10 月第 1 次
书 号 ISBN 978 - 7 - 5136 - 0968 - 5/F · 8996
定 价 128. 00 元

中国经济出版社 **网址** www. economyph. com **社址** 北京市西城区百万庄北街 3 号 **邮编** 100037
本版图书如存在印装质量问题，请与本社发行中心联系调换（联系电话：010 - 68319116）

编委会

第1章 “十一五”煤炭工业发展综述

第2章 煤炭资源

第 3 章 煤炭生产

第 4 章 煤炭洗选加工

第 5 章 煤炭转化

第9章 煤炭固定资产投资

第10章 煤炭科技发展

第11章 煤矿企业兼并重组

第12章 煤炭经济运行

第13章 煤炭市场

第14章 煤矿安全

第15章 煤炭工业“十二五”发展展望

第1章 “十一五”煤炭工业发展综述

1.1 经济社会发展主要成就

“十一五”时期，是我国经济和社会发展史上极不容易、极不平凡的五年。面对国内外环境的复杂变化和重大风险挑战，全国各族人民在党中央、国务院的正确领导下，齐心协力，攻坚克难，奋力作为，有效应对国际金融危机的巨大冲击，战胜了汶川地震等重大自然灾害，成功举办了北京奥运会和上海世博会，胜利完成了“十一五”规划确定的主要目标和任务，我国经济社会发展取得了新的巨大成就。

1.1.1 国民经济保持平稳较快增长，综合国力大幅提升

1. 经济平稳较快增长

“十一五”前期，我国经济快速增长，2006年增长12.7%，2007年加速到14.2%，增速仅次于改革开放后最高的1984年。2008年，受百年不遇的国际金融危机的巨大冲击和影响，经济增速回落到9.6%。面对严峻的国内外形势，党中央、国务院果断决策，迅速出台并不断丰富完善应对国际金融危机的一揽子计划，我国经济在世界各国中实现率先回升，2009年经济增长9.2%，与世界经济下降0.6%形成鲜明对照。2010年经济增长进一步回升到10.3%，明显快于世界主要国家的平均增速。2006~2010年，我国国内生产总值年均实际增长11.2%，不仅远高于同期世界经济年均增速，而且比“十五”时期年平均增速快1.4个百分点，是

改革开放以来发展最快的时期之一。

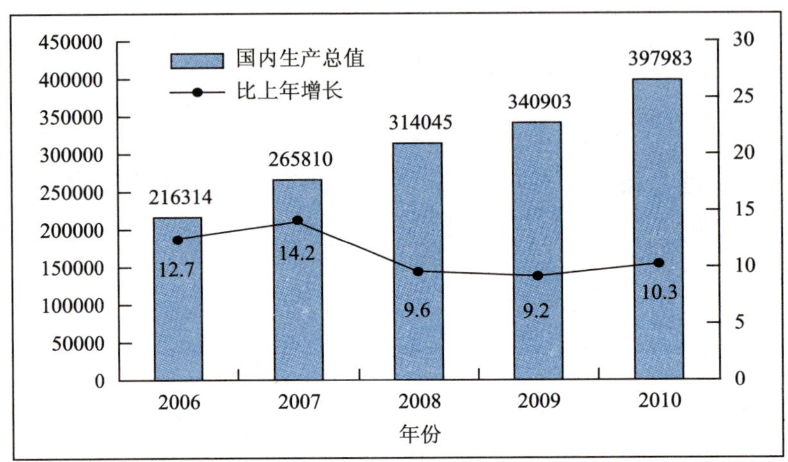

图1-1　2006~2010年国内生产总值及其增长速度（单位：亿元，%）

2. 经济总量迈上新台阶

2010年，我国国内生产总值达到397983亿元，扣除价格因素，比2005年增长69.9%。经济总量居世界位次稳步提升。2008年，我国国内生产总值超过德国，位居世界第三位。2010年，我国国内生产总值按平均汇率折算达到58791亿美元，超过日本，成为仅次于美国的世界第二大经济体。我国经济增长对世界经济的贡献不断提高。特别是2008年第三季度金融危机爆发后，在世界主要经济体均面临负增长或停滞困境时，中国经济依然保持了相当高的增速并率先回升，为世界经济复苏做出了重大贡献。

表1-1　2005~2010年世界部分国家经济总量排名　　单位：亿美元

排名	国家	2005年	国家	2006年	国家	2007年	国家	2008年	国家	2009年	国家	2010年
1	美国	126384	美国	133989	美国	140776	美国	144414	美国	142563	美国	146602
2	日本	45521.18	日本	43625.52	日本	43780.93	日本	48845.75	日本	50653.58	中国	58790.61
3	德国	27882.83	德国	29168.21	中国	34956.64	中国	45218.27	中国	49092.8	日本	54607.3
4	英国	22801.12	中国	27134.95	德国	33277.21	德国	36708.12	德国	33575.63	德国	33058.98
5	中国	22576.19	英国	24394.25	英国	27990.42	法国	28650.6	法国	26797.6	法国	25795.21
6	法国	21440.33	法国	22682.57	法国	25939.63	英国	26848.82	英国	21860.75	英国	22467.09

续表

排名	国家	2005年	国家	2006年	国家	2007年	国家	2008年	国家	2009年	国家	2010年
7	意大利	17776.27	意大利	18633.95	意大利	21189.56	意大利	23059.89	意大利	21212.83	巴西	20867.75
8	加拿大	11337.57	加拿大	12775.58	西班牙	14427.11	俄罗斯	16661.84	巴西	15769.48	意大利	20517.08
9	西班牙	11301.26	西班牙	12347.77	西班牙	14271.9	巴西	16356.65	西班牙	14661.27	加拿大	15636.64
10	巴西	8820.44	巴西	10893.98	巴西	13668.54	西班牙	16009.64	加拿大	13394.74	俄罗斯	14646.64

3. 人均国内生产总值快速增加

在经济总量稳步增长的同时，人均创造价值水平也在不断提高。初步预计，2010 年我国人均国内生产总值达到 29678.08 元，扣除价格因素，比 2005 年增长 65.7%，年均实际增长 10.6%，比"十五"时期年平均增速快 1.5 个百分点。

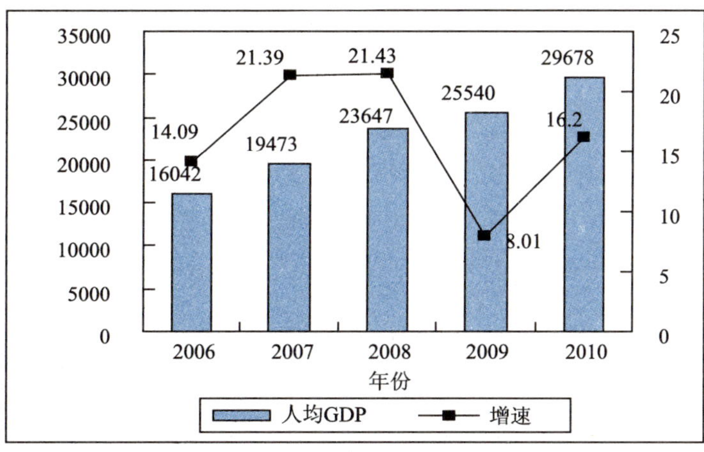

图 1－2 "十一五"期间我国人均国民生产总值及其增速（单位：元，%）

4. 国家财政实力明显增强

经济快速增长带来了国家财政收入的稳定增长。我国财政收入 2007 年超过 5 万亿元，达到 51322 亿元；2008 年超过 6 万亿元，达到 61330 亿元；2010 年超过 8 万亿元，达到 83080 亿元，比 2005 年增长 1.6 倍，年均增长 21.3%。我国财政收入的快速增长，为加大教育、医疗、社保等民生领域投入，增强政府调节收入分配能力等提供了有力的资金保障。

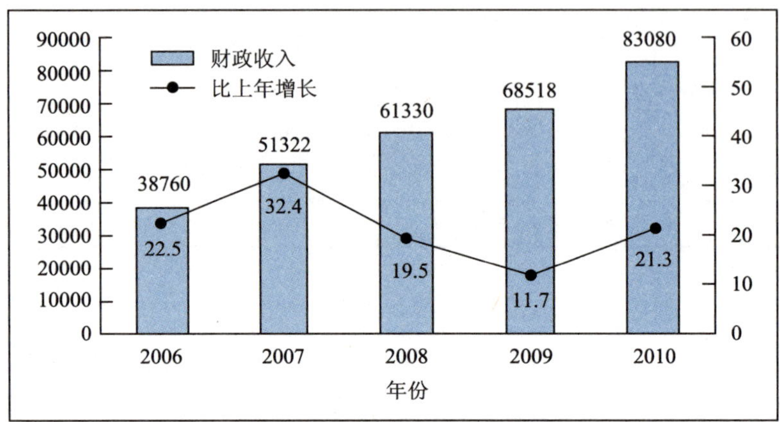

图 1-3 "十一五"期间我国财政收入及其增长速度(单位:亿元,%)

5. 国家外汇储备大幅增加

2006 年我国外汇储备突破 1 万亿美元,达到 10663 亿美元;2009 年突破 2 万亿美元,达到 23992 亿美元。2010 年底,我国外汇储备已达到 28473 亿美元,比 2005 年增长 2.5 倍,年均增长 28.3%。我国外汇储备规模自 2006 年超过日本,连续五年稳居世界第一位。

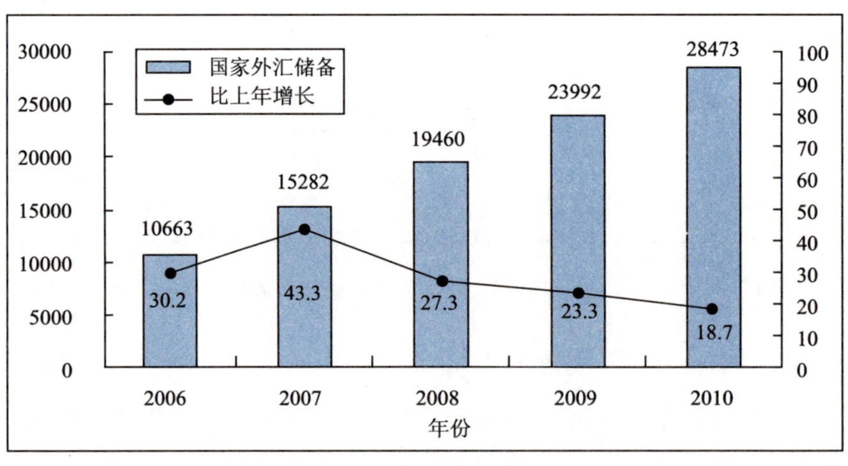

图 1-4 "十一五"期间我国外汇储备及其增长速度(单位:亿美元,%)

1.1.2 经济结构调整取得新进展,经济发展方式进一步转变

1. 内需拉动作用显著增强

国内需求对经济增长的贡献率大幅提高,特别是在应对国际金融危机冲击中,扩大内需政策起到了极为关键的作用。2006~2010年,国内需求对经济增长的贡献率分别为83.9%、81.9%、91.0%、138.9%和92.1%。2009年,在外需对经济增长为负贡献的条件下,国内需求增长有效弥补了外需下降的影响,对经济增长的贡献率高达138.9%。与2005年相比,2010年我国国内需求对经济增长的贡献率提高了15.2个百分点。

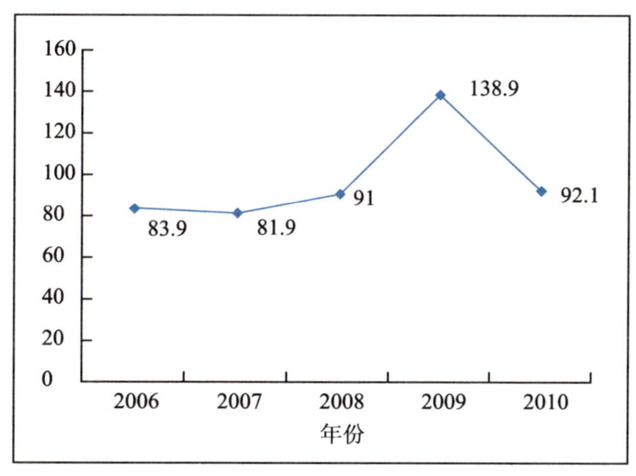

图1-5 “十一五”期间我国内需增长对经济的贡献率(单位:%)

2. 产业结构持续改善

2006~2010年,第三产业年均增长11.9%,比“十五”时期加快1.4个百分点。2010年,第三产业占国内生产总值的比重为43.0%,比2005年提高2.5个百分点。而第二产业占国内生产总值的比重则由2005年的47.4%下降到2010年的46.8%,第一产业的比重由12.1%下降到10.2%。

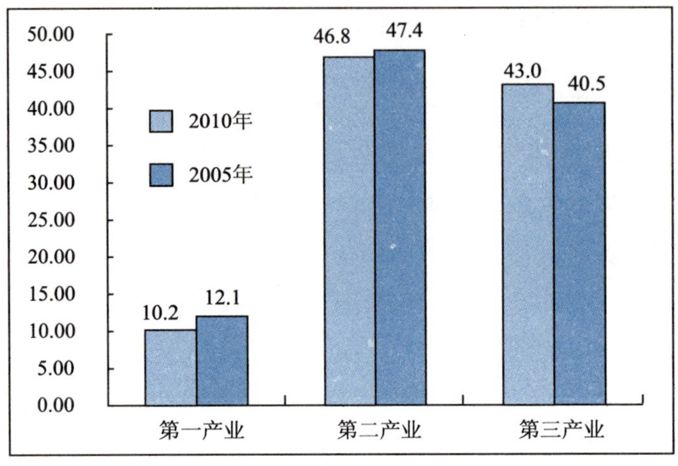

图1-6 "十五"与"十一五"产业比重变化(单位:%)

3. 城镇化水平显著提升

随着经济的发展,城镇化步伐快速推进。2009年,我国城镇人口占总人口的比重为46.6%,比2005年提高3.6个百分点,年均提高0.9个百分点。中西部地区城镇化步伐明显加快,由大中小城市和小城镇构成的城镇体系初步形成,城市群迅速崛起,人口和经济集聚能力显著增强。

4. 区域发展协调性增强

中西部地区加快发展,经济总量和投资占全国的比重持续上升,区域发展呈现出协调性增强的趋势。2010年,东部地区国内生产总值占全国的比重为53.0%,比2005年下降2.5个百分点;中部地区、西部地区国内生产总值占全国的比重分别为19.7%、18.7%,分别比2005年提高0.9个百分点和1.6个百分点,东北地区基本持平。2010年,东部地区固定资产投资占全国的比重为41.7%,比2005年下降9.7个百分点;中部地区、西部地区、东北地区固定资产投资占全国的比重分别为22.6%、22.2%和11.0%,分别比2005年提高4.4、2.3和2.4个百分点。

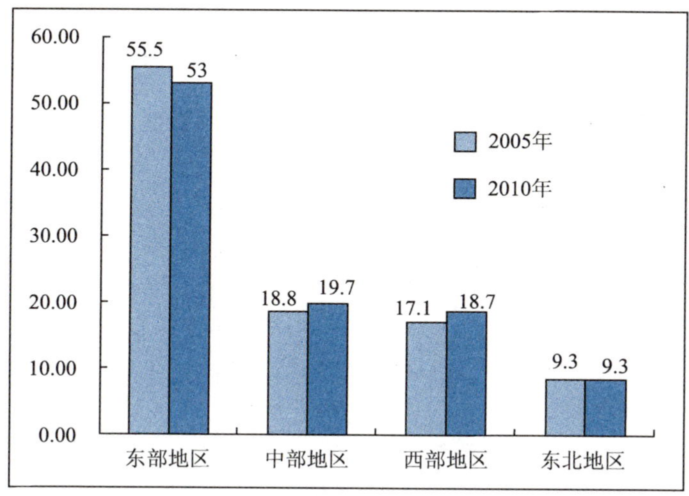

图 1-7 “十五”末与“十一五”末各地区 GDP 占全国 GDP 比重(单位:%)

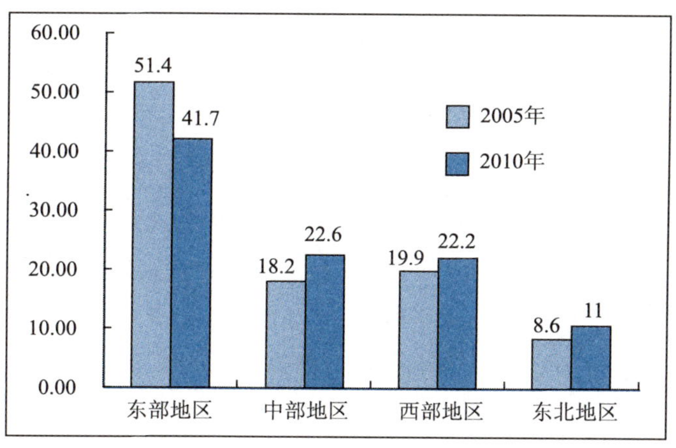

图 1-8 “十五”末与“十一五”末,各地区固定资产投资占全国的比重(单位:%)

1.1.3 基础产业发展迅速,薄弱环节和薄弱领域明显加强

1. 基础设施和基础产业投入快速增加

“十一五”时期,城镇基础设施累计完成投资 22.1 万亿元,年均增长 21.8%。其中,铁路运输业累计投资 22688 亿元,年均增长 46.0%;城市公共交通业累计投资 7543 亿元,年均增长 37.1%;水利、环境和公共设施

管理业累计投资6.9万亿元,年均增长28.7%。农业和能源等基础产业投资也保持较快增长。农林牧渔业累计投资12151亿元,年均增长37.7%;煤炭开采及洗选业累计投资12490亿元,年均增长26.7%。

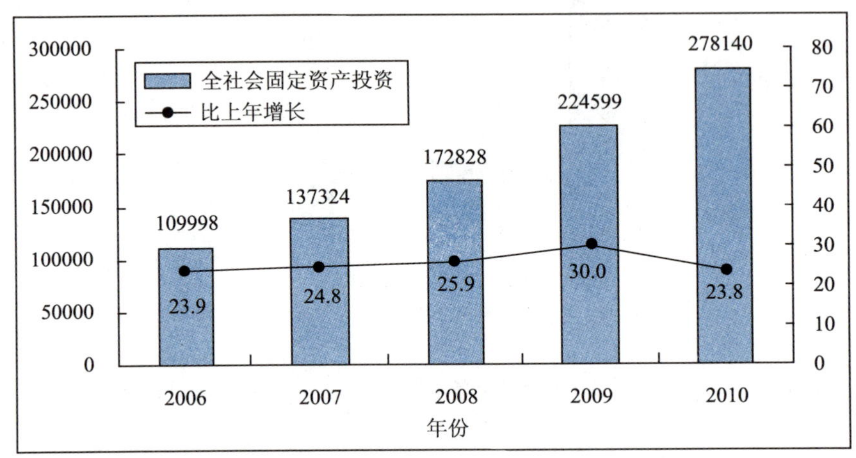

图1-9 "十一五"期间,全社会固定资产投资及其增速(单位:亿元,%)

2. 粮食等主要农产品稳定增产

"十一五"时期政府高度重视农业,保证了农业生产的稳定。2006~2010年,我国粮食产量分别为49804万t、50160万t、52871万t、53082万t、54641万t,年均增长2.5%,实现连续七年增产,连续四年稳定在5亿t以上。2010年,油料产量3239万t,比2005年增长5.2%;肉类产量7925万t,比2005年增长14.2%;水产品产量5366万t,比2005年增长21.4%。

3. 交通运输能力持续增强

"十一五"时期,全国铁路营业里程由2005年的7.5万km增加至2010年的9.1万km,年均增加0.31万km;公路里程由2005年的335万km增加至2010年的398万km,年均增加12.8万km。其中,高速公路里程由2005年的4.1万km增加到2010年的7.4万km,年均增加0.66万km,以高速公路为骨架的干线公路网初步形成。旅客周转量由2005年的17467亿人·km增加到2010年的27779亿人·km,年均增长9.7%;货物周转量由2005年的80258亿t·km增加到2010年的137329亿t·

km,年均增长 11.3%;沿海规模以上港口货物吞吐量由 2005 年的 29.3 亿 t 增加到 2010 年的 54.3 亿 t,年均增长 13.1%。

4. 邮电通信业快速发展

“十一五”时期,全国邮电业务总量年均增长 21.7%。其中,邮政业务总量年均增长 16.9%,电信业务总量年均增长 22.0%。全国移动电话交换机容量由 2005 年的 48242 万户增加到 2010 年的 150518 万户,年均增长 25.6%;光缆线路长度由 2005 年的 407 万 km 增加到 2010 年的 995 万 km,年均增长 19.6%。2010 年,全国固定及移动电话用户总数达到 115339 万户,比 2005 年增长 55.1%;移动电话用户数达到 85900 万户,比 2005 年增长 1.18 倍,其中 3G 移动电话用户达到 4705 万户;互联网上网人数 4.57 亿人,其中宽带上网人数 4.50 亿人,互联网普及率达到 34.3%。

1.1.4 对外贸易水平提升,开放型经济迈上新台阶

1. 进出口贸易规模不断扩大

“十一五”时期,我国对外开放水平不断提升,与国际市场融合程度进一步加深。2010 年,我国货物进出口总额 29728 亿美元,比 2005 年增长了 1.09 倍,年均增长 15.9%。其中,出口总额 15779 亿美元,比 2005 年增长了 1.07 倍,年均增长 15.7%;进口总额 13948 亿美元,比 2005 年增长 1.11 倍,年均增长 16.1%。进出口贸易总额近年来一直位居世界前列,其中货物出口额在 2009 年超过德国跃居世界第一位;货物进口额仅次于美国,居世界第二位。

2. 进出口商品结构进一步优化

“十一五”时期,我国在保持轻工、纺织等传统行业产业比较优势的同时,家电、信息等产业的竞争力也明显提高。2010 年,我国机电产品和高新技术产品的出口额分别为 9334 亿和 4924 亿美元,分别比 2005 年增长 1.2 和 1.3 倍;占出口总额的比重分别为 59.2% 和 31.2%,比 2005 年分别提高 3.2 个和 2.6 个百分点。先进技术、设备、关键零部件进口持续增长,大宗资源能源产品进口规模不断扩大。2010 年,机电产品、高新技

术产品进口分别达到6603亿和4127亿美元，分别比2005年增长0.9倍和1.1倍；铁矿砂及其精矿、原油进口量分别为61863万t、23931万t，分别比2005年增长1.2倍和0.9倍。

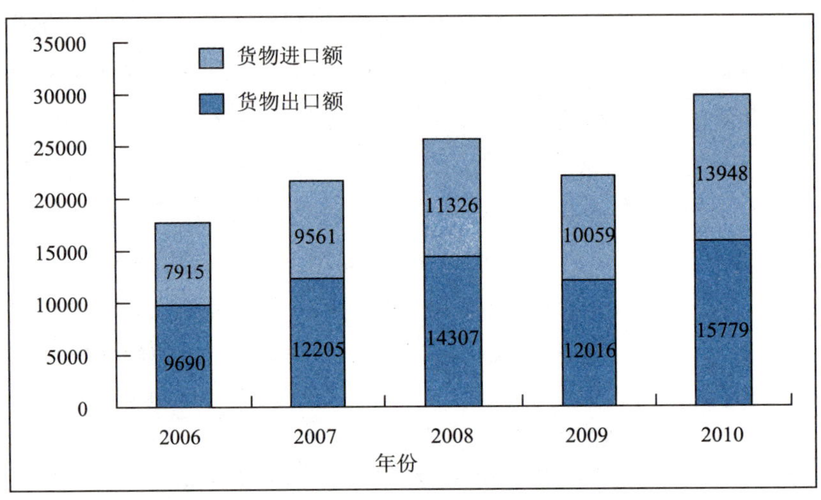

图1－10 "十一五"期间，我国货物进出口总额（单位：亿美元）

3. 利用外资规模不断扩大

2006～2010年，我国累计实际使用外商直接投资4260亿美元，年均增长11.9%，是"十五"时期的1.6倍。从国际范围来看，我国连续18年成为吸引外资最多的发展中国家。

4. 对外投资迅速发展

"十一五"时期，随着我国经济的快速增长，我国企业"走出去"步伐不断加快，对外投资增长强劲。2010年，我国非金融类对外直接投资额达到590亿美元，比2005年增长3.8倍，年均增长36.9%。

表1－2 2010年我国对主要国家和地区货物进出口额及其增长速度

单位：亿美元

国家和地区	出口额	比上年增长（%）	进口额	比上年增长（%）
欧　盟	3112	31.8	1685	31.9
美　国	2833	28.3	1020	31.7

续表

国家和地区	出口额	比上年增长(%)	进口额	比上年增长(%)
中国香港	2183	31.3	123	40.9
东　盟	1382	30.1	1546	44.8
日　本	1211	23.7	1767	35.0
韩　国	688	28.1	1384	35.0
印　度	409	38.0	208	51.8
中国台湾	297	44.8	1157	35.0
俄罗斯	296	69.0	258	21.7

1.1.5 人民生活显著改善,社会保障事业全面推进

1. 就业规模不断扩大

“十一五”期间,我国城乡就业人数从2005年末的75825万人增加到2009年末的77995万人,增加了2170万人,年均增加543万人。其中,城镇就业人员从27331万人增加到31120万人,增加了3789万人,年均增加947万人;乡村就业人员从48494万人减少到46875万人,减少了1619万人,年均减少405万人。随着城市化与工业化进程的加快,城镇吸纳就业的能力不断增强,城镇就业增长持续高于全国,其就业人员占全国的比重从2005年末的36.0%增加到2009年末的39.9%。城镇就业岗位快速增加,新增就业人数持续保持在1100万人以上。大量乡村富余劳动力不断向城镇转移,2010年农民工总量达到24223万人。

2. 城乡居民收入快速增长

“十一五”期间,我国城乡居民收入快速增长。2010年,我国城镇居民人均可支配收入19109元,比2005年增长82.1%,扣除价格因素,年均实际增长9.7%;农村居民人均纯收入5919元,比2005年增长81.8%,扣除价格因素,年均实际增长8.9%。其中,2010年农村居民人均纯收入实际增长10.9%,比城镇居民人均可支配收入实际增速快3.1个百分点,是1985年以来增速最快的一年,为1998年以来首次快于城镇。

3. 城乡居民生活水平明显改善

随着城乡居民消费水平的大幅度提高，城乡居民消费支出持续增长，生活水平明显改善。2010 年，我国城镇居民人均消费性支出 13471 元，比 2005 年增长了 69.6%，年均增长 11.1%；农村居民人均生活消费支出 4382 元，比 2005 年增长 71.5%，年均增长 11.4%。城乡居民消费结构向发展性和享受性方向转变。一是食品支出比重持续下降。2010 年，城镇居民人均消费性支出和农村居民人均生活消费支出中食品比重为 35.7% 和 41.1%，分别比 2005 年降低了 1.0 和 4.4 个百分点。二是交通通讯支出大幅增加。2010 年，城镇居民人均用于交通通讯的支出为 1984 元，比 2005 年增长 99.0%，年均增长 14.8%；农村居民人均用于交通通讯的支出为 461 元，比 2005 年增长 88.2%，年均增长 13.5%。三是主要耐用消费品拥有量成倍增长。2010 年底，城镇居民家庭平均每百户拥有家用汽车 13.1 辆，比 2005 年底增长 2.9 倍；拥有移动电话 188.9 部，增长 37.9%；拥有家用电脑 71.2 台，增长 71.6%；农村居民家庭平均每百户拥有电冰箱 45.2 台，增长 1.1 倍；拥有移动电话 136.5 部，增长 1.3 倍；拥有家用计算机 10.4 台，增长 3.2 倍。2010 年，全国电话普及率达到 86.5 部/百人，比 2005 年提高 51.2%。

4. 社会保障事业全面推进

“十一五”期间，我国社会保障体系框架基本确立，城乡养老、医疗和最低生活保障制度建设取得突破性进展。各项社会保险覆盖人群迅速增长。2010 年末，全国参加城镇基本养老保险人数 25673 万人，比 2005 年末增加 8185 万人；参加城镇基本医疗保险人数 43206 万人，增加 29423 万人；参加失业保险人数 13376 万人，增加 2728 万人；参加工伤保险人数 16173 万人，增加 7695 万人；参加生育保险人数 12306 万人，增加 6898 万人。2010 年，2678 个县（市、区）开展了新型农村合作医疗工作，新型农村合作医疗参合率 96.3%；全国列入国家新型农村社会养老保险试点地区参保人数 10277 万人；2311.1 万城市居民和 5228.4 万农村居民得到政府最低生活保障。

1.1.6 社会事业加快发展，经济社会发展协调性增强

1. 教育事业成绩显著

“十一五”期间，我国全面实行真正免费的义务教育，教育公平迈出重大步伐，国民平均受教育年限从8.5年增加到9年以上。职业教育快速发展。2010年各类中等职业教育招生868.1万人，在校生2231.8万人，毕业生659.2万人，比2005年分别增加212.4万、631.8万人和241万人。高等教育大众化程度进一步提高。2010年，全国普通高等教育本专科招生661.8万人，在校生2231.8万人，毕业生575.4万人，比2005年分别增加157.3万人、670.0万人和268.6万人。

2. 科技事业成果丰硕

“十一五”期间，我国科技投入不断增加，在基础研究和高科技领域取得一批重大成果，突破了一批关键技术，为经济社会发展提供了有力支撑。2010年，研究与试验发展（R&D）经费支出6980亿元，比2005年增长1.85倍，占国内生产总值的1.75%，比2005年提高0.43个百分点。2010年，受理境内外专利申请122.2万件，受理境内外发明专利申请39.1万件，授予专利权81.5万件，授予发明专利权13.5万件，分别比2005年增加了74.6万件、21.8万件、60.1万件和8.2万件。2010年技术合同成交金额3906亿元，比2005年增长1.52倍。“神舟七号”载人航天飞行圆满成功，嫦娥一号、嫦娥二号卫星成功发射。我国首台千万亿次超级计算机系统、第一台深海载人潜水器等重大科技工程成果丰硕。

3. 公共卫生事业稳步推进

“十一五”期间，我国医疗卫生服务体系建设步伐明显加快。2010年底，全国共有卫生机构93.9万个，比2005年底增加5.7万个。全国共有卫生技术人员584万人，比2005年底增加了127.6万人，其中执业医师和执业助理医师237万人，注册护士205万人，分别增加32.8万人和70.0万人。医院和卫生院床位437万张，增加100万张。2009年4月，新一轮医改大幕拉开，提出把基本医疗卫生制度作为公共产品向全民提供，从2009年开始，我国逐步向城乡居民统一提供疾病预防控制、妇幼保

健、健康教育等基本公共卫生服务。

4. 文化事业进一步加强

“十一五”期间,公共文化服务体系建设进入快速、稳定的重要发展期,文化产业成为新的增长极。2010 年底,全国共有公共图书馆 2860 个,比 2005 年底增加 98 个;文化馆 3258 个,增加 479 个;有线电视用户 18730 万户,有线数字电视用户 8798 万户,增加 5858 万户和 8401 万户;年末广播节目综合人口覆盖率为 96.8%,提高 2.3 个百分点;电视节目综合人口覆盖率为 97.6%,提高 1.8 个百分点。文化产业异军突起,各项指标均位居世界前列。2010 年共生产电视剧 436 部 14685 集,动画电视 221456 分钟;生产故事影片 526 部,科教、纪录、动画和特种影片 95 部;出版各类报纸 448 亿份,各类期刊 32 亿册,图书 74 亿册(张)。

“十一五”期间,我国成功举办了 2008 年北京奥运会和 2010 年上海世博会,实现了中国人的百年梦想,极大地扩大和提升了国际影响力。

1.1.7 环境质量持续改善,节能减排取得积极进展

1. 环境质量持续改善

2010 年,七大水系的水质监测断面中,Ⅰ~Ⅲ类水质断面比例占 59.6%,比 2005 年提高 18.6 个百分点。在监测城市中空气质量达到二级以上(含二级)标准的城市占监测城市数的 82.7%,比 2005 年提高 22.4 个百分点。2010 年末,城市污水处理厂日处理能力达 10262 万 m^3,比 2005 年末增长 79.2%;城市污水处理率达到 76.9%,提高 24.9 个百分点。

2. 节能降耗工作进展顺利

“十一五”期间,随着国家和各地区节能降耗工作力度的不断加大,各项政策措施逐步深入落实,节能降耗取得明显成效。2006~2010 年,我国单位国内生产总值能耗累计下降 19.06%,基本完成“十一五”节能降耗目标。主要耗能产品的单位产品能耗明显下降。“十一五”期间,单位铜冶炼综合能耗下降 35.9%,单位烧碱生产综合能耗下降 34.8%,吨水泥综合能耗下降 28.6%,原油加工单位综合能耗下降 28.4%,电厂火

力发电标准煤耗下降16.1%,吨钢综合能耗下降12.1%,单位电解铝综合能耗下降12.0%,单位乙烯生产综合能耗下降11.5%。

3. 污染物排放总量逐步得到控制

据初步测算,2010年全国化学需氧量排放量比2005年下降12%左右,二氧化硫下降14%左右,双双超额完成“十一五”规划确定的减排任务。淘汰高排放的落后产能成效突出。“十一五”期间,全国累计淘汰炼铁落后产能约11172万t,炼钢落后产能约6683万t,焦炭落后产能约10538万t,铁合金落后产能约663万t。

总之,“十一五”时期,我国经济社会发展经受住了各种重大挑战和考验,社会生产力快速发展,综合国力大幅提升,人民生活明显改善,社会事业全面发展,国际地位和影响力显著提高,改革开放和社会主义现代化建设取得了新的巨大成就。特别是,在有效应对国际金融危机巨大冲击的同时,坚持以科学发展观为指导,加快转变经济发展方式和经济结构战略性调整,更加重视民生改善和社会事业发展,为我国经济社会长远可持续发展奠定了良好基础。

1.2 我国能源工业发展成就

1.2.1 “十一五”能源工业发展综述

“十一五”期间,我国能源生产能力稳步提高。一次能源生产总量跃居世界第一,供应能力显著增强,能源结构明显优化,新能源发展迅速。2010年,我国能源生产总量达到29.9亿tce,比2005年增长45.22%,年均增长9.04%。在主要能源中,2010年原煤产量32.4亿t,比2005年增长37.87%,年均增长7.57%;原油产量2.03亿t,比2005年增长11.9%,年均增长2.3%;天然气产量967.6亿m^3,比2005年增长96.2%,年均增长14.4%;发电量42065亿kW·h,比2005年增长68.2%,年均增长11.0%。

伴随着我国工业和城镇化的快速发展,我国能源消费仍处于增长阶段。国家大力推进节能减排各项政策措施，积极调整产业结构，加快淘汰落后产能，能源消费总量增速总体上逐年放缓，能源消费强度不断降低，以较低的能源消费增长支撑了国民经济平稳较快发展。2010 年，能源消费总量 32.5 亿 tce，比上年增长 5.9%。煤炭消费量增长 5.3%；原油消费量增长 12.9%；天然气消费量增长 18.2%；电力消费量增长 13.1%。全国万元国内生产总值能耗下降 4.01%。

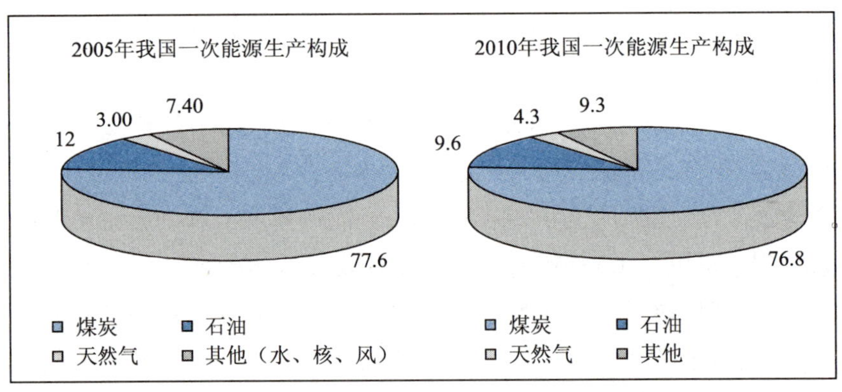

图 1－11　2005 年及 2010 年我国一次能源生产构成（单位：%）

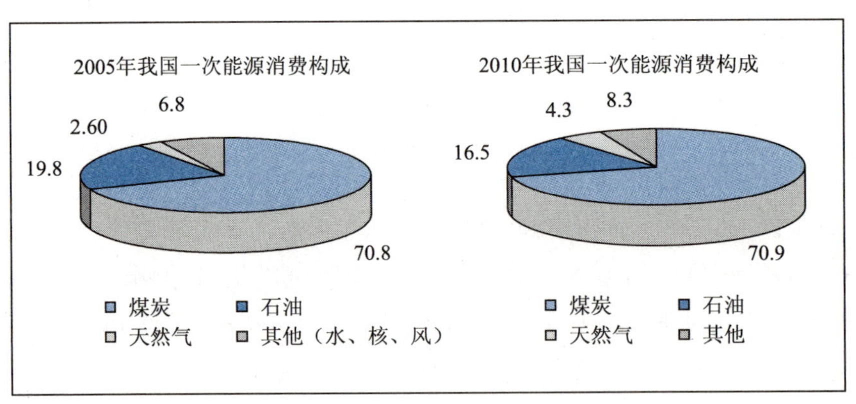

图 1－12　2005 年及 2010 年我国一次能源消费构成（单位：%）

1. 煤炭产业

“十一五”期间，我国重点建设了蒙东、神东、陕北等 13 个大型煤炭基地，2010 年基地内煤炭产量 28 亿 t，约占全国煤炭产量的 87%。2010

年，全国原煤总产量达到32.4亿t，较2005年增长了37.87%，占世界煤炭总产量的48.3%，原煤产量多年位居世界第一。内蒙古、山西、河南和宁夏等煤炭资源大省(自治区)积极推进煤炭企业兼并重组和资源整合，加大小煤矿整顿关闭力度，煤炭产业集中度不断提高。5年间，全国累计关闭小煤矿9200多处，淘汰落后产能4.5亿t/a。全国千万吨级以上煤炭企业集团达到45家，产量21亿t，占全国的63%左右。煤炭生产集中度大大提高。煤炭作为我国的主体能源，为经济社会发展做出了重要贡献。

2. 石油天然气

“十一五”期间，我国新发现油田63个。原油产量稳定在2.0亿t左右，居世界第五，其中，海上原油年产量超过4000万t。新发现南堡、古龙、南泥湾等63个油田。原油一次加工能力达到5亿t/a，千万吨级炼厂达到18座。全国原油和成品油干线管网初步形成，管道总长度达到3.7万km，比“十五”末增长85%。国家石油储备从无到有。一期项目4个基地相继建成使用，总规模1640万m^3。二期项目顺利通过规划审批，独山子、兰州、黄岛等项目先后开工建设。

2010年，我国天然气产量967亿m^3，消费量1200亿m^3，分别是2005年的1.9倍和2.6倍。非常规天然气勘探开发取得积极进展，煤层气抽采利用量超过32亿m^3，页岩气试验探采工程启动。先后建成了长庆、普光等大型气田，发现了荔湾等气田。建成西气东输二线西段、川气东送、陕京三线等国内天然气骨干管线，天然气管道总长度达到4万km。非常规天然气勘探开发取得积极进展，煤层气抽采利用量超过32亿m^3，页岩气试验探采工程启动。

3. 电力产业

“十一五”期间，新增电力装机超过4.3亿kW，全国总装机达到9.5亿kW。全国220KV及以上输电线路长度达到43万km，变电容量19.6亿千伏安，分别是“十五”末的1.7倍和2.4倍，电网规模跃居世界第一位。截至2010年底累计关停小火电7210万kW，全国在役火电机组中，30万kW及以上机组比重由2005年的不到一半，提升到目前的70%以上。每千瓦时供电煤耗从370gce下降到340gce。

4. 新能源产业

“十一五”期间，我国在新兴能源领域规模不断扩大，核电等重要领域进入世界先进水平，在未来能源竞争中占据领先地位。

水电。“十一五”期间，我国水电建设新增机组接近我国有水电以来前95年的总和。水电装机突破2亿kW。龙滩、景洪、构皮滩、拉西瓦等大型水电站先后建成，累计投产9000万kW。三峡电站26台机组、1820万kW全部并网发电，累计发电量达到4500亿kW·h。

核电。我国核电利用达到世界先进水平，连续两年成为全球核电在建规模最大的国家。2005年以来，国家先后核准了13个核电项目，共34台机组、3702万kW。目前，在建机组28台、3097万kW，在建规模占全球的40%以上。设备技术与运行稳定性均处世界领先水平。

风电。“十一五”期间，我国风电产业迅猛发展，全国风电吊装容量累计达到3100万kW，连续5年翻番增长。从2005年开始，我国风电总装机连续5年实现翻番。2010年，全国风电总装机比上年增长约62%，位列世界第一。24个省市建设了风电场，河北、内蒙古、甘肃等地的国家级风电基地进入快速成长期。2010年，我国有4家企业进入了世界风电装备制造业10强。

太阳能。太阳能产业快速发展。目前，我国已成为世界光伏第一产能大国，产品在世界主要市场中占据了大部分份额。2010年，全国光伏发电装机规模达到60万kW，主要企业已形成完整产业链，年产量达到800万kW。行业建立起两个国家重点实验室，逐步迈向高端研发。国内光伏发电市场有序启动，2009年敦煌1万kW光伏电站项目实施招标，现已建成，全部并网发电。2010年又在西部六省区组织了28万kW光伏发电项目招标，带动了一批光伏电站项目建设。

5. 能源装备制造

“十一五”期间，我国能源装备实现了质的飞跃。在大型能源装备制造领域，我国已经基本具备自主化能力。待改进型核电关键设备国产化率达到80%以上，核电控制系统、锆管、蒸发器U形管、应急电源、核级阀门等一大批核电关键设备实现了国产化。三代核电超大型锻件、蒸发器、主管道、安全壳等关键设备能够自主制造。百万千瓦超超临界、大型空冷和循环流化床等火电机组达到国际先进水平。3兆瓦风电机组形成批量生产能力,5兆瓦风电机组已经下线。800KV直流输电和1000KV交流输电示范工程设备国产化率分别达到90%和67%;国产600万t成套采煤装备投入使用,1000万t综采装备开始试用。

6. 能源国际合作

我国积极参与世界能源事务,不断拓展海外市场,构建起友好有利的能源生态,保障了国家能源安全。5年间,我国参与的国际能源合作机制达到60多个,各类大型国际能源会议活动30余场次。境外能源投资并购与勘探开发取得重大收获。石油领域与43个国家和地区签署了131个油气勘探开发、管道、炼化和技术服务合同。中俄原油管道项目顺利建成,中亚天然气管道单线于2009年底贯通。中哈原油管道一期已建成投运,二期正在建设之中。中缅原油和天然气管道境外段同时开工。初步建成非洲、中亚—俄罗斯、南美洲、中东和亚太5个海外油气合作区;与俄罗斯、蒙古、澳大利亚、越南、印度尼西亚和印度等国展开煤炭资源合作;风电、光伏等电力设备出口到欧美、东南亚等几十个国家和地区。

7. 能源应急保障能力增强

“十一五”期间,我国相继发生了南方雨雪冰冻、四川汶川地震、青海玉树地震和甘肃舟曲泥石流等特大自然灾害,举办了国庆六十周年庆典和奥运会、世博会等重大活动,能源应急保障能力显著提高。

1.2.2 “十一五”石油天然气产业发展

“十一五”期间,我国石油工业经历了金融危机导致油价狂飙骤降的风浪,经历了地震、泥石流、海啸等多重自然灾害引发的保供艰辛,原油生产维持稳产不动摇,2009年,我国以1.89多亿t的石油产量成为世界第四大产油国;一批千万吨级炼油、百万吨乙烯基地迅速崛起,原油加工能力已跃居世界第二位;管道建设以规模大、速度快、亮点多创造了世界油气管道建设史上的奇迹;海外寻油的收获令世界瞩目。

大庆油田“十一五”期间连续5年稳产4000万t,稳居中国第一大油田之位;长庆油田近几年油气当量增幅超过500万t,2009年油气当量超过3000万t;塔里木油田油气当量在2008年突破2000万t,胜利油田创造了老油田持续稳产的奇迹,在“九五”、“十五”乃至“十一五”期间连续15年保持了原油稳产2700万t以上的纪录。2007年塔河油田原油年产量突破500万t,迈入大油田行列。5年来,我国海洋石油勘探工作量持续大幅度增长,近海整装大中型油气田不断被发现。继荔湾3—1和流花34—2深水发现后,又在南海获得第三个深水发现——流花29—1,实现了深水勘探的新突破。

“十一五”期间是我国石化行业从炼油大国到炼油强国的发展时期。这5年,我国炼油能力大幅提升,原油加工能力已跃居世界第二位,装置大型化、炼化一体化发展势头强劲,一批千万吨级炼油、百万吨乙烯基地迅速崛起,产业布局趋向合理。2009年末,全国原油加工能力已达4.77亿t/a,其中规模达千万吨级的炼厂14家,占总能力的37.3%;2010年底,全国炼油总产能达到5.075亿t/a,千万吨级炼厂超过20家。

“十一五”期间,中国石油企业成为中国企业“走出去”的中坚力量,海外布局日益精进,并且开始在相当程度上影响国际石油市场走势,成为推动全球能源和石油发展的重要力量。5年来,中石油海外业务先后中标和签订30个油气项目,新进入7个国家。由“十五”末的22个国家58个投资项目,扩展到29个国家,管理和运作着81个项目,实现国际化经营的跨越式发展。跨国指数在“走出去”起步之初的2.7%,提高到如今的20%。

截至2010年底,中石油海外油气产量达到8500万toe,5年翻了一番。海外输油气管道总长度达到9616km,海外原油加工量达到1008万t,拥有海外加油站63座,成品油库8座,国际工程技术服务队伍保持在595支。

“十一五”5年间,我国油气管道建设规模大、速度快、亮点多,创造了世界油气管道建设史上的奇迹:

(1)2006年7月　我国首条跨国原油管道——中哈原油管道正式投运。

(2)2006年10月　西部成品油管道投产一次成功。

(3)2007 年 8 月　西部原油管道顺利投产;目前全国最大的成品油管道——兰郑长成品油管道试验段开工;川气东送正式开工建设。

(4)2008 年 2 月　西气东输二线工程开工建设。

(5)2008 年 7 月　兰郑长兰州首站正式进场施工;西气东输二线首站工程开工建设。

(6)2008 年 9 月　涩宁兰复线工程开工,分西东两段建设。

(7)2009 年 3 月　兰郑长成品油管道工程兰郑段投产。

(8)2009 年 5 月　中俄原油管道中国境内段工程在黑龙江漠河县开工。

(9)2009 年 6 月　陕京三线输气管道工程山西段开工。

(10)2009 年 12 月　中亚天然气管道成功实现通气并投产。

(11)2010 年 1 月　西气东输二线(西段)建成投产。

(12)2010 年 3 月　川气东送工程建成投产。

(13)2010 年 6 月　中缅石油天然气管道工程境外段开工。

(14)2010 年 9 月　中缅油气管道工程中国境内段开工;涩宁兰复线管道工程建成投入运营;中俄原油管道竣工仪式在北京举行。

(15)2010 年 10 月　中亚天然气管道 B 线全线投产完毕,双线通气成为现实。

(16)2010 年 11 月　中俄原油管道漠河站投产进油;西气东输二线中卫—黄陂段干线投产进气。

截至“十一五”末,在西北中哈原油管道、中亚天然气管道,东北中俄原油管道,西南中缅原油、天然气管道与海上航运通道构成的我国油气四大战略通道格局基本形成的同时,国内油气骨干管网建设也在加快推进。在原油管道方面,围绕着长江三角洲、珠江三角洲、环渤海、沿长江、东北以及西北地区为主的原油加工基地,原油管道运输也随之迅速发展;在成品油管道方面,目前已在西北、西南和珠三角地区建成了骨干输油管道,横穿国内的兰郑长管道、锦州——郑州管道已经开始建设。按照规划,我国成品油管道将覆盖东北、西北、华北、中南、鲁西的成品油管网系统。这些管道建成后,我国将逐渐形成“北油南运、西油东送”的成品油管网格局;天然气管道方面,目前已形成以 4 大气区(新疆、青海、陕甘宁、川渝)

外输管线和进口天然气管线为主干线、连接海气登陆管线和进口 LNG 等气源的全国性天然气管网。据不完全统计,目前我国原油管道约为 1.9 万 km,成品油管道约为 1.6 万 km,天然气管道约为 3.3 万 km,油气管线总里程约为 6.8 万 km。5 年间,管线里程实现了以每年约 5000km 的速度增长。

1.2.3 "十一五"电力产业发展成就

"十一五"期间,我国经济保持了较快发展,电力工业继续加快电力建设,发电装机容量从 2005 年底的 5.17 亿 kW 增加到 2010 年底约 9.5 亿 kW,年均增长 8000 多万 kW。电网方面,建成了 1000kv 特高压交流试验示范工程和 ±800kv 特高压直流示范工程,电力供应能力总体较为充裕,全面支撑了我国经济社会高速发展,为实现国内生产总值年均增长约 10.5% 做出了重大贡献。我国电力工业正从大机组、超高压、西电东送、全国联网的发展阶段,向绿色发电、特高压、智能电网的新发展阶段转变。

"十一五"以来,风电等可再生能源得到快速发展,大力发展核电得到共识,"上大压小"关停小火电机组的力度空前,电源结构和布局得到进一步优化。在 2010 年全国发电装机容量 9.5 亿 kW 中,煤电占总容量的比重由 2005 年的 72.8%,下降到 2010 年的 68%,风电装机容量连续五年翻倍增长,水电装机容量、核电在建规模均居世界第一位,包括水电、核电以及风电、太阳能发电等新能源在内的绿色发电装机容量所占比重由 2005 年的 24.2%,上升到 2010 年的 26.7%。火电机组平均单机容量稳步提高。2009 年底,全国 30 万 kW 及以上火电机组比重达到 65.2%,建成投产百万千瓦级超临界机组 21 台,成为世界拥有超超临界机组最多的国家,火电平均单机容量由 2005 年的 5.68 万 kW 提高到 2010 年的 10.5 万 kW。电源布局进一步优化。西部和北部能源基地建设进一步加快,东部沿海地区发电装机增速下降。"十一五"前四年,能源资源丰富的西北、华中、华北地区的装机容量分别增长了 63%、45%、42%,华东地区增长 24%,电源地区布局更加合理。

特高压、跨大区电网、区域和省级电网主网架、城乡配电网建设统筹推进,电网结构得到改善,电网资源配置能力不足和"卡脖子"问题得到缓解,电网的安全性、可靠性和经济性不断提高。跨大区资源优化配置能力明显提高。“十一五”期间,建设和投产了一批跨区电网工程。特高压交直流输电取得重大突破,晋东南~荆门特高压交流试验示范工程顺利投产,云广、向上特高压直流工程建成投产,锦屏~苏南特高压直流工程全面开工建设。2009 年底,全国跨区电力交换能力超过 2500 万 kW,全年跨区交易电量 1213 亿 kW·h,比 2005 年增长 51.1%。各网省主网架结构得到加强与完善,供电能力大大增强。通过加快城乡电网建设和改造,城乡电网供电能力显著增强,供电可靠率大大提高。城市和农村用户供电可靠率分别从 2005 年的 99.766% 和 99.393% 提高到 2009 年的 99.896% 和 99.694%。

通过结构调整,采用先进适用技术,加强技术改造和科学管理,节能减排效果显著。“十一五”前四年,依靠电源结构调整和能效提高,累计节约 3.91 亿 tce,减少 CO_2 排放 9.69 亿 t,减少 SO_2 排放 837 万 t。供电煤耗进一步下降。2009 年平均供电煤耗较 2005 年下降 30g/kW·h,达到 340g/kW·h,提前完成了“十一五”355g/kW·h 的目标,位居世界先进水平之列。线损显著下降。2009 年全国电网线损率 6.72%,比 2005 年下降了 0.49 个百分点,累计节约电量 399 亿 kW·h。SO_2 总量控制任务提前一年完成了“十一五”目标,单位发电量污染物排放量、耗水量等均显著下降。

“十一五”以来,我国发电技术取得了巨大进步和突破,在机组容量、参数、效率、环保性能、节水等技术指标上不断突破和提高。超超临界机组推广应用,大型空冷、循环流化床、脱硫脱硝等先进技术逐步推广。核电技术装备自主化不断实现重大突破,第三代核电站已开工建设。70 万 kW 级水电机组实现国产化,大坝施工、大型水电机组的设计、制造、安装和运行等技术走在了世界前列。风电、太阳能等其他可再生能源发电技术通过引进和吸收得到进一步提高。特高压多项关键技术和设备制造上取得重大突破并实际应用,处于世界领先水平。以先进电力电子技术为基础的直流输电、灵活交流输电技术装备实现国产化,并达到国际先进水平。

1.2.4 新能源和可再生能源

“十一五”期间,为促进新能源发展,我国相继出台了一系列法律法规和财税优惠政策支持新能源产业。2006年1月,《可再生能源法》正式实施;2007年9月,《可再生能源中长期规划》颁布;2008年3月,《可再生能源发展“十一五”规划》出台;2009年12月,《可再生能源法》(修正案)获得全国人大常委会通过,有力推动了我国新能源产业向前迈进。

“十五”末,我国风电发展规划到2020年装机容量达到3000万kW。2010年9月,这个目标已经提前10年完成。在过去的几年中,我国风电市场的年增速超过了100%。据数字显示,2010年底,我国风电装机容量达3500万kW,年发电量约500亿kW·h。短短的五年时间,我国风电市场已发展成为世界最大的风电市场。2009年底,我国风电累计装机容量超过德国位居世界第二;起初完全依靠进口装备,而如今国内风电产业迅猛增长,已有三家企业进入世界前10强,五家企业进入前15强,且在我国风电市场上占有80%的市场份额。另外,有些国内企业正着手开发出口项目。2009年,我国首个近海风电场——上海东大桥海上风电项目开始建设,这成为2009年我国风电发展的又一里程碑。2010年上半年,该风电场已建设完成。

风电特许权项目是促进我国风电市场规模化、国产化发展的重要因素。从2003年开始,国家连续组织风电特许权项目,以上网电价和设备的本地化率为条件,通过招标选择投资者,有效降低了风电的上网电价,促进了风电投资多元化,提高了风电装备国产化率和本地化的能力和活力。

“十一五”期间,我国核电事业呈现出良好的发展态势。2010年第三季度,我国核电总装机容量达到1080万kW。截至目前,已核准34台核电机组,装机容量3692万kW,其中已开工在建机组达25台、2773万kW,是全球核电在建规模最大的国家。岭澳核电站二期工程1号机组顺利投产,秦山二期扩建工程3号机组一次并网成功,结束了连续几年核电装机徘徊不前的局面,标志着我国核电正逐步进入收获季节。

技术装备水平显著提高。通过艰苦的努力,特别是核电自主化重大依托工程的实施,我国百万千瓦级压水堆核电站关键设备的设计制造已基本立足国内。近几年,我国陆续完成了大型铸锻件、压力容器、蒸汽发生器、堆内构件和主管道等核岛关键设备,汽轮机、发电机的常规岛关键设备以及核级泵阀,控制系统等设备的研制工作。通过大规模的技术改造,形成了世界一流的核电装备研发制造基地,可为未来 20 年我国核电发展提供可靠的设备保障。

在核电技术方面,国家能源局积极打造国家级研发平台,分两批设置了 10 个国家级核电研发中心。目前已全面掌握二代改进型压水堆核电技术,并实现了批量化、系列化发展 AP1000 三代压水堆技术引进;消化吸收和示范工程建设稳步推进,以核电重大科技专项为抓手,具有我国自主知识产权的高温气冷堆 CPR1400 等先进核电技术研发工作正在紧张进行,并取得重要的阶段性成果。

核电发展支撑能力快速提升。以中核建设集团为代表的核电施工安装能力达到国际领先水平,专业化工程管理、专业化生产运营和技术服务体系不断完善,为保证核电安全质量、提高效率提供了坚实的组织保障。为满足核电加快发展带来的巨大人才需求,我国已有近 30 所高校设立了核专业,可为核电发展提供比较充足的基础人才。另外,各有关企业高度重视人才队伍建设,超前培养操纵员等关键人才,积极开拓渠道,加强全员和终身培训,为满足核电发展人才需求作出了积极贡献。

“十一五”期间,我国光伏产业得到了超常规发展。2010 年我国光伏生产企业产量达到 7000 万 kW ~ 8000 万 kW,这比 2009 年的产量增加了近 1 倍。行业预测,2010 年年底全世界光伏生产产量约为 15 吉瓦 ~ 16 吉瓦,中国的产量将占世界的 40% 左右。

光伏产业实现了量的增加,也在努力进行质的飞跃。我国光伏产业在发展初期存在“原料在外、装备在外、市场在外”三头在外的状况。如今“原料在外”和“装备在外”的问题得到了一定程度的缓解。目前,光伏装备的国产化率能够达到 70%,多晶硅原料的进口比例 2010 年为 50%,也比以往有明显下降。

“十一五”期间,太阳能热发电、太阳能热水器、生物质能、地热能、海洋能、新能源汽车等产业也都获得了较快发展。目前,诸多大型企业开始涉足光热产业,以国内当前最大的太阳能热发电项目内蒙古 50 兆瓦项目的特许权招标为始,正式打开了光热发电之门。

我国生物质能源产业取得了长足的发展。生物质发电装机容量约为

200万kW。全国农村沼气累计发展到2200万户，年产沼气约90亿m^3。

2009年，地热能产业也跨出了比过去更大的一步，我国地热供暖2009年的年增长率达到25.8%，地热发电增长了4%。

太阳能热水器为提高中小城市居民的生活质量发挥了重要作用。2008年，我国太阳能热水器总集热面积运行保有量约1.35亿m^3，年生产能力超过2500万m^2。使用量和年产量均占世界总量的一半以上。

新能源汽车成为市场新的增长点，2009年3月，《汽车产业调整和振兴规划》提出新能源汽车的战略，推动纯电动汽车、充电式混合动力汽车及关键零部件的产业化。标志着汽车行业已经走到了产业转型的临界点，新能源汽车已经从单纯的科技项目提升为国家产业路线。

我国海洋电力产业稳步增长，2009年，沿海风力发电和潮汐能发电全年实现增加值12亿元，比上年增长25.2%。随着《可再生能源法修正案》贯彻实施，我国海洋能开发利用将逐渐步入良性循环的发展轨道。

我国具有发展新能源的丰富资源条件，“十一五”期间的有利政策和市场环境，又为发展新能源提供了一定的产业基础，其中一些技术已经达到或者接近商业化水平，在今后一段时间，从资源、技术和产业的角度看，新能源都有大规模发展的潜力。

1.3 煤炭工业改革发展成就综述

“十一五”时期是我国煤炭工业发展最快的五年，各项工作取得了长足发展和进步。在我国宏观经济持续向好和相关政策支持下，煤炭行业科学发展理念发生了较大变化，市场化改革取得重大进展，结构调整步伐加快，自主创新能力增强，煤炭产量大幅增长，建立了矿区环境恢复与治理机制，煤矿安全生产形势稳定好转，对外开放稳步推进，在有力保障了国家煤炭稳定供应的同时，煤炭工业面貌发生了巨大变化。

1.3.1 煤炭工业发展理念发生了较大变化

“十一五”期间，煤炭行业最大的变化就是理念的变化。全行业更加注重科学发展，加强发展战略研究，超前谋划，形成了比较清晰的发展思路;更加注重煤炭市场化改革,推进煤炭成本完整化,基本建立了市场化的价格形成机制;更加注重煤矿安全生产,加大煤矿安全投入,促进了安全生产形势的稳步好转;更加注重绿色开采和生态矿山建设,从设计理念更新入手,建设大型现代化煤矿,发展循环经济,促进了上下游产业协调发展;更加注重民生与和谐社会建设,提高煤矿职工收入水平,职工生活质量有了较大改善;更加注重扩大开放,充分利用“两种资源和两个市场”,我国由传统的煤炭出口国转为净进口国,煤炭企业“走出去”战略取得进展。

1.3.2 行业自主创新能力增强

“十一五”以来,煤炭行业完成国家863计划、973计划等科研项目31项,重点科研课题336个;实施国家科技大型示范工程项目13个。建成一批企业技术中心,其中国家级技术中心12个。2006~2010年共计评审出煤炭工业协会科技奖974项,获得国家科技进步奖30项。煤矿装备国产化水平不断提高,具有世界先进水平和自主知识产权的煤炭直接液化和煤制烯烃技术取得突破,煤矿充填开采、矿区环境治理等绿色开采技术研发取得进展。神华集团特大型矿区群资源与环境协调开发、晋城煤层气开发与关键技术产业化、大同塔山循环经济工业园区建设等重大工程项目取得成功。中国煤炭工业协会提出的《关于加快推进大型现代化煤矿建设的指导意见》、《关于推进煤炭行业发展循环经济促进节能减排工作的指导意见》成为行业共识。

1.3.3 结构调整取得重大进展

全国煤矿数量由2005年的2.48万处减少到目前的1.5万多处,平均单井规模由9.6万t提高到20万t;大型煤炭基地产量达到28亿t,占全国的87%;年产量超过千万吨的企业由2005年的30家,总产量8.1亿t,占全国的总产量的35.8%,提高到2010年的45家,总产量21亿t,占全国的64.8%;2010年,全国年产量超过3000万t的煤炭企业有19家,总产量15.68亿t。其中,年产量超亿吨的企业有5家,产量8.13亿t;5000~10000万t的企业有8家,产量5.14亿t;3000万~5000万t的企业6家,产量2.41亿t。全国已建成年产120万t以上的大型煤矿由

2005年的285处、核定能力8.43亿t、占全国煤矿总核定能力的37.3%，增加到2010年的661处、核定能力18.8亿t、占全国总能力的58%%。煤炭企业多元产业发展格局初具规模，煤电一体化发展进程加快，新型煤化工产业逐渐兴起，初步建立了煤炭上下游产业联合发展机制，多数大型煤炭企业非煤产业产值已超过50%以上。

1.3.4 煤炭供应能力大幅提高

全国煤炭产量由2005年的23.5亿t，增加到2010年的32.4亿t，增长37.87%。全国煤炭铁路运量由2005年的10.7亿t增加到2010年的19.99亿t，增长86.82%；主要港口煤炭转运量由3.7亿t增加到5.6亿t，增长51.35%。2005年，净出口煤炭4555万t，而2010年则净进口煤炭1.46亿t。煤炭在我国一次能源生产和消费结构中的比重为76.8%、70.9%。我国煤炭产量和消费量分别占世界总量的48.3%和48.2%。

1.3.5 煤炭固定资产投资大幅增加

“十一五”期间，煤炭行业固定资产投资保持高速增长，五年间，全国煤炭采选业固定资产投资总额达到12490亿元，是“十五”期间的5倍多，实现年均增长速度为26.4%，与“十一五”期间全社会固定资产投资年均增速相比，高出0.72个百分点。

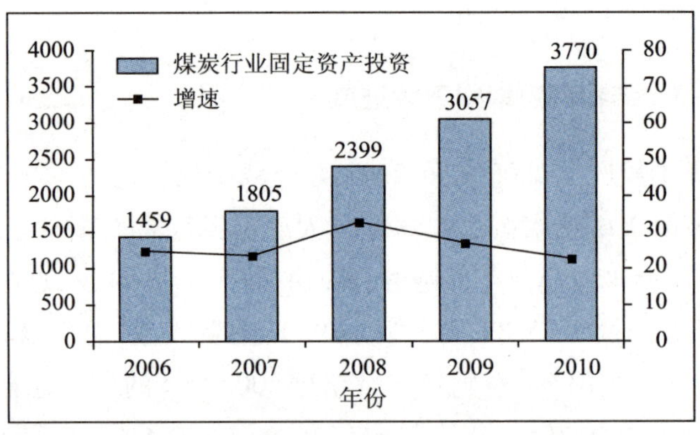

图1-13 煤炭行业固定资产投资增长趋势（单位：亿元，%）

1.3.6 煤炭经济运行质量稳步提高

2010 年全国规模以上煤炭企业实现主营业务收入 2.31 万亿元，较 2005 年增长 302.27%；资产总额 3.27 万亿元，较 2005 年增长 285.3%；行业利润总额超过 3000 亿元，较 2005 年增长 4.5 倍；应缴增值税额 2176 亿元，较 2005 年增长 306.8%。

“十一五”期间，全行业固定资产、行业利润、税收贡献率均大幅提高。煤炭行业经济运行基本保持平稳发展态势，经济运行质量稳步提高。

1.3.7 煤炭循环经济逐步实现产业化发展

“十一五”期间，煤炭资源综合利用产业化发展初具规模，煤炭循环经济示范矿区建设进展较快。塔山循环经济工业园建设探索出了以煤为主、多元发展、节能减排的发展道路。截至 2010 年底，煤矸石电厂装机容量达 2600 万 kW，年利用煤矸石、煤泥约 1.3 亿 t，约折合 4000 万 tce；利用煤矸石制砖等建筑材料，约折合标砖 120 亿标块，利用煤矸石约 3600 万 t，节约能源约 120 万 tce。煤矸石综合利用率达 62.5%。累计煤层气抽采量 88 亿 m^3，其中，煤矿瓦斯抽采 73.5 亿 m^3，地面抽采 14.5 亿 m^3；利用 36 亿 m^3；建成瓦斯发电装机约 300 万 kW。

1.3.8 和谐矿区建设取得新进展

初步统计，全国规模以上煤炭企业安排就业 570 多万人，为 2000 多万人提供了生活保障。大型煤炭企业积极利用国家支持政策，加大棚户区改造投入，一大批煤矿工人喜迁新居；职工年平均收入由 2005 年的 2.15 万元提高到 2010 年的 4.2 万元左右。如同煤集团计划投资 100 多亿元，用 3 ~5 年时间，彻底解决 10 万户、30 万员工家属的居住条件；目前一、二期工程已经完工，7 万户居民喜迁新居，三期工程已经开工。淮南矿业集团已累计投入棚户区改造资金 20 亿元，已建成 2000 栋、500 万 m^2 楼房，回迁安置 4.5 万户，2009 年以来又开工 400 万 m^2，为和谐矿区建设做出了巨大贡献。

1.3.9 对外开放水平提高

“十一五”期间,兖州煤业成功收购澳大利亚菲利克斯资源公司,开滦集团在加拿大开展煤炭资源并购取得成功,神华集团在印尼投资年产150万t露天煤矿开工建设,江西煤炭集团在印尼形成了年产120万t产量规模,徐州、中煤地质总局等企事业单位也在积极开展境外资源开发工作。中煤装备、郑煤机、三一重装等煤机企业的技术装备出口到主要产煤国家,取得了良好的信誉。

1.3.10 煤矿安全生产形势稳步好转

全国煤矿事故总量由2005年3306起减少到2010年1403起、下降57.6%;死亡人数由5938人减少到2433人,下降了59%;煤炭百万吨死亡率由2.811下降到0.749,下降了73%。

第 2 章 煤炭资源

“十一五”期间,国家加大了煤炭资源管理,建立煤炭资源勘查与矿业权有偿转让机制,推行资源有偿使用制度试点,吸引了大量社会资金开展资源勘查工作,新发现或新探明了一大批大型煤田,可供建设大型煤矿的资源量大幅增加。全国新增煤炭资源探明储量逐年增加。“十一五”期间新探明煤炭储量 3500 亿 t。全国煤炭探明资源量由 1999 年的 6769.8 亿 t,增加到 2010 年的约 1.31 万亿 t,是“十五”期间新增储量增量的 6 倍多。内蒙古、山西、陕西、新疆、云南、贵州等主要资源富集地区,探明资源储量显著增加。

2.1 资源分布状况

我国煤炭资源分布十分广泛,除上海市外,祖国大陆各省(区、市)都赋存有煤炭资源。按照地理位置和经济、社会发展程度等标准划分,我国大陆地区可分为东部地区、中部地区和西部地区。其中,西部地区可进一步细分为西北地区和西南地区。

在各区域中,西部地区煤炭资源储量最大,且采储比较低,可开采潜力较大。在西部地区,西北地区煤炭储量所占比例较高,是西南地区储量的 7 倍以上。与西部地区相比,中部地区煤炭资源储量较少,但高于西部的西南地区。在东、中、西三个区域中,东部地区煤炭资源储量最小,并小于西部的西南地区,且采储比例较高,开采接续能力不高。

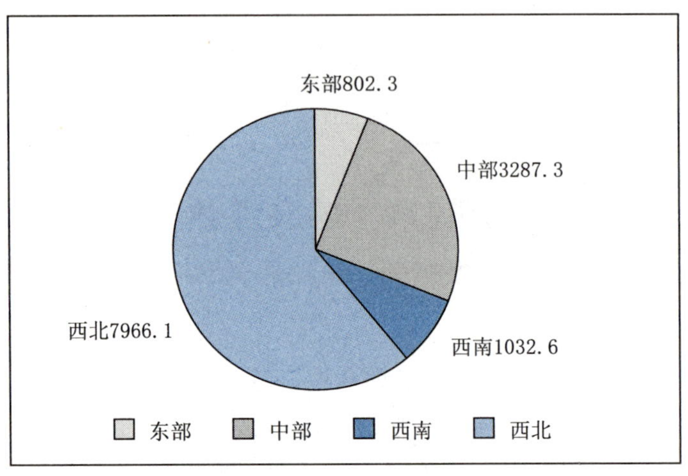

图2－1　各地区煤炭资源储量分布（单位：亿吨）

2.1.1　东部地区煤炭资源分布情况

东部地区包括黑龙江、吉林、辽宁、北京、天津、河北、山东、江苏、福建、浙江十省（市），截至2009年底，东部地区煤炭资源储量为802.3亿t，占全国储量的6.13%。其中：黑龙江、山东、河北煤炭资源储量相对丰富，开采条件较好，分别占区域内资源储量的27.03%、31.92%、18.97%。但东部地区煤炭开采历史长，后备资源不足，问题越来越突出。

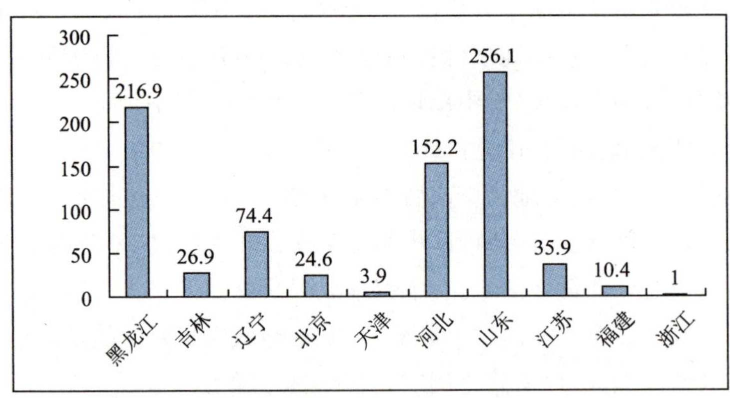

图2－2　东部地区煤炭资源储量分布（单位：亿吨）

2.1.2 中部地区煤炭资源分布情况

中部地区包括山西、河南、安徽、湖南、湖北、江西六省。中部地区是我国重要的煤炭产区和调出区，截至2009年底，中部地区煤炭储量为3287.3亿t，占全国的25.1%。其中，山西省资源储量达2661.6亿t，占全国储量的20.32%，占中部6省区资源总量的80.97%，其次，安徽、河南煤炭资源储量相对丰富，但开采深度大，煤矿自然灾害多。

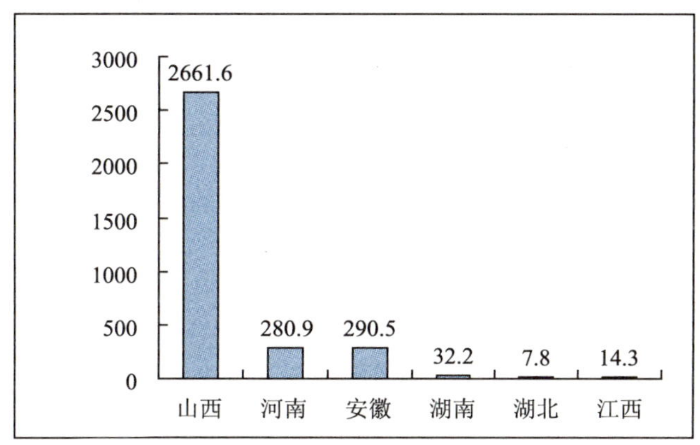

图2-3　中部地区煤炭资源储量分布(单位:亿t)

2.1.3 西南地区煤炭资源分布情况

西南地区包括云南、贵州、四川、重庆、广西五省(区、市)，截至2009年底，西南地区煤炭储量为1032.6亿t，占全国储量的7.88%。其中，贵州省是该地区煤炭储量丰富省份，具有较大的开发潜力。

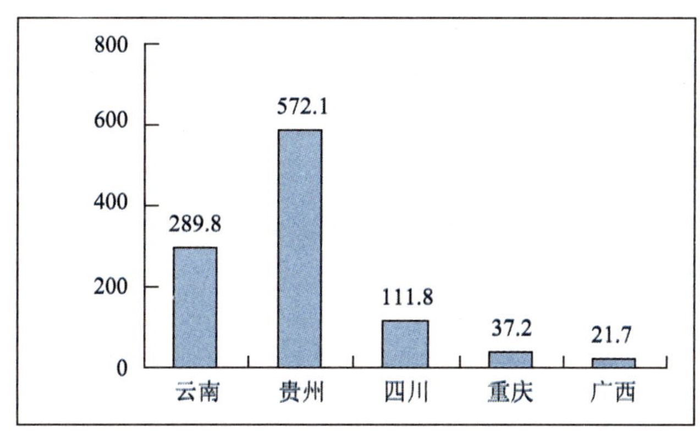

图2-4　西南地区煤炭资源储量分布(单位:亿t)

2.1.4 西北地区煤炭资源分布情况

西北地区包括内蒙古、陕西、宁夏、甘肃、青海、新疆六省(区),西北地区煤炭资源储量丰富,“十一五”期间,新增煤炭资源储量主要集中在这一地区。截至2009年底,西北地区煤炭储量为7966.1亿t,占全国储量的60.82%。其中,内蒙古煤炭储量为3465.9亿t,超过山西,跃居全国第一。

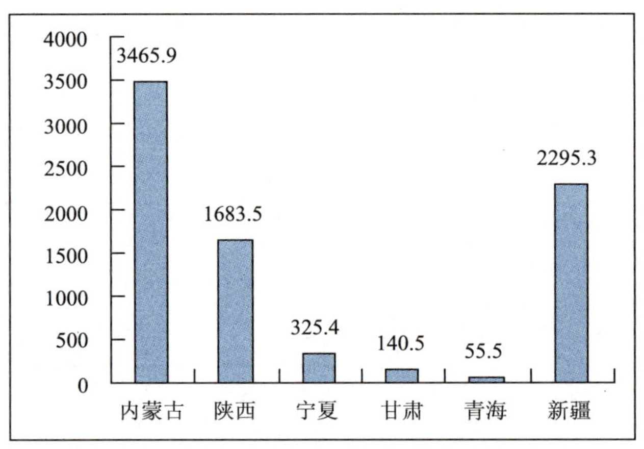

图2-5 西北部地区煤炭资源储量分布(单位:亿t)

2.2 大型煤炭基地布局

2007年11月29日,国家发展改革委发布了《煤炭产业政策》,提出建设神东、晋北、晋中、晋东、陕北、黄陇(华亭)、鲁西、两淮、河南、云贵、蒙东(东北)、冀中、宁东13个大型煤炭基地。13个大型煤炭基地含98个矿区,分布在全国14个省(区),规划总面积28.71万km^2,含煤面积20.45万km^2。截至2004年末,保有资源储量8477.31亿t,约占全国保有资源储量的85%,其中已利用生产矿井和在建矿井2058.61亿t,占基地保有储量的24.3%。大型煤炭基地煤质优良,煤类齐全。其中,动力用煤6102.7亿t,占72%,炼焦用煤1361.2亿t,占16.1%,无烟煤1013.4亿t,占11.9%。

13 个大型煤炭基地中的神东、晋北、晋中、晋东、陕北大型煤炭基地主要担负向华东、华北、东北供给煤炭，并作为“西电东送”北通道电煤基地。冀中、河南、鲁西、两淮基地担负向京津冀、中南、华东供给煤炭。蒙东(东北)基地担负向东三省和内蒙古东部供给煤炭。云贵基地担负向西南、中南供给煤炭，并作为“西电东送”南通道电煤基地。黄陇(华亭)、宁东基地担负向西北、华东、中南供给煤炭。

2.2.1 神东基地

神东基地包括神东、万利、准格尔、包头、乌海、府谷矿区，神东基地埋深小于 1000m 的煤炭资源总地质储量为 3190.15 亿 t。

基地东西长约 500km，南北宽 200～260km，面积约 12.6km^2。基地内主要赋存有神府—东胜侏罗纪煤田、准格尔煤田、府谷煤田、大青山煤田、白彦花煤田、乌达煤田和桌子山煤田等 7 个煤田及固阳、古拉本等多处产煤地。

神东矿区煤种以不黏煤为主，少量长焰煤，煤质特点为低～低中灰、特低硫分、内水分中等、中高～高热值，低熔点灰，是优质的动力煤，主要用于发电和出口，少量用于冶金。其中，万利矿区煤种为不黏煤和长焰煤，煤质特点为低中灰、低中硫、中高，内水较高，低熔点灰，为优良动力煤，主要用于发电。

准格尔矿区煤种为长焰煤，煤质特点为低中灰～中高灰、低～中高硫、低磷、高挥发分、中水分、中高热值～特高热值，高熔点灰，是优良的动力煤，主要用于发电。

包头矿区是基地内开发最早的炼焦煤矿区，煤质较好，其煤种有瘦煤、弱黏煤、肥煤、焦煤和气煤，主要用于冶金和发电。

乌海矿区为我国不多的炼焦煤产区之一，炼焦煤煤种齐全，有肥煤、焦煤、1/3 焦煤，还有少量气肥煤和气煤，主要用于冶金和发电。

府谷矿区煤种为长焰煤，煤质特点为低中～中高灰、低～中硫、低水分、高发热量，高熔点灰，是优质动力煤，主要用于发电。

2.2.2 晋北基地

晋北基地地处山西省会太原以北，包括大同、平朔、朔南、轩岗、河保偏、岚县矿区，总资源储量1118.52亿t。

晋北基地面积占山西省总面积的1/3以上，资源涵盖大同煤田、宁武煤田及河东煤田北部区，含煤总面积6700km^2，是我国重要的煤电能源基地。

晋北基地煤炭资源赋存平稳，埋藏浅，厚度大，瓦斯含量低，地质构造及水文地质条件简单，建设条件较好，开发潜力较大。煤种主要以气煤、长焰煤、弱黏结煤为主，有极少量肥煤和焦煤。具有低灰、低硫、高发热量的特点，是优质的动力用煤。

2.2.3 晋中基地

晋中基地位于山西省中部，包括西山、东山、汾西、霍州、离柳、乡宁、霍东、石隰矿区，资源储量2072.73亿t。

晋中基地南北长340km，东西宽210km，面积27475.06km^2，含煤面积23861.39km^2。晋中基地是主要炼焦煤生产基地，焦煤储量为1364.4亿t，约占总量的65%；动力煤储量411.95亿t，约占总量的20%；无烟煤储量296.38亿t，约占总量的15%。

晋中基地的煤质较好。高硫煤储量506.63亿t，约占总量的24%；中硫煤760.86亿t，约占总量的37%；低硫煤805.24亿t，约占总量的39%。

2.2.4 晋东基地

晋东基地位于山西省东南部，包括晋城、潞安、阳泉、武夏矿区，1300m以浅的总资源储量1227.21亿t。

晋东基地是我国最大的无烟煤生产基地，南北长310km，东西宽19~126km，面积约15060km^2。煤种主要以无烟煤、瘦煤和贫煤为主，有少量的焦煤；主采3#煤层煤质为中灰、低~特低硫、高发热量，是良好的化工和动力用煤。

2.2.5 陕北基地

陕北基地由陕北侏罗纪煤田南部、陕北石炭二叠纪煤田南部和陕北三叠纪煤田组成,包括榆神、榆横、吴堡及子长 4 个矿区,总资源储量 2000.19 亿 t。

陕北基地东西长 77.92 ~ 306.13km,南北宽 286.23km,面积 25950.82km^2。煤种有不黏煤 31 号、长焰煤 41 号、气煤 45 号、肥煤、焦煤及焦 ~ 贫煤,为动力燃料、化工原料、工业气化、液化及冶金用煤。

2.2.6 黄陇(华亭)基地

黄陇(华亭)基地由黄陇侏罗纪煤田、渭北石炭二叠纪煤田组成,包括彬长(含永陇)、黄陵、旬耀、铜川、蒲白、澄合、韩城、华亭矿区,总资源储量 481.30 亿 t。

黄陇(华亭)基地东西长约 341.29km,南北宽 143.15km。面积 18877.63km^2,含煤面积 11084km^2。

黄陇(华亭)基地为动力煤基地,煤种主要是不黏煤、长焰煤、贫煤及贫瘦煤,主要供电厂做燃料用,仅韩城矿区有部分炼焦洗精煤。

2.2.7 鲁西基地

鲁西基地包括兖州、济宁、新汶、枣滕、龙口、淄博、肥城、巨野、黄河北矿区,面积为 55962.82km^2,总资源储量 348 亿 t。

鲁西基地煤种齐全,以气煤为主,气肥煤、1/3 焦煤和肥煤次之。煤质多为低灰、低硫、高挥发分、高发热量,为电力、冶金、建材、化工用煤。

2.2.8 两淮基地

两淮基地包括淮南、淮北矿区,总资源储量 516.8 亿 t。其中淮南矿区(-1500m 以上)399.8 亿 t,淮北矿区(-1200m 以上)117.0 亿 t。

两淮基地总面积 19000km^2,其中淮南矿区面积 3600km^2;淮北矿区面积 15400km^2。基地含煤面积 9651km^2。

两淮基地煤种齐全,淮南矿区煤种以气煤和 1/3 焦煤为主,煤质为特低硫、低 ~ 特低磷、低 ~ 中灰、高发热量煤;淮北矿区煤种主要以焦煤、肥煤和瘦煤为主,属低硫、低磷、低 ~ 中灰、中高 ~ 高发热量煤。

2.2.9 河南基地

河南基地包括鹤壁、焦作、义马、郑州、平顶山、永夏矿区，总资源储量560.11亿t。

河南基地含煤面积10849km^2，除少数地区外（如济源、义马煤田西部）外，基地垂深1000m以浅煤炭资源赋存总体情况已基本查明，埋深1000～2000m的煤炭资源（掩盖区及老矿区外围）绝大部分处于预测阶段，勘查程度较低。

河南基地煤炭品种齐全，有焦煤、1/3焦煤、气煤、肥煤、瘦煤、无烟煤、贫煤和长焰煤。基地煤质优良，总体属低～中低灰（一般小于20%）、特低～低硫（一般小于1%）、中高～高热值煤（一般为5000～8000cal/g），为电力、冶金、化工、建材和民用用煤。

2.2.10 云贵基地

云贵基地包括盘县、普兴、水城、六枝、织纳、黔北、老厂、小龙潭、昭通、镇雄、恩洪、筠连、古叙矿区，总资源储量953.48亿t。

云贵基地总面积4.69万km^2，其中规划开发面积4234km^2，除小龙潭矿区位于昆明市以南的开远市境内，其他矿区均集中在四川、贵州、云南三省交汇处。

云贵基地煤种齐全，盘县、水城、恩洪三矿区以炼焦用煤为主；小龙潭、昭通两矿区为褐煤，其他矿区以无烟煤为主，主要用于电力、冶金、建材、化工及民用。其中，炼焦用煤为130.01亿t，占总量的13.6%；无烟煤562.94亿t，占59.1%；其他动力用煤260.45亿t，占27.3%。原煤灰分多以中灰为主，含硫量除筠连、镇雄及基地东部边缘地带为高硫外，其他矿区均以中、低硫为主。

2.2.11 蒙东（东北）基地

蒙东（东北）基地包括扎赉诺尔、宝日希勒、伊敏、大雁、霍林河、平庄、白音华、胜利、阜新、铁法、沈阳、抚顺、鸡西、七台河、双鸭山、鹤岗矿区，总资源储量1135.08多亿t。其中，蒙东地区857.87亿t，辽宁省

65.29亿t，黑龙江省211.92亿t。

蒙东（东北）基地总面积27264.7km^2，其中蒙东地区4376.7km^2，辽宁省4251km^2，黑龙江省18637km^2。

蒙东（东北）基地主要生产电力、冶金、建材、民用用煤。在总储量中，低硫煤1115.45亿t，占98%；动力用煤为1057.34亿t，占93%；炼焦用煤及无烟煤为77.74亿t，占7%。

2.2.12 冀中基地

冀中基地包括峰峰、邯郸、邢台、井陉、开滦、蔚县、宣化下花园、张家口北部、平原大型煤田，总资源储量446.34亿t，其中埋藏深度小于1000m的资源量为189.47亿t，占总量的42%；埋藏深度在1000～1200m的资源量为135.21亿t，占总量的31%；埋藏深度在1200～1500m的资源量为121.66亿t，占总量的27%。

冀中基地煤种齐全，从褐煤到无烟煤均有赋存，其炼焦煤在我国占有重要地位，是我国重要的肥煤基地。在总资源储量中，炼焦煤为320.91亿t，占72%；无烟煤为50.86亿t，占11%；动力煤为74.57亿t，占17%。

冀中基地煤质优良，在总资源储量中，低硫煤为329.78亿t，占74%；中硫煤为89.64亿t，占20%；高硫煤为26.92亿t，占6%。

2.2.13 宁东基地

宁东基地包括石嘴山、石炭井、灵武、鸳鸯湖、横城、韦州、马家滩、积家井、石沟驿、萌城矿区，探明资源储量293.99多亿t。

宁东基地南北长242km，东西宽78km，基地面积约18876km^2，含煤面积约2105km^2。

宁东基地中石嘴山矿区煤种以1/3焦煤为主，含少量气肥煤、肥煤及气煤。煤质为低水、中～高灰分、高挥发分、特低～高硫煤；石炭井矿区石炭井区煤种主要是瘦煤，并有少量贫瘦煤。煤质一般为中～高灰分（个别煤层为低灰分煤）、特低～高硫煤。呼噜斯太区煤种为1/3焦煤、焦煤和肥煤，煤质为低～高灰分、特低～高硫煤。汝箕沟区煤种为无烟煤，煤质为低灰、低硫、低磷和高发热量；灵武、石沟驿、鸳鸯湖、马家滩、萌城、积家井矿区煤种为不黏结煤和长焰煤，煤质为特低灰、特低硫、低～特低磷、较高发热量；横城矿区煤种为气煤、肥煤，其中以气煤为主，煤质为中～高灰、特低～高硫、特低磷、中高发热量；韦州矿区为多煤种赋存区，煤种包括气煤、肥煤、焦煤、瘦煤、贫煤和无烟煤。其中，太原组煤种以焦煤、无烟煤为主，山西组煤种以气煤、贫煤为主。山西组各主要煤层煤质均属特低硫、低磷、中灰，太原组为低～中灰、特低～高硫、低磷煤。

2.2.14 新疆地区

“十一五”期间，新疆煤炭地质勘查投资约26亿元，是“十五”期间的两倍多。其中，中央和地质勘查基金约4亿元，地方地质勘查项目专项资金约2亿元，企业投资20亿元。

2009年，新疆煤炭勘探部门对吐鲁番、哈密地区等地煤田展开整体勘查，并在东疆地区萨尔湖三塘湖一带开展了资源预查工作，累计获得预测资源量1200多亿t，截止到2010年底，累计查明资源量预计超过2500亿t。

“十一五”期间，新疆以准东、哈密、伊犁、库拜四大煤田为重点，全面启动了矿区总体规划工作，已规划矿区32个，规划可供建设的矿井（露天）225处，规模达8.5亿t。2010年2月国家批复了准东西黑山、五彩湾、大井三个矿区的总体规划，规划可供建设的矿井（露天）24处，规模达4.35亿t；此外，还有9个矿区总体规划（可供建设矿井87处，规模达1.28亿t）已上报，正在等待国家发展改革委的批准。

2010年3月，国家能源局正式启动了新疆大型煤炭基地规划的编制工作，新疆将成为第14个大型煤炭基地。

2.3 重点产煤省区资源状况

1. 内蒙古自治区

截至2009年底，内蒙古自治区煤炭资源储量达到7413.9亿t，查明资源储量3465.9亿t，居全国第一位。“十一五”期间，新增探明煤炭资源储量5100亿t。“十一五”期间，内蒙古累计地质勘查投入1403.8亿元，其中，非油气矿产资源勘查投入296.8亿元，是“十五”期间的两倍。2010年，内蒙古地质勘查投入336.66亿元，勘查面积34万km^2，新增煤炭资源储量300亿t。

2. 山西省

山西是我国重要的煤炭生产、输煤和出口大省及能源重化工基地。煤炭资源优势得天独厚、储量大、分布广、品种全、质量优、易开采。目前已累计探明煤炭储量2661.8亿t，保有储量2581亿t。其中：炼焦用煤保有储量1495亿t、占全省的58.1%；非炼焦用煤保有储量1033亿t、占全省的40.1%；其他煤种保有储量约46亿t、占全省的1.8%。

全省含煤面积6.48万km^2，约占全省国土总面积的40%。主要分布在大同、宁武、河东、西山、沁水、霍西六大煤田和浑源、繁峙、五台、垣曲、锐城、平陆等地，煤炭资源遍布94个县(市、区)。

山西煤炭品种齐全，有9大煤炭品种，分别是气煤、肥煤、焦煤、瘦煤、无烟煤、贫煤、长焰煤、弱黏结煤、褐煤。山西煤炭具有“三低两高一强”的特点，即低硫、低灰、低磷、高发热量、高挥发分、黏结性强。

大同煤田弱黏结煤以硫分和灰分低、发热量高而饮誉中外；河东煤田离石、柳林、乡宁矿区的低硫、低灰主焦煤被誉为煤中的“精粉”；沁水煤田晋城矿区的“兰花炭”更是名闻遐迩。

3. 陕西省

陕西省煤炭资源十分丰富，储量为1683.5亿t，占全国煤炭总储量的12.85%，煤炭资源储量在全国各省(区、市)中排名第四，是全国四个千亿吨以上储量省(区)之一。主要分布在陕北和渭北地区，陕西省煤炭资源储量主要集中在榆林市，其煤炭资源储量为1424.68亿t，占全省的85.82%。

4. 河南省

河南省是全国矿产资源大省和矿业大省，成矿条件优越，矿产资源蕴藏丰富。“十一五”期间，河南省在4个赋煤带，18个煤田、找煤区查明资源储量651.14亿t(含正在勘查的资源储量)、已动用资源量49.30亿t、保有资源储量601.84亿t，全省2000m以浅资源总量约1270亿t。2010年，河南省新发现并部分查明煤炭资源160亿t，新查明的煤炭资源主要分布在豫东平原和豫北地区（睢县、禹州、郏县等地以及安阳、鹤壁、濮阳地区）。

5. 贵州省

贵州是我国南方煤炭资源最丰富的省区，含煤面积占总面积的40%以上，全省86个县（市）中有74个产煤，西部的盘县、水城、六枝和织金、纳雍、大方等县煤炭资源相对集中，黔北的桐梓、仁怀、习水、遵义与中部的贵阳—安顺一带和黔西南地区也有部分煤田分布。

六盘水煤田与织纳煤田分别是贵州炼焦用煤与无烟煤的最重要产区。历年勘查探明的资源储量达535亿t，经常年开采消耗后保有储量529亿t，其中炼焦用煤106亿t，无烟煤354亿t。保有资源储量仅少于山西、内蒙古、陕西、新疆，排列全国第五，系江南之首，是南方12个省（市、区）的资源储量总和，为我国南方最大的煤炭资源基地。尤其是可供开发利用的优质煤资源储量丰富，占全省总量的1/3左右。而且潜力大，现开采占用不足保有资源储量总数的12%。

其中，六盘水煤田为产于上二叠统龙潭组海陆交互相沉积矿床，煤田内煤层多，厚度大，煤质较好。有可采煤层1~27层，一般5~10层，可采厚度最大逾44m，一般12~15m，盘县与水城煤质优，是全省低硫优质炼焦煤的集中产区。经多年开采消耗，保有资源储量150亿t，占全省总量的28%，其中炼焦用煤90亿t，占贵州炼焦用煤总量的85%。

织纳煤田是贵州最大的无烟煤产区。位于该省西部，主要分布于织金与纳雍两县地域，包括织金县的文家坝，大冲头，肥田一、二、三井田和纳雍县的中岭、戴家田等35处探明资源储量的井田（测区或煤矿）。该区是贵州发现最早的煤田之一，该煤田为产于上二叠统龙潭组的海陆交互相沉积矿床。煤田产出均为无烟煤。煤层多，厚度大，煤质较好。可采煤层2~16层，可采总厚度多在3~23m间。煤的可选性较好，精煤灰分一般为6%~12%，全硫多在0.3%~1.5%之间。历年累计探明资源储量逾165亿t，约占全省总量的31%。

黔西北为优质无烟煤产区，该产区是贵州低硫优质无烟煤最为丰富的集中产地，也是未来开发潜力较大的区域之一。产区地处贵州西北部，优质煤主要分布于金沙、黔西、大方、仁怀、习水等县市。煤层主要产于上二叠统龙潭组上部或长兴组下部地层中。低硫可采煤层一般2～4层，可采厚度多为2～7.5m。经勘查与研究，产区探明储量加预测资源量合计可达295.9亿t。其中含硫≤0.5%的为61亿t，0.51%～1.0%的达167.3亿t，1.01%～1.50%的有67.6亿t。探明储量达76.9亿t。该区已成为贵州实施西部大开发战略采掘煤炭的重点区域。现今正在金沙、习水、黔西等地兴建大中型火电厂用煤以及其他用途的矿井，不仅使产区成为“西电东送”的又一新能源基地，并将成为化工、冶金等用煤和优质无烟煤出口的重要基地。

6. 山东省

山东省煤炭资源储量比较丰富。全省陆地面积15.71万km^2；含煤面积4.84万km^2，其中鲁西地区占97.5%（主要集中于鲁西南，其次是鲁中、胶济铁路沿线及济南以西的黄河两岸），鲁东地区占2.5%。山东省煤炭资源查明资源储量256.1亿t，为东部地区煤炭资源储量最多省份，在东部地区中具有煤炭资源储量较多、赋存条件较好、品种多样、煤质优良等优势。

7. 安徽省

安徽成矿地质条件得天独厚，在漫长的地质岁月中生成了丰富的矿产资源。已探明工业储量的矿产有67种，矿区711处。其中煤炭的保有储量达246亿t，居全国第7位，华东第1位。

8. 新疆维吾尔自治区

2006～2009年，新疆煤炭基本建设投资247亿元，是“十五”期间投资总额的6.4倍，新增生产能力约2319万t，2009年全区煤炭产量8813万t，比2005年增加4913万t，是历史增长最快的时期，增长速度比全国平均水平快14个百分点。

9. 黑龙江省

黑龙江省是我国重要的能源化工基地，虽然黑龙江省煤炭资源储量居全国第12位，但煤质好，主要是炼焦用煤。全省查明煤炭资源储量

216.9 亿 t,在东部地区排名第二,省内拥有鸡西、七台河、双鸭山、鹤岗四大矿区。

10. 云南省

云南省地质构造复杂,金属矿和非金属矿均十分丰富。非金属矿以煤分布最广,煤炭资源储量为 289.8 亿 t,其中古生代煤田以石炭二叠纪最为重要;中生代煤田主要产于三叠纪;新生代煤田产于第三纪地层中,以褐煤为主。

第3章 煤炭生产

“十一五”期间，我国煤炭产量大幅增加，由“十五”末期2005年的23.5亿t，增长到2010年的32.4亿t，增加8.9亿t，增长约37.9%；生产重心明显向西北部转移，西北部地区煤炭产量在全国所占比重由2005年的23.41%，提高到38.69%，增加15.28个百分点，成为我国主要煤炭调出区；煤炭生产结构调整效果显著，大型现代化煤矿生产比重大幅增加；亿吨级煤炭省由2005年的山西、内蒙古、陕西、贵州、山东、河南等6省区，增加到2010年的内蒙古、山西、河南、陕西、贵州、山东、安徽等7省区，亿吨级煤炭省煤炭总产量由2005年的13.99亿t，增加到2010年的23.58亿t，增加了9.59亿t，增长68.59%，占全国煤炭产量比重由63.4%，增加到72.2%，提高了8.8个百分点。

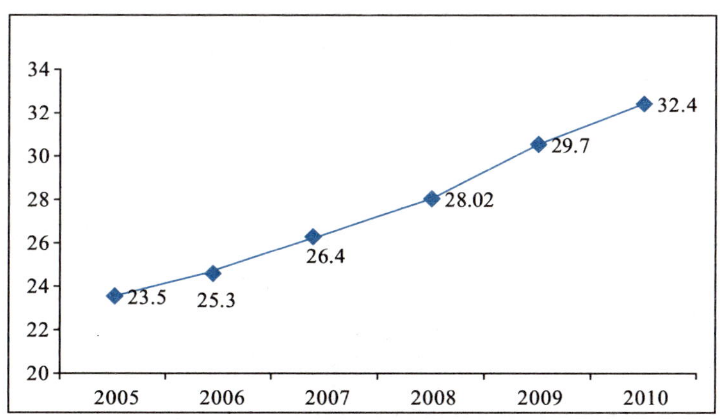

图3-1 2005~2010年全国煤炭产量(单位：亿t)

3.1 生产布局调整

2010 年，我国东部煤炭产量为 46865.64 万 t，较 2005 年增加 2647.36 万 t，增长 5.65%，占全国煤炭产量比重为 15.15%，较 2005 年降低 6.14 个百分点；中部煤炭产量为 113000 万 t，较 2005 年增加 21014.13 万 t，增长 22.84%，占全国煤炭产量比重为 34.58%，较 2005 年降低 7.22 个百分点；西南煤炭产量为 37850 万 t，较 2005 年增加 8148.07 万 t，增长 27.43%，占全国煤炭产量比重为 11.58%，较 2005 年降低 1.91 个百分点；西北煤炭产量为 126420 万 t，较 2005 年增加 74887.29 万 t，增长 145.32%，占全国煤炭产量比重为 38.69%，增长 15.27 个百分点，见图 3－2、图 3－3。从区域上看，我国东部和西南部的主要产煤区，产量基本

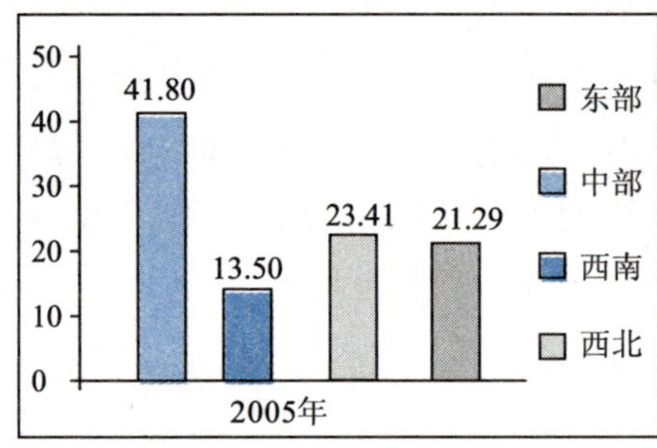

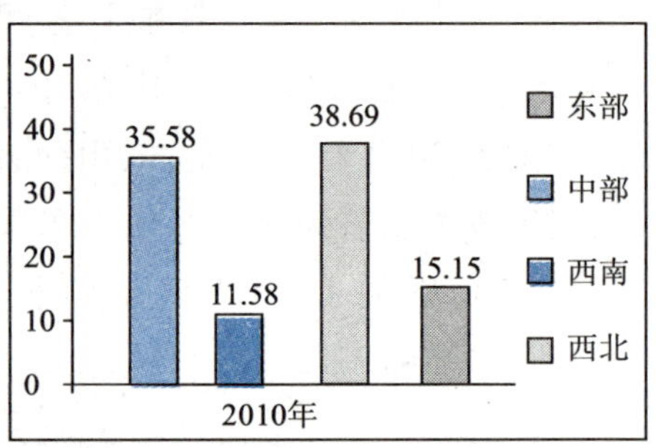

图 3－2　2005、2010 年我国主要产煤区煤炭产量比重（单位：%）

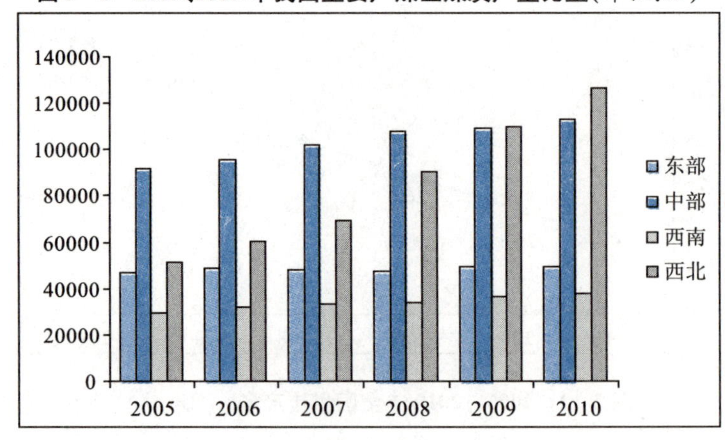

图 3－3　2005～2010 年我国主要产煤区煤炭产量（单位：万 t）

保持了稳中略有增长；中部地区相对东部和西南部地区，产量增幅稍大；西北部地区产量增长最为明显，速度远高于其他区域，是我国“十一五”期间最主要的煤炭增产地区。

3.1.1 东部地区生产概况

东部产煤省（市）作为我国历史上煤炭资源开发较早的地区，在相当长一段时期是我国最主要煤炭供应区，为我国经济社会发展做出了卓越贡献。然而，由于开发历史久，开发强度高，可供开采的煤炭资源日趋减少，截至 2009 年底，东部煤炭资源储量 802.3 亿 t，仅占全国储量的 6.13%。为实现东部地区煤炭生产的持续性，“十一五”期间东部地区煤炭产量基本维持在 4.8 亿 t 左右。东部地区煤炭产量占全国煤炭产量的比重由 2005 年的 21.29% 下滑到 15.15%，减少了 6.14 个百分点。

“十一五”期间，在东部各主要产煤省（市）中，北京、江苏、浙江三省市的煤炭产量出现稳步减少的趋势。河北、辽宁、黑龙江、山东等 4 省煤炭产量基本保持稳定，吉林、福建两省煤炭产量呈增长趋势。山东省是东部地区产煤最大省，产量维持在 1.4 亿 t 左右，约占东部地区总产量的 30%。河北、黑龙江和辽宁三省作为我国传统的产煤大省，煤炭产量占东部地去的比重均在 10% 以上。

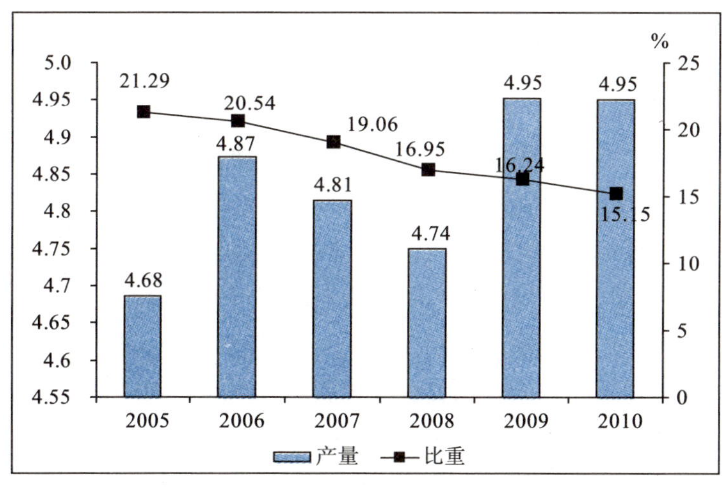

图 3-4 2005~2010 年我国东部煤炭产量及占全国比重（单位：亿 t，%）

表3-1　2005~2010年我国东部各省煤炭产量及比重变化(2010年为预计数)

		2005	2006	2007	2008	2009	2010
北京	产量/万t	897.92	651.07	648.8	578.62	653.74	600
	比重/%	1.92	1.34	1.35	1.22	1.32	1.21
河北	产量/万t	8639.49	8364.71	8662.98	8145.43	8585.34	8700
	比重/%	18.43	17.16	18.00	17.15	17.34	17.57
辽宁	产量/万t	6395.03	7367.27	6349.09	6495.12	6624.17	6500
	比重/%	13.65	15.12	13.19	13.68	13.38	13.13
吉林	产量/万t	2715.11	3004.05	3354.18	3980.09	4497.45	4500
	比重/%	5.79	6.16	6.97	8.38	9.08	9.09
黑龙江	产量/万t	9503.2	10282.44	10065.11	9760.12	9900.5	9900
	比重/%	20.28	21.10	20.91	20.55	19.99	19.99
江苏	产量/万t	2817.6	3047.5	2480.2	2430.1	2397.4	2300
	比重/%	6.01	6.25	5.15	5.12	4.84	4.65
浙江	产量/万t	43.67	18.33	12.33	13.12	13.2	13
	比重/%	0.09	0.04	0.03	0.03	0.03	0.03
福建	产量/万t	1824	1933	2050	2350	2466	2500
	比重/%	3.89	3.97	4.26	4.95	4.98	5.05
山东	产量/万t	14030	14069.5	14518.3	13742.5	14377.7	14500
	比重/%	29.94	28.87	30.16	28.93	29.04	29.29

山东省是我国东部地区第一大产煤省。“十一五”期间,山东省煤炭工业突出安全生产、资源管理、结构调整、大企业集团建设四个重点,着力构建安全有保障、资源利用率高、生态环境优、经济效益好、可持续发展的新型煤炭工业体系。加快推进五个转变:生产布局向集约型转变,经济增长向质量效益型转变,安全生产向本质安全型转变,资源开发向外向型转变,矿区发展向环境友好型转变,实现了全省煤炭工业又快又好发展。

山东省通过创新发展模式,引导企业加快产业结构调整,积极发展循环经济。鼓励企业“走出去”,开发省外、国外资源,建设山东省新的战略能源基地。不断深化“双基”建设,落实煤矿安全生产监管责任,加快实施“科技兴煤”战略,提升装备现代化水平,提高煤矿干部职工队伍素质,努力构建煤矿安全生产长效机制。按照省属国有企业改革的总体部署，大力开展煤炭企业改革重组步伐，加快主辅分离、辅业改制和剥离企业办社会职能进度，组建了以产权为纽带，以资本运营为主体的国有控股大型煤炭企业集团，提高了山东省煤炭企业的核心竞争力。

"十一五"期间，山东省煤炭年产量由 2005 年的 14030 万 t，增加到 2010 年的 14500 万 t，增加了 470 万 t，增长 3.3%；占全国煤炭总产量的比重由 2005 年的 6.36%，下降到 2010 年的 3.3%，下降了 3.06 个百分点。期间共开采煤炭 71708.01 万 t，年均开采 14341.6 万 t。

3.1.2 中部地区生产概况

我国中部产煤省包括山西、安徽、江西、河南、湖北、湖南等六省。煤炭产量由 2005 年的 91985.87 万 t，增加到 2010 年的 113000 万 t，增长 22.8%，低于全国同期增幅。中部地区煤炭产量占全国总产量比重由 2005 年的 41.8% 下降到 2010 年的 34.58%，减少 7.22 个百分点。

"十一五"期间，在中部各省中，山西省煤炭产量比重保持在 60% 左右。2010 年山西省煤炭产量达到 7.4 亿 t，较 2005 年增加 18574 万 t，增长 33.5%，保持了稳定增长。2010 年河南省煤炭产量达 17800 万 t，较 2005 年减少 961.42 万 t，降低约 5 个百分点，占中部煤炭产量比重仍保持在 15% 以上。安徽、江西、湖南、湖北等省煤炭产量均保持了稳定增长。

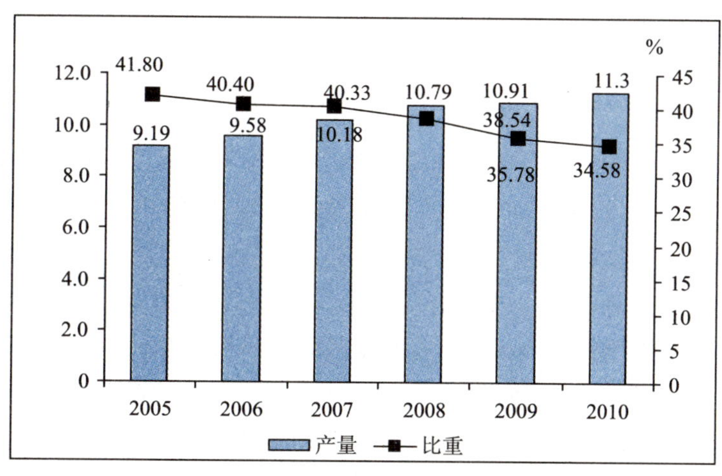

图 3-5 2005~2010 年我国中部煤炭产量及占全国比重（单位：亿 t，%）

表 3-2 2005~2010 年我国中部各省煤炭产量及比重变化(2010 年为预计数)

	山西		安徽		江西		河南		湖北		湖南	
	产量/万t	比重/%	产量/万t	比重/%	产量/万t	比重/%	产量/万t	比重/%	产量/万t	比重/%	产量/万t	比重/%
2005	55426.1	60.3	8488.0	9.2	2565.1	2.8	18761.4	20.4	1010.4	1.1	5735	6.2
2006	58141.9	60.7	8331.9	8.7	2783.4	2.9	19532.2	20.4	1116.3	1.2	5948.8	6.2
2007	63020.9	61.9	9265.7	9.1	2997.2	2.9	19287.2	18.9	1084.3	1.1	6217.2	6.1
2008	64501.3	59.7	11649.5	10.8	3303.0	3.1	21305.7	19.7	1073.2	1.0	6153.9	5.7
2009	61534.9	56.4	12848.6	11.8	3414.1	3.1	23037.9	21.1	1399.5	1.3	6880.0	6.3
2010	74000.0	63.8	13000.0	11.2	3400.0	2.9	17800.0	15.3	1300.0	1.1	6500	5.6

“十一五”期间,中部各产煤省区中,煤炭产量达到亿吨级的有山西、河南和安徽三省。

1. 山西省

2007 年,国务院在山西省开展促进煤炭工业可持续发展政策措施试点工作;2009 年,山西开展资源整合,推进煤矿企业兼并重组工作,煤矿由 2600 多个减少到 1053 个,煤炭企业由 2000 多个减少到 130 个,70% 的矿井规模达到年产 90 万 t 以上,年产 30 万 t 以下的小煤矿全部淘汰,保留矿井全部实现机械化开采。

资源整合后的山西煤炭产业综合效益初步显现,困扰山西多年的安全生产难题得到了有效破解。在煤炭资源整合的基础上,山西通过创新安全监管体制,落实政府和企业两个主体责任,煤矿安全生产实现明显好转。全省煤炭百万吨死亡率由 2005 年的 0.902 下降到 2009 年的 0.328。

“十一五”期间,山西省煤炭总产量为 318199.1 万 t,平均年产煤 63639.81 万 t,占全国原煤总产量的比重由 2005 年的 25.14%,降低到 2010 年 21.73%,减少了 3.41 个百分点。

目前,山西形成了“大同塔山循环工业园区”“潞安煤油循环模式”“西山洗中煤发电循环模式”“晋煤绿色循环模式”等十多个循环经济发展模式,不仅煤炭产业的附加值大大增加,而且与之相关的非煤产业份额越来越大,去年全省煤炭行业实现非煤销售收入 1281 亿元,同比增长 26.58%。其中省属五大煤矿集团实现 1186 亿元,占总收入的 49.36%,

接近“半壁江山”。

“大同塔山循环工业园区”园区规划建设“一矿八厂一条路”，共10个项目，包括：年产1500万吨塔山煤矿、年入洗1500万t原煤塔山洗煤厂、塔山2×600MW坑口电厂、4×50MW资源综合利用电厂、年产120万t甲醇项目(一期60万t)和煤气联产5万t/a甲醇项目、年产2.4亿块煤矸石砖厂(一期1.2亿块)、年产5万t高岭土加工厂、日产4500t新型干法水泥熟料生产线、日处理能力4000m^{3}的塔山污水处理厂、塔山铁路专用线。10个项目首尾相连，环环紧扣，逐层减量利用，组成了“煤——电——建材”和“煤——化工”两条循环经济产业链，做到了多业并举，实现了煤炭资源利用的低消耗、低排放、高效率。

2. 河南省

河南省是我国重要的产煤大省和国家规划的13个大型煤炭基地之一，“十一五”期间，河南省共生产煤炭95155.2万t，较“十五”期间增加31462.2万t，增长49.4%，年平均产量约1.9亿t，维持在1.8亿~2.0亿t/a的水平，占全国煤炭总产量的比重由2005年8.51%，下降到2010年5.45%，下降了约3个百分点。

2010年，按照河南省省委、省政府工作部署，在全省煤炭企业开展了煤炭企业兼并重组工作，全省参加兼并重组的466处小煤矿，除10处有特殊情况外，已签订正式协议的有456处，完成资产评估的有415处，占兼并重组小煤矿的91%；有321处小煤矿办理了新的工商营业执照，占兼并重组小煤矿的70.4%；骨干煤炭企业控制的煤炭资源量占全省煤炭资源量的85%以上，产量占全省总产量的75%以上，单个矿井生产规模不低于年产15万t。同时，兼并重组主体企业在所兼并重组煤矿中所占股权比例不低于51%。

3. 安徽省

“十一五”期间，安徽省煤炭工业稳健发展，在走新型煤炭工业化路上，实现了“四个减少、四个提高”——煤矿数量大幅减少，煤炭产能大幅提高；劳动用工大幅减少，劳动效率和职工收入大幅提高；安全生产事故大幅减少，经济效益大幅提高；瓦斯超限次数大幅减少，抽采利用率大幅提高。

“十一五”期间，安徽省共产煤炭54095.6万t，平均年产10819.1万t。2010年煤炭产量130000万t，较2005年增加4512.04万t，增长了53.1%。占全国煤炭总产量的比重由2005年3.85%，增加到2010年3.98%。

“十一五”期间，安徽省国有煤矿企业剥离学校、医院等120所，移交政府和社会管理26200人。分离辅助企业166个，分离退休人员交社区管理11.7万人。实施债转股，减轻企业债务负担153亿元。按现代企业制度，安徽省初步确立集团母公司决策中心、投资中心、经营中心和利润分配中心的地位，煤矿企业由法人实体转变为生产安全中心。

安徽省坚持淘汰关闭达不到安全生产要求和标准的地方煤矿150对，对4对地方煤矿实行由大矿托管。截至2010年底，全省矿井数量由2005年的315对减少到170对，而产量则由7800万t提高到1.3亿t。地方煤矿单井产能由2005年的不足3万t提高到9.9万t，全省煤矿平均单井产能位居全国第二。

“十一五”期间，安徽省投入430亿元，先后建成12对数字化、现代化矿井，改造提升18对老矿井，新增产能7350万t。对影响安全生产的通风系统、瓦斯治理、安全监测监控系统等重要环节实施技改项目159个，建成瓦斯抽采系统79个，建成瓦斯利用系统19个，瓦斯用户达7.1万户。2010年全省国有重点煤矿综采机械化水平和掘进机械化水平分别比2005年提高18.43%和12.02%。

3.1.3 西南地区生产概况

西南部产煤省(市)包括广西、重庆、四川、贵州、云南等5省(市)。“十一五”期间，受国家煤炭大基地建设及地方政府招商引资等多重因素刺激，大型煤炭企业集团已在西南部开展了战略布局，加大了西南部煤炭资源开发力度。“十一五”期间，西南部地区煤炭产量保持了稳步增长。2010年西南五省(市)煤炭产量达38850万t，较“十五”末期的2005年增加9147万t，增长30.8%。然而，西南地区煤炭赋存条件较为复杂，断层多、瓦斯等自然灾害多、煤层偏薄，倾斜角度偏大，且多为“鸡窝煤”，在现有技术条件下，难以开展大规模机械化开采，因此产量增长速度低于全国水平7.1个百分点。

“十一五”期间，西南5个产煤省(市)中，贵州省煤炭产量最高，占全区煤炭产量比重的30%以上,且保持了较快增长;四川省煤炭产量仅次于贵州,占西南部地区煤炭产量比重的23%以上,2007年最高达到28.8%,其后,为提高煤矿安全水平,关停了部分小煤矿,四川省煤炭产量出现阶段性回落。云南省煤炭产量保持了稳定增长,比重由21.76%上升至23%左右。重庆市煤炭产量基本实现了波动增长。广西壮族自治区煤炭产量仅占西南部地区的2%左右,产量整体出现波动下滑的态势。

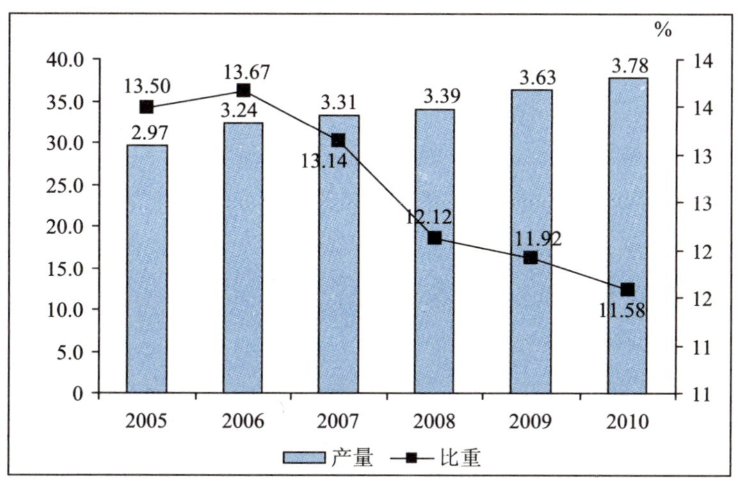

图3-6 2005~2010年我国西南部地区煤炭产量及占全国比重(单位:亿t,%)

表3-3 2005~2010年我国西南部各省煤炭产量及比重变化(2010年为预计数)

	广西		重庆		四川		贵州		云南	
	产量/万t	比重/%	产量/万t	比重/%	产量/万t	比重/%	产量/万t	比重/%	产量/万t	比重/%
2005	700.3	2.4	3618.9	12.2	8125.1	27.4	10795.5	36.3	6462.1	21.8
2006	680.5	2.1	3990	12.3	8600	26.5	11816.6	36.4	7339.1	22.6
2007	721.5	2.2	4293.6	12.9	9557.7	28.8	10864.2	32.7	7755.2	23.4
2008	451.2	1.3	4666.5	13.7	9495.5	28.0	11319.5	33.3	8029.7	23.6
2009	589.3	1.6	4463.7	12.3	8997.3	24.7	13690.7	37.6	8625.1	23.7
2010	600	1.5	4450	11.5	8900	22.9	15000	41.2	8900	22.9

贵州是我国南方最大的煤炭基地,其煤炭储量相当于我国南方9省(区、市)总和。西部大开发10年来,在国家"西电东送"等战略工程的带动

下，贵州煤炭资源得到加速开发，2005 年产量突破亿吨，是我国南方首个亿吨级煤炭基地。以电力为主的能源原材料工业已成为贵州第一支柱产业。

贵州省煤炭产业发展面临着诸多现实困难。煤炭勘探程度低，资源情况有待进一步探明；产业结构不合理，小煤矿数量多，技术装备落后，总体生产力水平低；环境破坏严重，地质灾害程度深，资源利用率低，保障煤炭发展的公路、铁路、双电源建设等基础设施建设滞后；增长方式粗放，技术和管理人才匮乏，产业工人队伍建设滞后；安全生产事故总量大；促进煤炭产业健康发展的体制机制尚未完全形成。为此，贵州省坚持大中型煤矿为主，小矿为辅，加快“云贵大型煤炭基地”和贵州能源基地建设，推进大型煤炭企业（集团）的形成，保障电煤供应和“煤—电—路—港—化”相关产业联营或一体化发展；坚持以人为本；坚持节约煤炭资源，保护生态环境，合理、有序开发煤炭资源；坚持资源综合利用与治理环境并重；坚持依靠科技进步，加强技术改造，提高煤炭工业总体水平。

“十一五”期间，贵州省按照“提高门槛、严格准入，打击非法、淘汰落后，资源整合、提高档次，大矿托管、提升水平，明确责任、加强监管”的总体要求，通过将本地区现有小煤矿淘汰落后关闭一批，扩能改造提高一批，大矿托管（包括兼并、收购、租赁）提升一批等多种方式，提高了本省的煤炭生产集中度，加强了煤炭供应保障能力。“十一五”期间，共开采煤炭 62691.04 万 t，煤炭产量由 2005 年的 10795.5 万 t，提高到 2010 年的 16000 万 t，增加 5214.5 万 t，增长 48.3%；占全国原煤总产量的比重保持在 4.5% 左右。有力地促进了本地区经济发展，同时也为“西电东送”提供了重要的能源保障。

3.1.4 西北地区生产概况

我国西北部主要产煤省区包括内蒙古、陕西、甘肃、青海、宁夏和新疆等。“十一五”期间，在国家西部大开发、建设煤炭大基地等政策的鼓励和刺激下，西北部地区逐渐成为我国煤炭产出的重心。由于我国其他地区的煤炭资源已经被大规模开发，大型煤炭企业为谋求长远发展，纷纷响应国家号召，增加了在西北部省（区）的煤炭产业建设投资，既解决了自身煤炭资源接续问题，同时也促进了西北部地区煤炭产业的高速发展。

“十一五”期间，西北部煤炭产量由 2005 年的 51532.71 万 t，增加到 2010 年的 126420 万 t，增加 74887.29 万 t，增长 145.3%，高于全国煤炭产量增速约 97 个百分点；西北部地区煤炭产量占全国的比重由 23.41% 增加到 38.69%，在 2009 年超越中部成为全国第一大产煤区。

“十一五”期间，西北各省煤炭产量均实现了增长。内蒙古始终保持着西北部第一大产煤省（区）地位，煤炭产量占本区域比重由 2005 年的 49.69% 增长到 2010 年的 54.58%；陕西省煤炭产量占西北部地区的比重约在 30%；新疆、宁夏等省区煤炭产量所占比重均低于 10%。

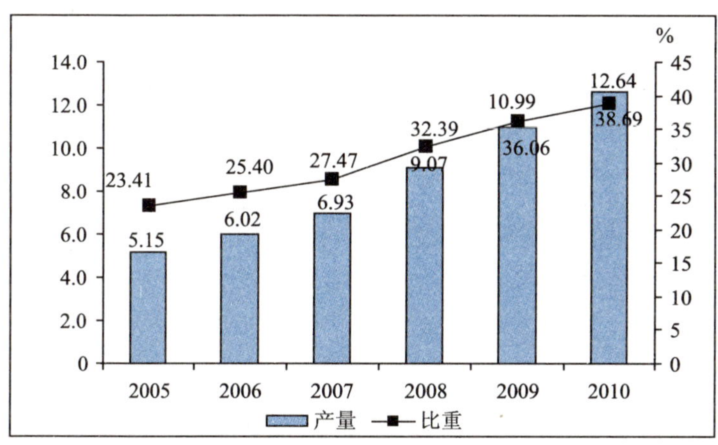

图 3－7　2005～2010 年我国西北煤炭产量及占全国比重（单位：亿 t，%）

表 3－4　2005～2010 年西北部各省煤炭产量及比重变化（2010 年为预计数）

	内蒙古		陕西		甘肃		青海		宁夏		新疆	
	产量/万 t	比重/%	产量/万 t	比重/%	产量/万 t	比重/%	产量/万 t	比重/%	产量/万 t	比重/%	产量/万 t	比重/%
2005	25607.7	49.7	15246	29.6	3619.8	7.0	595.7	1.2	2607.9	5.1	3855.7	7.5
2006	29759.6	49.4	18262.0	30.3	3950.6	6.6	694.8	1.2	3273.0	5.4	4316.8	7.2
2007	35437.9	51.1	20353.5	29.3	3949.3	5.7	963.6	1.4	3771.8	5.4	4915.5	7.1
2008	50222.8	55.3	24162.8	26.6	4022.2	4.4	1293.6	1.4	4325.4	4.8	6735.9	7.4
2009	60280.0	54.8	29819.9	27.1	3976.0	3.6	1577.1	1.4	5599.0	5.1	8739.8	7.9
2010	78700	56.3	38100	27.3	4547.2	3.3	1863.2	1.3	6613.6	4.7	9926.7	7.1

“十一五”期间，西北部各产煤省区中，煤炭产量达到亿吨级的有内

蒙古和陕西两省。

1. 内蒙古自治区

按照“整顿关闭、结构调整、强矿管理”的三步战略，在自治区党委、政府领导下，经多方努力，“十一五”期间共关闭安全生产条件差的中小煤矿 899 处，淘汰落后产能 5012 万 t，超额完成国家下达的 350 处关闭指标。安全生产死亡人数比“十五”期间少死亡 1984 人。煤矿总数由 2005 年末 1378 处减少至 2010 年末 479 处（现新建竣工煤矿 54 处，合计现有煤矿 533 处）；煤矿安全质量标准化矿井由不足 5% 提升至 80% 左右；单井能力由 18 万 t/a 提升至 148 万 t/a；矿井回采率由 30% 提升至 65% 以上；采煤机械化水平由 25% 提升至 90% 以上；2010 年，完成煤矿瓦斯抽采量 5500 万 m^3（国家下达 5000 万 m^3），完成利用量 510 万 m^3（国家下达 500 万 m^3）。

“十一五”期间，内蒙古自治区共采煤炭约 25 亿 t，较“十五”期间增加 17 亿 t，增长超 2 倍，年均产煤 5 亿 t。占全国原煤总产量的比重由 2005 年的 11.61%，增加到 2010 年的 21.11%，增加了 9.5 个百分点。

2. 陕西省

“十一五”期间，陕西省共生产煤炭 11.99 亿 t，较“十五”期间多产煤炭 7.07 亿 t。2010 年陕西省煤炭产量达到 3.55 亿 t，较 2005 年的 1.53 亿 t 增加了 2.02 亿 t，增长 132%，年均增产 4036.8 万 t，占全国煤炭总产量的比重由 2005 年的 6.92% 上升到 2010 年的 10.86%，增加 3.94 个百分点。

“十一五”期间，按照“稳定渭北，重点开发彬长、陕北”和加快“三个转化”的发展思路，进一步加大了生产布局和产业结构调整力度。新建和技改煤矿 135 处，完成投资 885 亿元，已形成能力超过 1 亿 t。通过整顿关闭和资源整合关闭小煤矿 343 处，淘汰落后产能 2500 万 t，小煤矿数量由 2005 的 850 处减少到 2010 年的 296 处，减少 65%。陕北、神东、黄陇三大基地煤炭产量已超过 3 亿 t，占全省总产量的 85%；大型煤炭企业集团及大型煤矿产量已达 2 亿 t，约占全省总产量的 56%。平均单井产量由 2005 年的 12.4 万 t/a 提高到 2010 年的 75 万 t/a，生产布局和产能结构得到明显改善。

3.2 生产结构优化

“十一五”期间,我国大型煤炭企业产量大幅增加,占全国煤炭产量比重显著提高。2010 年,年产量 3000 万吨以上煤炭企业总产量 159933.5 万 t,较 2005 年增加 104828.7 万 t,增长接近 2 倍;占全国总产量比重 49.36%,较 2005 年增加 24.4 个百分点。

“十一五”期间,我国亿吨级煤炭企业数量、产量均实行快速增长。2005 年全国煤炭产量超亿吨的企业仅神华集团一家,产量 14968.3 万 t,占全国原煤产量的 6.8%。2010 年,我国亿吨级煤炭企业有神华集团、中煤集团等 5 家,产量合计 81335.6 万 t,占全国煤炭产量的 25.1%。与 2005 年相比,2010 年亿吨级煤炭企业总产量增加了 66367.3 万 t,增长超 4 倍;占全国煤炭产量比重增加了 18.3 个百分点,见表 3-5。

表 3-5 2005 年及 2010 年亿吨级煤炭企业一览表 单位:万 t

年份	2010		2005	
序号	企业	产量	企业	产量
1	神华集团	35695.6	神华集团	14968.3
2	中煤能源	15370	-	-
3	山西焦煤集团	10213	-	-
4	陕西省煤业集团	10039	-	-
5	大同煤矿集团公司	10018	-	-
合计		81335.6		14968.3
总产量占全国比重(%)		25.1		6.79

“十一五”期间,我国年产量 5000 万~10000 万 t 的煤炭企业数量由 2005 年的 3 家增长到 2010 年的 8 家,总产量由 2005 年的 18935.1 万 t,增长到 2010 年的 51360.2 万 t,占全国煤炭产量的比重由 2005 年的 8.61% 增加到 2010 年的 15.85%,见表 3-6。

表3－6　2005年及2010年年产
5000万～10000万t煤炭企业一览表　单位：万t

年份	2010		2005	
序号	企业	产量	企业	产量
1	河南煤业化工集团公司	7401.2	中煤集团	7185.8
2	潞安矿业集团公司	7098	山西焦煤集团	6080.9
3	冀中能源集团	7022.1	大同煤矿集团公司	5668.4
4	淮南矿业集团公司	6619.1	－	－
5	阳泉煤业集团公司	6100	－	－
6	开滦集团	6087.1	－	－
7	兖矿集团有限公司	6008	－	－
8	龙煤矿业集团	5024.7	－	－
合计		51360.2	－	18935.1
总产量占全国比重(%)		15.85	－	8.61

“十一五”期间，我国年产量3000万～5000万t的煤炭企业数量由2005年的6家增长到2010年的7家，总产量由2005年的21201.4万t，增长到2010年的27237.7万t，占全国煤炭产量的比重由2005年的9.64%降低到2010年的8.41%，减少了约1.2个百分点，见表3－7。

表3－7　2005年及2010年年产3000万～5000万t煤炭企业一览表　单位：万t

年份	2010		2005	
序号	企业	产量	企业	产量
1	中平能化集团	4973	龙煤矿业集团	4807
2	义马煤业集团公司	3119.7	兖矿集团有限公司	3697.3
3	淮北矿业集团公司	3024	阳泉煤业集团公司	3245.1
4	中电投霍林河煤电集团公司	4523.7	淮南矿业集团公司	3240
5	内蒙古伊泰集团公司	4000	平顶山煤业集团公司	3206
6	内蒙古汇能煤电集团有限公司	3000	晋城无烟煤集团公司	3006
7	晋城无烟煤集团公司	4597.3		
合计		27237.7		21201.4
总产量占全国比重(%)		8.41		9.64

3.3 安全高效矿井建设

3.3.1 2009年度安全高效矿井总体指标分析

截至2009年底，全国共建成359处安全高效矿井，合计生产煤炭10.17亿t，其中，井工矿总产量9.05亿t，平均生产规模259.4万t，综合单产14.8万t/个·月，原煤工效15.0t/工，单井盈利2.49亿元，百万吨死亡率0.047，绝大部分矿井实现了一井一面(两面)集中生产，达到世界先进采煤国家的安全生产管理水平。露天矿总产量1.12亿t，平均生产规模1121万t，综合单产21.8万t/个·月，原煤工效71.5t/工，平均剥采比1∶4.5，平均盈利7.05亿元，百万吨死亡率0.009，见表3-8。

表3-8 2009年安全高效矿井主要指标一览表

项　目	单　位	2009年度	2008年度	增加/增幅
一、技术经济指标				
原煤产量	亿t	10.17	8.62	1.55/18.00%
平均综合单产				
井工	万t/(个·月)	14.80	14.70	0.1/0.68%
露天	万t/(个·月)	21.80	18.60	3.2/17.2%
平均原煤工效(井工)	t/工	15.00	14.80	0.2/1.4%
百万吨采煤队(井工)	个	291.00	259.00	32/12.36%
盈利	亿元	923.90	800.70	123.9/15.47%
人均收入	万元	5.58	4.99	0.59/11.82%
死亡人数	个	44.00	30.00	14/46.67%
百万吨死亡率	%	0.043	0.035	0.008/22.86%
二、安全高效矿井数量				
总数	处	359	292	67/22.95%
特级	处	117	100	17/17.00%
一级	处	160	123	37/30.08%
二级	处	82	69	13/18.84%

1. 煤炭产量大幅增加,涌现出一批千万吨级煤矿

2009 年,安全高效矿井生产煤炭 10.17 亿 t,占全国煤炭生产总量的 34.2%,同比 2008 年增长 1.55 亿 t,增幅高达 18.0%。2009 年度安全高效矿井(露天)共有 22 处煤矿核定生产能力达到千万吨以上,其中井工矿 16 处,露天矿 6 处;共有 19 处煤矿煤炭产量超过了千万吨,其中井工矿 13 处,露天矿 6 处(表 3-9)。年产量超过千万吨的综采队有 3 个,均隶属于神华神东煤炭集团公司,分别是哈拉沟煤矿综采队(1174.9 万 t),补连塔煤矿综采一队(1159.47 万 t),上湾煤矿综采队(1128.1 万 t)。

表 3-9　2009 年度千万吨级安全高效矿井(露天)建设一览表　单位:万 t

序号	矿井名称	核定能力	原煤产量
井工矿合计		20080	19985.90
1	神华神东煤炭集团补连塔煤矿	2000	1999.50
2	神华神东煤炭集团榆家梁煤矿	1630	1741.00
3	神华宁夏煤业集团有限责任公司羊场湾煤矿	1500	1500.00
4	同煤大唐塔山煤矿有限公司	1500	1500.00
5	淮南矿业(集团)有限责任公司张集煤矿	1350	1340.79
6	神华神东煤炭集团哈拉沟煤矿	1250	1249.90
7	神华神东煤炭集团上湾煤矿	1250	1249.90
8	淮南矿业(集团)有限责任公司顾桥煤矿	1250	1216.00
9	神华神东煤炭集团大柳塔矿活鸡兔井	1100	1090.00
10	晋城无烟煤矿业集团有限责任公司寺河矿	1080	1078.00
11	神华神东煤炭集团石圪台煤矿	1170	1073.60
12	中煤能源集团平朔煤业公司安家岭一号井工矿	1000	1000.00
13	中煤能源集团平朔煤业公司安家岭二号井工矿	1000	1000.00
14	神华神东煤炭集团万利一矿	1000	998.50
15	神华神东煤炭集团大柳塔矿大柳塔井	1000	979.99
16	神华神东煤炭集团锦界煤矿	1000	968.70
露天矿合计		11660	9716.50
17	中煤平朔煤业有限责任公司安太堡露天矿	2200	2172.00
18	神华准格尔能源有限责任公司黑岱沟露天煤矿	2000	1999.95

续表

序号	矿井名称	核定能力	原煤产量
19	中煤平朔煤业有限责任公司安家岭露天矿	2000	1763.00
20	华能伊敏煤电有限责任公司露天矿	1460	1420.27
21	神华宝日希勒能源有限公司露天煤矿	2000	1305.00
22	神华北电胜利公司胜利露天矿	2000	1056.30

2. 单产水平不断提升，生产集约化程度进一步增加

2009年，安全高效井工矿综合单产14.8万t/个·月，同比增加0.1万t/个·月，增幅0.68%。其中，最高单产为神华神东煤炭集团补连塔煤矿创造的167万t/个·月。综合单产超过30万t/个·月的井工矿有29个，较2008年增加5处，见表3－10。

表3－10　2009年度单产超过30万t安全高效井工矿一览表

序号	矿井名称	原煤产量（万t）	平均工作面（个数）	综合单产t/(个·月)
1	神华神东煤炭集团补连塔煤矿	1999.5	2	1666264
2	神华神东煤炭集团榆家梁煤矿	1741	2.42	1294833
3	神华神东煤炭集团哈拉沟煤矿	1249.9	1	1041667
4	神华神东煤炭集团上湾煤矿	1249.9	1	940083
5	中煤平朔公司安家岭二号井工矿	1000	0.889	937383
6	中煤平朔公司安家岭一号井工矿	1000	0.9	866667
7	神华神东煤炭集团万利一矿	998.5	1.25	831200
8	神华神东煤炭集团大柳塔矿活鸡兔井	1090	2.81	825341
9	中煤平朔公司安太堡井工矿	600	1	750000
10	神华神东煤炭集团大柳塔矿大柳塔井	979.99	1.94	696775
11	同煤大唐塔山煤矿有限公司	1500	1.84	662006
12	内蒙古伊泰集团公司纳林庙煤矿二号井	630	0.95	518035
13	内蒙古伊泰集团公司宏景塔一矿	610	0.92	509692
14	潞安矿业集团公司常村煤矿	598.32	0.96	498597
15	晋城煤业集团公司寺河矿	1078	1.71	477237
16	国投新集能源股份有限公司刘庄煤矿	540.9	1	450743

续表

序号	矿井名称	原煤产量（万 t）	平均工作面（个数）	综合单产 t/(个·月)
17	铁法煤业(集团)有限责任公司大平矿	405	0.766	423847
18	神华神东煤炭集团保德煤矿	496.54	2	413785
19	神华神东煤炭集团锦界煤矿	968.7	1.67	410529
20	神华神东煤炭集团石圪台煤矿	1073.6	2	406583
21	陕西汇森煤业公司神木凉水井矿业公司	394	0.83	350692
22	潞安矿业集团余吾煤业公司	598.6	1.3	348141
23	淮南矿业集团公司顾桥煤矿	1216	2.94	335451
24	神华宁夏煤业集团公司羊场湾煤矿	1500	3.63	335100
25	潞安矿业集团公司王庄煤矿	709.2	1.74	329195
26	铁法煤业集团公司大兴矿	380	0.89	328652
27	潞安矿业集团公司漳村煤矿	386.92	0.98	316412
28	兖州煤业股份有限公司东滩煤矿	747.61	1.91	316175
29	山西亚美大宁能源公司	398	0.88	311618

安全高效露天矿中最高单产是由华能伊敏煤电有限公司露天矿创造的，为39.4万t/个·月。10个安全高产露天矿平均工作面个数为11.2个，平均综合单产为21.8万t/个·月，同比增加3.2万t/个·月，增幅17.2%，见表3－11。

表3－11　2009年度安全高效露天矿单产统计

序号	矿井名称	原煤产量（万 t）	平均工作面（个数）	综合单产 t/(个·月)
1	华能伊敏煤电有限责任公司露天矿	1420.27	12	394000
2	内蒙古平庄煤业集团元宝山露天煤矿	798.93	8	265700
3	神华宝日希勒能源有限公司露天煤矿	1305	16	250206
4	中煤平朔公司安家岭露天矿	1763	17	244861
5	神东天隆集团公司武家塔露天煤矿	290	1	241700
6	中煤平朔公司安太堡露天矿	2172	15	226250
7	神华北电胜利公司胜利露天矿	1056.26	10	220054
8	神华准能公司黑岱沟露天煤矿	1999.95	16	163000
9	云南先锋煤业开发有限公司先锋露天矿	199.9	15	90876
10	抚顺矿业集团有限责任公司西露天矿	209	2	87083

3. 单进水平逐步提高,最高月进尺创历史新高

安全高效井工矿共有 16 处平均单进超过 1000m/个・月,见表 3-12。最高月进尺、最高平均月进尺和最高日进尺均是由神华神东煤炭集团大柳塔矿大柳塔井创造,分别为 5613m/个・月、5103m/个・月和 201m/个・日。

表 3-12 平均单进超过 1000m/(个・月)安全高效矿井

序号	单位名称	实际产量(万 t)	煤巷平均月进尺 m/(个・月)	最高月进尺 m/(个・月)	最高日进尺 m/(个・日)
1	神华神东煤炭集团大柳塔矿大柳塔井	979.99	5103	5613	201
2	神华神东煤炭集团补连塔煤矿	1999.5	3829	4990	201
3	神华神东煤炭集团大柳塔矿活鸡兔井	1090	3291	3620	129
4	山西焦煤霍州煤电集团公司辛置煤矿	250	2601	2961	124
5	山西亚美大宁能源有限公司	398	1933.6	2967.4	133
6	神华神东煤炭集团上湾煤矿	1249.9	1609.3	2307	106
7	大同煤矿集团有限责任公司忻州窑矿	230	1502	1655	54.26
8	神华神东煤炭集团锦界煤矿	968.7	1430.5	1850	95
9	神华神东煤炭集团榆家梁煤矿	1741	1330.1	2103.7	70
10	神华神东煤炭集团哈拉沟煤矿	1249.9	1285.5	2703.2	98
11	内蒙古伊泰煤炭集团公司大地精煤矿	120	1266.7	1526	78
12	潞安矿业集团公司五阳煤矿	266.2	1232.2	1752	67.9
13	吉煤集团珲春矿业板石煤业公司	240	1178	1611	75
14	开滦集团唐山矿业分公司	420	1174	1688	46
15	神华神东煤炭集团乌兰木伦煤矿	398.7	1047.7	1587	93
16	神华神东煤炭集团石圪台煤矿	1073.6	1039.9	1547	97

4. 原煤工效稳步提升,超 100t/工煤矿同比持平

2009 年,安全高效井工矿原煤工效平均达到 15.0t/工,同比增加 0.2t/工,提高 1.4%,达到了 2009 年度国有重点煤矿平均原煤工效的 2.67 倍。10 处安全高效矿井露天矿原煤工效平均达到 71.5t/工,同比降

低2.9%。共有12处煤矿原煤工效超过100t/工(表3-13、表3-14),其中,神华神东煤炭集团哈拉沟煤矿达到164.47t/工,生产原煤1249.9万t,原煤工效居全国井工矿第一;神华准能黑岱沟露天煤矿原煤工效136.47 t/工,居全国露天矿之首。

表3-13　2009年原煤工效超过100t/工的安全高效井工矿

序号	单位名称	原煤产量	采煤机械化程度	百万吨死亡率	原煤工效	原煤生产期末人数	实现利润	年收入	采区回采率
		万t	%		t/工	人	万元	万元/人	%
1	哈拉沟煤矿	1249.9	100	0.08	164.47	304	208489	13.7	87.2
2	上湾煤矿	1249.9	100	0	153.43	305	87707.2	10.65	84.0
3	补连塔煤矿	1999.5	100	0	143.00	527	107342	12.3	75.7
4	安太堡井工矿	600	100	0	127.03	288	48000	8.26	80.5
5	安家岭二号井工矿	1000	100	0	126.08	289	43001	10.7	80.0
6	大柳塔矿活鸡兔井	1090	100	0	116.7	373	61242	8.6	83.2
7	榆家梁煤矿	1741	100	0	114.59	600	84618	13.15	75.3
8	石圪台煤矿	1073.6	100	0	112.00	421	35241	13.8	80.1
9	大柳塔矿大柳塔井	979.99	100	0	104.00	372	65994	8.6	75.0

表3-14　2009年原煤工效超过100t/工的安全高效露天矿

序号	单位名称	原煤产量	剥采比	百万吨死亡率	原煤生产人员效率	原煤生产期末人数	实现利润	年收入
		万t	m^3/t		t/工	人	万元	万元/人
1	黑岱沟露天矿	1999.95	4.12	0	136.47	555	208115	8.99
2	安家岭露天矿	1763	7.6	0	108.72	766	94509	8.58
3	安太堡露天矿	2172	7.9	0	106.39	796	78000	8.65

5. 安全基础工作得到加强,安全生产形势有所好转

2009年,安全高效井工矿百万吨死亡率为0.047,是2009年度国有重点煤矿百万吨死亡率的1/8。其中,行业一级安全高效矿井死亡21人,百万吨死亡率0.067;行业二级安全高效矿井死亡22人,百万吨死亡率0.205。10处安全高效露天矿死亡1人,百万吨死亡率0.009。

6. 生产模式加速转变,不断加快集中化进程

2009年,安全高效井工矿采用一井一面生产模式的有153处(表3-15),占全部安全高效井工矿的43.8%。这153处矿井生产原煤27694万t,占安全高效井工矿总产量的30.6%,原煤工效平均16.1t/工。

表3-15 2009年度一井一面生产模式安全高效矿井统计表

序号	矿井名称	实际产量(万t)	原煤工效(t/工)	盈利水平(万元)	人均收入(万元/人)
1	神华神东煤炭集团哈拉沟煤矿	1249.9	164.47	208489	13.7
2	神华神东煤炭集团上湾煤矿	1249.9	153.43	87707.2	10.65
3	中煤平朔公司安家岭二号井工矿	1000	126.08	43001.3	10.7
4	中煤平朔公司安家岭一号井工矿	1000	73	32700	10.4
5	内蒙古伊泰集团纳林庙煤矿二号井	630	97.8	64416	8.7
6	内蒙古伊泰集团宏景塔一矿	610	94.38	90000	8.5
7	中煤平朔公司安太堡井工矿	600	127.03	48000	8.26
8	潞安矿业集团常村煤矿	598.32	18.031	94897.6	7.46
9	国投新集公司刘庄煤矿	540.9	15.7	77661.6	5.04
10	铁法煤业集团大平矿	405	17.632	61728	5.84
11	神华神东煤炭集团乌兰木伦煤矿	398.7	33.76	51330	10.91
12	山西亚美大宁能源公司	398	15.99	117519.2	8.2
13	陕西汇森煤业公司神木凉水井矿业公司	394	38.13	37177.4	6.9
14	潞安矿业集团漳村煤矿	386.92	22.474	64442	6.9331
15	铁法煤业集团大兴矿	380	15.003	27767	5.39
16	神华神东煤炭集团柳塔煤矿	299.66	31.56	98753	12.57
17	枣庄矿业集团新安矿	294.7	13.466	31453	7.31
18	潞安矿业集团司马煤业公司	294.08	23.674	71751	7.41
19	枣庄矿业集团付村煤业公司	270	12.02	65300	6.92
20	神华神东煤炭集团金烽寸草塔矿	268.4	17.7	20000	8.9
21	潞安矿业集团五阳煤矿	266.2	8.543	15738	6.6378
22	铁法煤业集团小康矿	260	12.17	9336	4.72
23	铁法煤业集团大隆矿	255	12.005	10536	5.06
24	铁法煤业集团小青矿	250	13.612	60692	6.07
25	大雁矿业集团第二煤矿	233	9.52	2705.76	5.48
26	义马煤业集团常村煤矿	218.62	12.13	1543.8	5.071
27	淄博矿业集团陕西长武亭南煤业公司	215	12.2	20404.7	5.49
28	铁法煤业集团晓南矿	210	12.249	4067	6.23

续表

序号	矿井名称	实际产量（万 t）	原煤工效（t/工）	盈利水平（万元）	人均收入（万元/人）
29	中煤山西东坡煤业公司	210	14.547	3141	7.36
30	晋城无烟煤矿业集团长平煤业公司	209.7	12.13	7849	6.96
31	义马煤业集团千秋煤矿	209.6	12.5	16154.9	5.093
32	神华乌海能源公司蒙西煤化棋盘井煤矿	205	15	20500	9.7
33	山西焦煤汾西矿业集团双柳煤矿	199.69	12.345	18585	7.8
34	大雁矿业集团第一煤矿	195	8.77	2102.6	4.95
35	华亭煤业集团山寨煤矿	190.19	14.74	5446.6	6.4869
36	内蒙古扎赉诺尔煤业公司灵泉煤矿	186	5.24	2418.2	2.9
37	内蒙古扎赉诺尔煤业公司铁北煤矿	184.5	11.5	752.3	3.34
38	陕西陕煤铜川矿业公司下石节煤矿	183.3	5.006	2133	4.66
39	吉煤集团珲春矿业英安煤矿	181.5	7.39	650	3.9
40	陕西陕煤铜川矿业公司陈家山煤矿	180.99	12.15	563.4	4.8
41	大雁矿业集团雁南煤矿	180	8.42	435.3	6.15
42	吉煤集团珲春矿业八连城煤业公司	180	8.456	196	3.57
43	山西长治市三元煤业公司	179.83	17.33	111188	7.93
44	内蒙古平庄煤业集团红庙煤矿	175.8	7.33	4878	4.0697
45	铁法煤业集团晓明矿	175	8.306	4452	3.99
46	义马煤业集团杨村煤矿	165.8	9.51	21112.8	4.3
47	中平能化集团平顶山天安煤业十二矿	164.14	10.236	26588.1	4.36
48	神华新疆能源公司小红沟煤矿	161.1	20.71	4048.1	5.9
49	山西兰花科技公司唐安煤矿分公司	150	10.55	50301	5.57
50	吉煤集团舒兰矿业四矿	150	7.748	11925.3	4.42
51	山西焦煤霍州煤电吕梁山煤电公司方山店坪煤矿	150	9.8	6773.2	6.3
52	华亭煤业集团华亭煤电公司陈家沟煤矿	150	10.84	6433	6.95
53	皖北煤电集团五沟煤矿公司	150	10.1	5673	5.2
54	神华神东煤炭集团唐公沟矿	149.6	11.2	5382	7.0133
55	陕西陕北矿业韩家湾煤炭公司	148.6	19.1	9500	6.32

续表

序号	矿井名称	实际产量（万 t）	原煤工效（t/工）	盈利水平（万元）	人均收入（万元/人）
56	靖远煤业集团魏家地煤矿	145	10.42	2498	8.2
57	山西焦煤霍州煤电霍宝干河煤矿公司	140	8.48	15972.3	4.76
58	神华新疆能源公司大洪沟煤矿	140	16.24	590.76	5.8
59	山西焦煤霍州煤电集团李雅庄煤矿	139.2	7.21	16897	5.41
60	冀中能源集团张矿集团官板乌素煤矿	134	11.69	3006	4.8
61	华亭煤业集团新柏煤矿公司	130.17	10.195	2133.7	6.73
62	华亭煤业集团新窑煤矿公司	130.11	10.16	2490.9	6.41
63	神华乌海能源公司露天煤矿	129.5	19.27	4189	5.45
64	河南煤业化工集团焦煤集团古汉山矿	128.2	5.64	6120.3	4.62
65	华亭煤业集团马蹄沟矿	126	10.18	1889.7	6.12
66	义马煤业集团跃进煤矿	125.72	8.1	1657.4	4.798
67	内蒙古伊东集团东圪堵煤矿	123.7	29.88	11751.5	5.8
68	冀中能源集团冀中股份邢东矿	120.6	10.5	27600	8.9
69	山西吕梁市柳林兴无煤矿公司	120	11.52	44383	4.98
70	山西吕梁市柳林寨崖底煤业公司	120	8.82	32788	5.2
71	内蒙古伊泰公司纳林庙煤矿一号井	120	32.65	16776.1	8.4
72	中煤陕西南梁矿业公司	120	10.58	16324	5.354
73	内蒙古伊泰公司丁家渠煤矿	120	31.35	15095	6.8
74	内蒙古伊泰公司大地精煤矿	120	28.6	14000	8.7
75	内蒙古伊泰公司宝山煤矿	120	30.67	12932.9	6
76	陕西省红石岩煤矿	120	5.39	9789	3.66
77	中煤大屯公司龙东煤矿	120	7.502	3006.7	4.473
78	江苏徐州矿务集团庞庄煤矿	119.99	7.249	9511.2	5.16
79	河南煤业化工集团永煤集团新桥煤矿	119.96	9.48	32334.2	5.28
80	淮北矿业集团公司涡北煤矿	119.8	7.267	23608.3	4.51
81	神华新疆能源公司铁厂沟煤矿	119.3	10.2	4175.5	5.16
82	内蒙古平庄煤业集团六家煤矿	119.26	7.36	8997	4.65
83	山西晋中市义棠煤业公司	119	9.5	31935	4.9

续表

序号	矿井名称	实际产量（万 t）	原煤工效（t/工）	盈利水平（万元）	人均收入（万元/人）
84	山西长治市王庄煤业公司	119	14.3	26755	6.74
85	山西朔州山阴芍药花煤业公司	119	10.89	13938	5.4
86	山西朔州市怀仁中能芦子沟煤业公司	119	7.82	4560	5.1
87	同煤集团白洞煤业公司	119	7.86	168	5.1
88	山西吕梁市柳林金家庄煤业公司	118.6	10.5	77090.8	5.32
89	内蒙古伊东集团窑沟扶贫煤炭公司	118.6	23.01	6800	5.71
90	山西吕梁市柳林大庄煤矿公司	118.58	13.31	35864	6.83
91	山西长治市华晟荣矿业公司	118.2	11.09	26800	6
92	内蒙古平庄煤业集团老公营子煤矿	118.14	11.02	10477	5.84
93	河南煤业化工集团焦煤集团演马庄矿	117.98	7.56	3256	4.4
94	山西煤炭进出口集团大平煤业公司	117.9	10.76	36331	5.3
95	内蒙古伊东集团宏鑫煤炭公司	117	23.5	1362.5	5.5
96	山西吕梁市柳林同德焦煤公司	116	12.4	34726	4.61
97	山西长治市沁新能源集团沁新煤矿	115.5	10.3	14593	4.73
98	内蒙古伊东集团沙咀子煤炭公司	113.33	24.6	4249	5.52
99	中平能化集团平顶山天安煤业七矿公司	110.53	5.5	892.9	4.169
100	河南煤业化工集团焦煤集团中马村矿	110.19	7.18	493	5.01
101	山东鲁能菏泽煤电公司彭庄煤矿	110	7.8	14000	5.86
102	山西大同鹊山精煤公司	110	5.31	1500	3.658
103	同煤集团永定庄煤业公司	108.45	7.065	2130	4.51
104	山西乡宁焦煤集团申南焦煤公司	107.3	7.92	20000	5.04
105	临沂矿业集团东山新驿煤矿公司	104.8	7.14	5681	4.46
106	新汶矿业集团良庄矿业公司	104.6	7.294	23432	5.116
107	山西晋中市山西和顺天池能源公司	102.26	7.98	1366	5.48
108	窑街煤电公司天祝煤业公司	100	7.41	8289.3	3.8788
109	河南煤业化工集团焦煤集团九里山矿	99.99	6.11	4094.4	4.11
110	山西乡宁焦煤集团毛则渠煤炭公司	99.87	7.7	35467	4.1
111	中平能化集团瑞平公司张村矿	98.61	6.94	18250	3.81

续表

序号	矿井名称	实际产量（万 t）	原煤工效（t/工）	盈利水平（万元）	人均收入（万元/人）
112	山东省七五生建煤矿	96.38	8.899	30470	10
113	内蒙古伊东集团宏测煤炭公司	95.3	25.11	1800	4.5
114	山西乡宁焦煤集团台头煤矿	90	10.95	41623	5.02
115	同煤集团杏儿沟煤业公司	90	4.97	3633.1	2.8989
116	山西长治市三元南耀小常煤业公司	89.99	7.93	16112	4.6
117	吉煤集团辽源矿业梅河煤矿四井	89.9	4.57	2749.5	4.02
118	山西晋中市国投昔阳能源公司黄岩汇煤矿	89.8	6.6	8620	5.22
119	晋城无烟煤矿业集团晋城沁秀煤业公司岳城矿	89.7	5.01	19294.3	5.61
120	临沂矿业集团东山王楼煤矿公司	89.26	6.33	5776	4.59
121	晋城无烟煤矿业集团寺河矿二号井	89.1	8.12	16824.5	5.6
122	山西长治市襄垣县七一矿	88.85	6.55	22129	4.35
123	中平能化集团瑞平公司庇山矿	88.6	6.12	13500	3.6
124	神火集团许昌新龙矿业公司	88.5	10.72	35391	4.9
125	冀中能源集团峰峰集团黄沙矿	88	6.121	20028	5.51524
126	冀中能源集团张矿集团长城矿业公司	87.8	4.49	1500	4.2
127	河北磁县申家庄煤矿	84.98	5.1	33025	5.01
128	山西长治市沁新能源集团新源煤矿	83	9.3	18140	4.31
129	山东省岱庄生建煤矿	82.67	4.17	41672	11.39
130	山西高平科兴高平市赵庄煤矿	82.62	6	12814.77	4.5
131	冀中能源集团峰峰集团新三矿	76	6.013	3499	5.3
132	山西吕梁市东江煤业公司	74	7.426	610.6	4
133	山西阳泉市东升阳胜煤业公司	71.1	4.43	2017.8	2.3
134	神火集团薛湖煤矿	69.9	5.63	2600	4.8
135	山西焦煤西山煤电集团白家庄矿业公司	69.9	4.012	827.3	5.26
136	内蒙古平庄煤业集团古山煤矿	69.8	5.64	3878.9	4.2
137	河南济源煤业公司一矿	69.7	6.08	10500	3.99
138	山西长治市西山煤业公司	66.3	8.22	13105	3.7

续表

序号	矿井名称	实际产量（万 t）	原煤工效（t/工）	盈利水平（万元）	人均收入（万元/人）
139	同煤集团大同地煤东周窑煤矿	66.26	6.54	1530	4.125
140	同煤集团大同地煤马口煤矿	64.5	4.37	1813	3.4
141	河南煤业化工集团鹤煤公司第二煤矿	62.96	5.15	11128	3.2959
142	山西兰花科技公司望云煤矿分公司	60	8.3	8208	5.37
143	山西兰花科技公司东峰煤矿公司	59.9	7.47	11700	4.41
144	山西高平科兴高平市南阳煤矿	59.83	4.35	24137.3	3.78
145	山西朔州平鲁区华美奥兴陶煤业公司	59.8	11.15	6618	6.5
146	河南煤业化工集团安阳鑫龙煤业集团红岭煤业公司	59.6	4.3	23688	3.7
147	义马煤业集团洛阳义安矿业正村煤矿	59.06	5.39	525.46	3.4
148	山西高平科兴申家庄煤业公司	57.6	6.46	16032	4.21
149	冀中能源集团邯矿集团亨健矿业公司	55	5.071	7603	3.75
150	山西临汾四通焦化公司四通二矿	53.42	10.93	10577	3.4
151	冀中能源集团张矿集团康保矿业公司	51	4.08	2360	3.6
152	河南煤业化工集团禹州枣园煤业公司	45	5.01	5799	4.1788
153	河南煤业化工集团永锦能源公司云盖山煤矿二矿	44.9	4.2	11314	4.39

7. 经济效益增幅明显，企业发展势头良好

2009年，全国安全高效矿井（露天）共盈利923.9亿元，占全国规模以上煤炭企业利润总额的41.8%。全国共有18处安全高效矿井单井盈利超过10亿元（表3－16），较2008年增加1处；其中，神华神东煤炭集团哈拉沟煤矿、神华准能公司黑岱沟露天煤矿、晋城无烟煤矿业集团寺河矿、河南煤业化工集团永煤公司城郊煤矿、神华宁煤集团公司羊场湾煤矿、神华神东煤炭集团锦界煤矿等6家煤矿盈利超过15亿元；神华神东煤炭集团哈拉沟煤矿、神华准能公司黑岱沟露天煤矿等2家煤矿盈利超过20亿元。

表 3-16 2009 年盈利水平超过 10 亿元的安全高效矿井(露天)

序号	单位名称	实际产量（万 t）	实现利润（万元）	人均收入（万元/人）
1	神华神东煤炭集团哈拉沟煤矿	1249.9	208489	13.7
2	神华准能公司黑岱沟露天煤矿	1999.9	208115.5	8.99
3	晋城无烟煤矿业集团寺河矿	1078	186013	8.02
4	河南煤业化工集团永煤公司城郊煤矿	498.8	177500	6.72
5	神华宁煤集团公司羊场湾煤矿	1500	156268.6	7.66
6	神华神东煤炭集团锦界煤矿	968.7	154992	9.4
7	晋城无烟煤矿业集团成庄矿	829.9	147672.5	7.25
8	同煤集团大唐塔山煤矿公司	1500	130841	10.2
9	兖矿集团东滩煤矿	747.6	126637	6.88
10	兖矿集团兴隆庄矿	659.7	117526	6.94
11	山西亚美大宁能源公司	398	117519.23	8.2
12	冀中能源集团冀中股份东庞矿	280	114325.7	7.35
13	抚顺矿业集团公司西露天矿	209	111331	5.19
14	山西长治市三元煤业公司	179.8	111188	7.93
15	潞安矿业集团王庄煤矿	709.2	110257.9	7.43
16	中煤平朔公司安太堡露天煤矿	2172	107823	8.65
17	神华神东煤炭集团补连塔煤矿	1999.5	107342.4	12.3
18	兖矿集团济宁三号煤矿	620	100773	5.99

3.3.2 2009 年度安全高效矿井地区分布

2009 年,安全高效矿井(露天)主要分布于晋陕蒙宁甘、华东、东北等全国主要产煤区域,涵盖了 17 个省(市、区),见表 3-17;安全高效矿井数量超过 10 处的有山西、河南、内蒙古、山东、河北、安徽、陕西、辽宁、甘肃、江苏等省区。其中山西省高达 105 处,数量居各省(市、区)之首,占 2009 年全国安全高效矿井总数的 29.25%;其次为河南省 43 处,内蒙古自治区 38 处,山东省 35 处。

表3－17　2009年度安全高效矿井(露天)地区分布情况

序号	省(市、区)	安全高效矿井数量				数量占全国比重(%)
		总量	特级	一级	二级	
1	山　西	105	32	49	24	29.25
2	河　南	43	10	24	9	11.98
3	内蒙古	38	18	15	5	10.58
4	山　东	35	14	17	4	9.75
5	河　北	28	3	12	13	7.80
6	安　徽	25	5	14	6	6.96
7	陕　西	17	9	4	4	4.74
8	辽　宁	14	7	5	2	3.90
9	甘　肃	13	10	1	2	3.62
10	江　苏	11	1	9	1	3.06
11	黑龙江	9	0	5	4	2.51
12	吉　林	8	0	3	5	2.23
13	新　疆	5	5	0	0	1.39
14	宁　夏	3	3	0	0	0.84
15	重　庆	2	0	0	2	0.56
16	四　川	2	0	1	1	0.56
17	云　南	1	0	1	0	0.28
合　计		359	117	160	82	100

3.3.3　2009年度煤炭工业安全高效矿井所属企业分布

按安全高效矿井所属企业分析，2009年达标数量超过10处的有神华集团公司、冀中能源集团公司、大同煤矿集团公司、山西焦煤集团公司、中平能化集团、河南煤业化工集团。

表 3-18 2009 年度安全高效矿井(露天)所属企业分布情况

序号	企业名称	安全高效矿井数量		序号	企业名称	安全高效矿井数量	
		总量/个	特级/个			总量/个	特级/个
1	神华集团公司	29	24	36	朔州市地方煤矿	3	0
2	大同煤矿集团公司	20	5	37	晋中市地方煤矿	3	0
3	冀中能源集团公司	19	2	38	国投新集能源公司	3	1
4	山西焦煤集团公司	19	3	39	神火集团公司	3	1
5	河南煤业化工集团	16	4	40	窑街煤电公司	3	1
6	中煤能源集团公司	11	7	41	重庆松藻煤电公司	2	0
7	长治市地方煤矿	11	2	42	靖远煤业集团公司	3	3
8	中平能化集团	11	2	43	扎赉诺尔煤业公司	2	1
9	淮北矿业集团公司	10	0	44	抚顺矿业集团公司	2	0
10	开滦集团公司	9	1	45	龙口矿业集团公司	2	2
11	龙煤矿业集团公司	9	0	46	肥城矿业集团公司	2	0
12	铁法煤业集团公司	8	6	47	陕西铜川矿业公司	2	0
13	晋城市地方煤矿	8	3	48	陕西黄陵矿业公司	2	1
14	兖矿集团公司	8	6	49	四川华蓥山煤业公司	2	0
15	吉煤集团	8	0	50	磁县申家庄煤矿	1	0
16	晋城无烟煤集团公司	7	3	51	阜新矿业集团公司	1	0
17	义马煤业集团公司	7	3	52	大同市地方煤矿	1	0
18	华亭煤业集团公司	7	6	53	忻州市地方煤矿	1	1
19	潞安矿业集团公司	6	5	54	阳泉市地方煤矿	1	0
20	淄博矿业集团公司	6	4	55	山西省太原西峪煤矿	1	0
21	枣庄矿业集团公司	6	3	56	济源煤业集团公司	1	0
22	伊泰集团公司	6	2	57	平庄煤业集团公司	1	1
23	吕梁市地方煤矿	6	0	58	徐矿新疆天山公司	1	1
24	淮南矿业集团公司	6	3	59	陕西澄合矿业公司	1	0
25	皖北煤电集团公司	6	1	60	陕西陕北矿业公司	1	1
26	徐州矿务集团公司	6	0	61	陕西蒲白矿业公司	1	0
27	平庄煤业集团公司	5	1	62	陕西省红石岩煤矿	1	0

续表

序号	企业名称	安全高效矿井数量		序号	企业名称	安全高效矿井数量	
		总量/个	特级/个			总量/个	特级/个
28	阳泉煤业集团公司	5	2	63	陕西汇森煤业公司	1	1
29	临汾市地方煤矿	5	0	64	华能伊敏煤电公司	1	1
30	新汶矿业集团公司	5	0	65	先锋煤业集团公司	1	0
31	内蒙古伊东集团公司	5	1	66	国投煤炭公司	1	1
32	临沂矿业集团公司	4	0	67	鲁能菏泽煤电公司	1	0
33	郑州煤炭工业集团	4	0	68	山东省七五生建煤矿	1	0
34	大雁煤业集团公司	3	0	69	山东省岱庄生建煤矿	1	0
35	沈阳煤业集团公司	3	1	70	山西大平煤业公司	1	0

第4章 煤炭洗选加工

4.1 原煤入洗比例大幅提高

我国原煤洗选业经过多年努力，取得了辉煌的成就。“十一五”期间，在国家清洁发展、节能减排的相关政策、措施指导下，煤炭洗选的重要性得到广泛认同，洗选加工能力快速增长，原煤入洗比例大幅提高。

4.1.1 煤炭洗选加能力快速增长

截至2009年，我国已经建成各类选煤厂1700多座，比2005年新增700多座，增长约70%；原煤入洗能力达到了15亿t，较2005年增加6.6亿t，增长78.5%；单厂平均能力提高至86万t以上，国有大型企业单厂平均洗选能力达到了215万t；大型煤矿企业选煤厂538座，入洗能力达到12.6亿t，地方煤矿选煤厂200余座，入洗能力1.2亿t；乡镇民营选煤厂约1000座，能力超过1.2亿t。按煤种分，炼焦煤选煤厂1044座，入洗能力8.1亿t，占总能力的54%，动力煤选煤厂约700座，入选能力6.9亿t，占总能力的46%。大型煤矿大都配套有选煤厂，在煤炭集中开采地区，还建有矿区大型集中选煤厂。

从洗选加工技术和能力看，2009年国有重点和地方煤矿选煤方法比例分别为：跳汰31.5%，重介53%，浮选9.5%，其他6%。

为满足市场对商品煤的质量不断提高和产品调节灵活性不断增强的要求，分选率较高的重介质选煤技术得到快速发展。通过进口与国内开发攻关相结合的方式，高效的重介质选煤在我国选煤技术中所占比重由

28%上升到53%。通过采用大型先进设备、高效的重介质选煤技术、推广模块化选煤厂建筑结构和提高设备可靠性及自动化水平，国内煤炭洗选技术水平有了大幅度提高。国内采用高效的重介质选煤技术、入选能力大于1000万t/a的洗煤厂已经超过20座。单厂入洗能力最大的炼焦煤选煤厂达到1250万t/a，动力煤选煤厂能力达到3100万t/a。

4.1.2 原煤入洗量大幅增长

2009年原煤入洗量达到14亿t，比2005年增长了6.97亿t，增长了约99.14%，高于原煤38.28%的增长速度；2009年原煤入洗率为47.1%，比2005年提高了15个百分点。平均每年增加入洗能力1.7亿t以上。

随着大型炼焦煤全入洗工艺技术和装备的发展，动力煤洗选大量借鉴炼焦煤洗选技术和装备，带动了动力煤入洗技术和装备的大力发展。目前，我国自主研发的大型三产品重介质旋流器已应用于选动力煤，滚筒火力干燥设备大型化，为褐煤开发利用提供了技术支持，随着我国动力煤洗选技术的大幅度提高以及选煤厂的厂型逐步大型化，吨煤投资及运行成本大幅度下降，目前大型动力煤洗选厂的吨煤投资可达到20~25元，吨煤加工费7~11元，已具备了大规模推广应用的条件，目前全国动力煤入选能力超过8亿t。

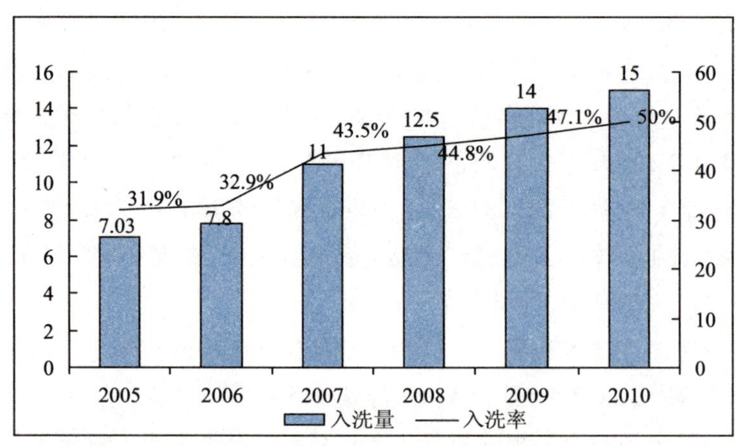

图4-1 2005~2010年我国原煤入洗量及入洗率（单位：亿t，%）

4.2 洗选技术装备水平大幅提升

“十一五”期间，我国煤炭洗选加工技术得到了空前发展，具有自主知识产权的一大批新技术得到推广应用，推动了我国煤炭洗选加工业的飞速发展。

(1)采用CAD计算机设计软件和模块化建筑结构，大大提高了选煤厂设计和建设速度，节省了投资，减少了用地。过去，建设一座200万t/a的选煤厂从设计到施工投产，需要3~4年，现在仅需要6~8个月，可节省投资1/3~1/2。目前已经投产的装配式钢结构选煤厂200多座，年入洗能力超过3亿t。

(2)研制了一批具有自主知识产权的先进选煤技术和装备，选煤技术装备水平大幅提高。在吸收国外先进技术的基础之上，依靠自主创新，开发了大直径无压三产品重介质旋流器、复合式干法选煤成套设备、大处理能力的喷射式浮选机和浮选柱、大面积加压过滤机等一批技术和设备，并达到了国际先进水平。“十一五”期间，使用三产品重介质旋流器选煤技术的选煤厂，入选原煤的设计能力超过3亿t/a，使先进的重介质选煤方法所占比重大幅度提升。采用复合式干法选煤成套设备入选能力超过1.0亿t/a，先进技术和设备的推广使用，大大提高了选煤厂的技术水平。

(3)选煤厂生产管理自动化程度提高。选煤厂广泛采用在线灰分检测装备、重介质密度自动控制系统、计算机控制和辅助管理系统及快速装车自动化等设备，选煤厂产品质量得到有效控制，提高了劳动效率，减少了管理和操作人员。目前，全国有61座选煤厂达到优质高效选煤厂标准。

(4)细粒煤的分选和脱水技术有了进一步的发展。浮选柱分选下限达到10微米，细粒精煤的回收率提高了1%~3%。快速精煤压滤机和加压过滤技术得到了推广应用，精煤水分由10.86%降低到10%左右。

我国选煤技术和装备已经开始走出国门，我国自主研发的三产品重介旋流器、火力干燥设备、快速压滤机等部分选煤设备已经出口到美国、俄罗斯、印度、越南、南非等国家。

我国于2006年举办了第15届国际选煤大会，与国际交流合作越来越多,在引进了大量国外先进技术设的同时,我国选煤设备、技术、管理也逐步走出国门,我国自主研发的三产品重介旋流器、火力干燥设备、动筛跳汰机等得到了国际关注,部分选煤设备公司在国外设立分公司、销售网点,不仅出口到印度、越南等发展中国家,也出口到了原本向我国出口设备的俄罗斯和美国。2010 年,我国派出了百人规模的大型代表团,参加了在美国莱克星顿举行的第 16 届国际选煤大会,展出了我国选煤设备,发表了选煤学术论文,充分展示了我国煤炭洗选业的风貌。

4.3 褐煤提质技术快速发展

4.3.1 褐煤提质主要技术

褐煤含有大量的水分,软褐煤含水量甚至高达 60% 以上。褐煤提质包括干燥提质(脱水)和洗选提质(脱灰)。褐煤提质的关键是除去其中的水分,方法大致可分为:①直接或间接加热干燥,如回转管式干燥工艺;②机械力和热力联合提质,如澳大利亚的“冷干工艺”。

近年来,澳大利亚、美国、德国、日本等国家都在研究开发褐煤的干燥工艺和设备,并取得了一定的成果。

(1)回转管式干燥工艺。该技术是成熟的褐煤轻度干燥工艺,德国拥有该专利技术,主体设备为回转窑。常压下,低压蒸汽通过管式干燥器将煤加热至 100℃,使水分蒸发,并利用和煤一起进入回转窑的空气作为脱水介质,脱水后的空气通过除尘器与煤粉分离,部分空气经压缩进入回转窑循环,剩余排入大气。该技术能耗较高,尾气排放量较大。

(2)高温高压法(压力容器法)。美国 KFx 公司在 20 世纪 80 年代中期开发了 K 燃料工艺(K – Fuel Process),经过 20 年的完善已进入工业应用阶段。其提质过程为:原煤经过粉碎筛分后,将 6 ~ 80 mm 粒级的褐煤通过带式输送机输送至煤斗,间歇式送入压力容器,在约 3. 7 MPa 压力和 238℃下维持一定时间,促使内水蒸发,形成饱和氛围,并伴随着含氧官能团的分解发生表面改性,实现褐煤提质。压力容器内的物料在降温后排出,经固液分离后,回收部分水的余热,工艺水可循环使用。

近年来，该工艺已从煤水共热改进成间接加热，已在美国 Fort Union 建厂试生产。该工艺的优点是相对安全，能实现有效提质，褐煤水分去除率可达 50% ~80%，褐煤表面亲水性降低，水分复吸率下降；缺点是不能处理细粒物料，装置为间歇式，处理能力低，能耗相对较大，必须配备细粒煤废水处理系统。

(3) UBC 热油工艺。日本神户制钢所（Kobe Steel Group）于 1993 年开始研究褐煤提质技术。具体过程为：将褐煤磨成粉状后，与再生油（通常是石油的轻油）和重油混合，形成煤浆，然后在一个蒸发器中加热煤浆，水分被蒸发，再用细颈盛水瓶从脱水的煤浆中回收油，得到提质粉煤后压制成型以便于运输。此工艺和 K – Fuel 不同的是以油为加热介质，产品是型煤。

(4) 怀特能源公司的 BCB 技术。怀特公司采用低温辊压成型技术，不改变煤的化学性质，不涉及煤炭焦化特性，加工成本低，产品质量较好。具体工艺过程为：小于 3 mm 的煤粉在管式干燥器中被 300 ~400℃ 的烟气快速升温至 105 ~110℃，不完全干燥的煤粉通过旋风分离器捕集后，进入对辊式成型机。由于型煤在生产过程中会升温，为防止自燃，有必要对型煤适量喷水冷却。

(5) 亚太煤钢公司的“冷干”工艺。澳大利亚亚太煤钢公司的“冷干（Coldry）”工艺可将含水量为 60% 的褐煤制成含水量为 8% ~14% 的棒状型煤，目前拥有 1 条 5 t/h 的试验线。在专用设备中用“剪切”原理打破褐煤的碳结构，使煤发生变化，在 20 ~30℃ 实现煤水分离，然后施加压力，挤出蠕状煤条，硬化后，再送入大型漏斗状干燥器，经蒸气干燥 48 h 后连续排出，制成型煤产品。该工艺的特点是先机械排水，然后烘干，能耗相对较低，但专用设备的大型化还有待解决。

(6) 热压脱水工艺（MTE）。MTE 和“冷干”工艺类似，不同的是在 220℃ 下机械力除水，后续为闪蒸干燥。该工艺由德国多特蒙德大学 Strauss 等研究开发，综合了热脱水和机械脱水的优点。工艺过程分为 4 个阶段：①工艺热水预热；②过热蒸汽加热；③加压脱水；④闪蒸进一步脱水。

(7) 德国科林 DWT 技术。DWT 技术对进入过热蒸汽流化床干燥器的褐煤粒度有要求，粒度小于 4 mm 占 96% 以上，小于 1mm 占 57% 以上。

干燥褐煤所需的热量由位于流化层内的蒸汽盘管提供。干燥的褐煤通过旋转阀从干燥器导出，在干燥过程生成的二次蒸汽（流化蒸汽和从褐煤中蒸发的水分）经过电除尘器，一部分经过循环风机作为流化蒸汽循环使用，剩余部分可全部经过蒸汽再压缩热泵（蒸汽压缩机）提高其温度和压力后进入干燥器内的换热盘管回收热量，换热后作为清洁的冷凝水回收。

4.3.2 褐煤提质示范工程

1. 神华宝日希勒褐煤提质工业试验项目

神华褐煤提质工业试验项目是神华集团公司为了合理、充分、安全利用褐煤资源，克服褐煤高水分、低热值、易风化、易自燃、难以长期储存及长距离输送，经济性差的特点，于2006年初正式批准立项的。该项目采用委托中国矿业大学（北京）开发的褐煤脱水热压提质（HPU）技术。项目总投资3.452亿元，由神宝公司与神华国贸公司共同出资建设，项目总规模为年产100万t，年耗煤量153万t，项目建设两条年产50万t生产线。2009年10月，该项目一次性带负荷试车成功，产出型煤的成球率较高，水分由33%下降到8%以下，煤质发热量由原来15.9 kJ/g提高到22.2 kJ/g以上。

HPU技术主要是将含水量大的原煤经过快速加热脱水、干燥、在无黏结剂条件下迅速压制成型。工艺系统包括备煤系统、热烟气系统、干燥系统、成型系统、冷却系统、成品输送储存6大系统和循环流化床高温烟气炉、粉煤直管式气流干燥装置和无黏结剂高压对辊成型机等关键设备。

2. 白音华煤电公司煤提质干燥项目

白音华煤电公司煤提质分公司重点发展白音华地区褐煤提质工程项目，规划规模1500万t/a，一期规划规模300万t/a，建设2条150万t/a生产线，是目前世界上最大的单条煤提质生产线。

项目采用先干燥去水再干选排矸、降温的生产工艺，目的是将发热量为14.7 kJ/g左右的高水分褐煤提质加工到发热量为18.8 kJ/g以上，核心设备主要为振动混流干燥器和复合式干选机，目前一期第一条生产线安装完毕，整个生产系统进入调试阶段。

3. 中国大唐华银电力股份有限公司提质技术

大唐集团华银电力股份有限公司在美国EN－COAL公司开发的LFC技术基础上，结合我国褐煤特性，自主研发出低阶煤转化提质技术（LCC），并在内蒙古锡林郭勒市建设处理能力1000 t/d的褐煤干燥示范装置生产线。采用LCC技术对褐煤进行加工提质后，可生产出高稳定性、低硫量、高热值的低温半焦（PMC）和低温煤焦油（PCT）。该项目于2009年6月奠基，目前仍在建设之中。

4. 大唐国际锡林浩特褐煤滚筒干燥技术

大唐锡盟煤干燥项目是大唐国际发电股份有限公司煤化工项目之一，旨在利用大唐自有的内蒙古东胜利二号露天煤矿的褐煤为原料，通过干燥提质，增加煤炭的附加值，为大唐系统内火电厂、煤化工项目提供优质褐煤。该工艺将小于30 mm的褐煤输入带有扬料装置的滚筒干燥机，通入热烟气直接接触换热，实现高水分褐煤不同程度的干燥。

2008年6月进行了规模20 t/h中试，表明在最优工艺参数下可将褐煤全水分由原来的35%～40%干燥到15%以下，褐煤热值由12.560～13.816kJ/g提升至18.840 kJ/g。

该项目证实了滚筒干燥技术可用于高水分褐煤的干燥，掌握了褐煤滚筒干燥过程中的关键技术，并计划采用部分成型工艺路线将粒径小于1 mm的褐煤分离出来进行无黏结剂高压成型，解决干燥后褐煤易扬尘、回水、自燃、亏吨等问题。2009年10月，大唐国际批复工程转入大中型基建，目前正在进行一期规模6×100 t/h褐煤干燥工程建设，项目总体规划年处理量2000万t。

5. 呼伦贝尔金新化工型煤工艺

金新化工有限公司褐煤提质是为年产50万t合成氨和80万t尿素的气化项目提供原料煤。金新化工型煤工艺采用德国Zemag机械制造有限公司的蒸汽管式干燥技术，工艺设计采用中国化学工程股份有限公司和德国Zemag机械制造有限公司共同开发的工艺技术。褐煤干燥成型系统包括原料褐煤的破碎筛分、褐煤干燥、干煤细碎及成型。计划型煤生产能力100万t/a，原煤消耗量125万t/a。计划于2011年7月投料试车，产出型煤产品。

第 5 章 煤炭转化

煤化工是煤炭产业链的延伸,是洁净煤技术发展的主攻方向。随着技术、经济的发展和市场的巨大需求,可替代石油的洁净煤化工产品面临良好的发展机遇。目前我国煤化工产业正在由传统向现代煤化工方向发展。

5.1 煤化工产业发展进程

我国煤化工产业发展始于 20 世纪 40 年代,经过几十年的发展,煤化工在我国化学工业中已经占据了很重要的地位。煤化工产品产量约占全部化学工业(不包括石油和石化)产品产量的 50%。"十一五"期间,国际油价高位运行给煤化工产业带来了前所未有的发展机遇。在国家能源政策和产业政策的宏观指导下,各产煤地区发展煤化工产业的热情空前高涨,纷纷做出发展煤化工产业的战略决策,制定了煤化工产业的发展规划,煤化工产业取得了长足发展。

目前,我国煤化工技术主要包括煤焦化、煤气化和煤液化三条工艺路线,如图 5-1。

煤焦化主要产品为焦炭和煤气,以及煤焦油、粗苯等产品。煤炭气化技术随着科学的发展,利用水平越来越高,在煤化工产业化发展的过程中起着承前启后的作用。目前,我国煤炭气化有 5 个方面的作用:一是城市煤气和管道煤气的生产;二是作化工合成用的原料气,如生产合成氨、尿素、甲醇、液体燃料和烃类的中间步骤;三是作冶金工业用的还原气(和氢气)及钢铁、机械和建筑等工业部门的燃料气;四是为煤炭液化提供氢气;

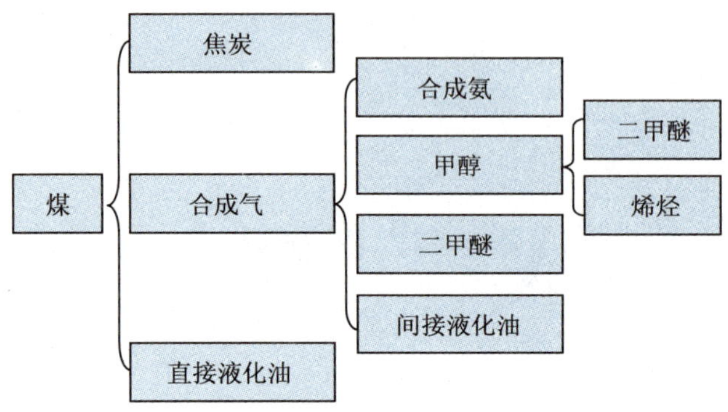

图 5-1　煤化工主要技术路线

五是为发电厂提供洁净的煤气。

我国油、气资源相对贫乏，利用煤炭资源优势，发展现代煤化工技术，促进煤炭转化产业化发展，替代石油等液体能源，降低石油对外依存度，具有重要意义。

5.1.1　主要技术路线

1. 煤焦化

(1)煤焦化发展现状。我国是世界最大的焦炭生产、消费和贸易国，2007 年我国焦炭产能 3.4 亿 t，2008 年焦炭产量 3.24 亿 t，占世界焦炭产量的 60% 左右。焦炭产能超过 1000 万 t 的省份有山西、河北、山东、河南、辽宁。

焦炭是冶金、机械、化工等行业的重要原料、燃料，其中 80% 焦炭产品用于钢铁工业。2010 年我国焦炭消费量 3.843 亿 t，焦炭出口 335 万 t。

近几十年来，世界炼焦技术取得了长足的发展。大容量焦炉、捣固焦炉、干法熄焦等开发较早的先进工艺技术在工业化生产中日臻完善。日本的型焦工艺、德国的巨型炼焦反应器、美国的无回收焦炉、前苏联的立式连续层状炼焦工艺等近 30 年来开发的新工艺、新技术则加快了工业化进程。

我国的炼焦技术已进入世界先进行列，大容积焦炉(炭化室高 6m)已实现国产化。大中型机械化焦炉发展很快，炭化室为 4m 以上的焦炉有

300多座,2007年机械化焦炉生产的焦炭约占焦炭总产量的70%左右;干熄焦、地面除尘站等环保技术已进入实用化阶段;化学产品回收加强;淘汰小型焦炉、土焦及改良焦炉的工作进展显著。

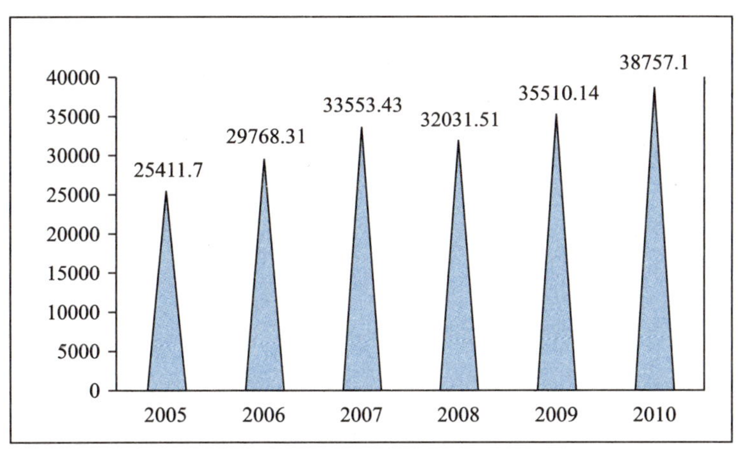

图5-2 2005~2010年我国焦炭产量(单位:万t)

(2)煤焦化发展趋势。随着国际社会积极应对全球气候变化,减少碳排放,加大环境治理力度,美国和欧洲一些国家相继关闭了焦化厂,国际焦炭市场贸易量增加,刺激了我国焦炭的生产和出口量。预计我国焦炭今后产量受国内市场需求、优质炼焦煤资源紧缺以及焦炭出口配额限制等因素的制约,增幅将有所减缓。

目前,我国虽拥有20世纪80年代先进水平的大型机焦炉,但焦炉大型化及装备水平不及发达国家,焦油和粗苯的加工水平也相对落后。未来煤焦化发展趋势主要在以下两个方向:

一是焦炉煤气净化和利用。目前,我国对焦炉煤气主要采取冷凝鼓风、脱硫、脱氨、脱苯等净化手段,其工艺已达到或接近国际先进水平,能满足用户的不同需求。目前,大量的焦炉煤气被直接排放或以"点天灯"方式燃烧排放;机焦炉产生的煤气相对利用率较高,净化后的煤气可供炼铁、炼钢、轧钢及城市居民用户使用。以生产焦炭为主的独立焦化厂,如山西在土焦改机焦过程中新建的许多焦化厂,所产煤气不是用于发电就是直接燃烧放散,浪费惊人。因此,无论是独立的焦化厂,还是供应城市的煤气厂(天然气取代焦炉煤气后),搞好煤气的综合利用已是迫在眉睫。

二是焦油粗苯加工向规模化发展。2010年,我国大中型煤焦油加工企业44家,加工能力达626万t,小企业加工能力约100万t。代表先进水平的宝钢化工公司4套加工装置的加工能力为60万t/a,单套装置加工能力偏小。其余还表现在工艺水平低、能耗高、环境污染严重。针对这种状况,正在筹建上海、河南、山西等地4~5家焦油加工企业,建设规模10万~30万t/a。

粗苯加工同焦油加工情况类似。粗苯加工规模最大的宝钢焦化厂年加工粗苯11万t,其余的在1万~3万t/a,和3000~5000t/a。其弱点同样是单套加工能力小、工艺落后、产品纯度低、能耗高及污染严重,这些都是分散加工的原因造成的。

我国煤焦化产业发展重点是加快结构调整,控制总量,提高整体装备水平,取缔土焦炉,逐步关停工艺落后、污染严重的小型机焦炉,加快对焦化装置技术改造,实现资源、环保及经济效益三位一体。技术改造包括焦炉大型化、发展捣固炼焦、控制污染、强化煤气脱硫、推广干法熄焦和煤调湿、提高生产过程自动化控制等方面。

2. 煤炭气化

煤炭气化是指煤在特定的设备内,在一定温度及压力下使煤中有机质与气化剂(如蒸汽/空气或氧气等)发生一系列化学反应,将固体煤转化为含有CO、H_2、CH_4等可燃气体和CO_2、N_2等非可燃气体的过程。

(1)煤炭气化发展现状

我国煤炭气化技术是在小型合成氨基础上逐步发展起来的。目前,固定床气化、常压固定床气化炉(UGI炉)仍是我国煤气化装置使用最多的炉型。但是,由于必须使用块煤,碳转化率低,能耗高,气化强度低,污水含焦油、酚,处理复杂,在大型煤化工项目建设中已不再采用。

20世纪80年代中期,国内开始引进先进的洁净煤气化技术。通过引进TEXACO水煤浆气化技术,在该气化装置的设计、设备制造、施工、生产操作等方面积累了丰富的经验,除进口关键设备外,大部分设备均可立足国内制造,并开发了具有自主知识产权的多喷嘴对置水煤浆气化炉。

由于我国一些煤种不适合水煤浆气化炉的要求，在大型合成氨油改煤及新建大型煤化工项目中，引进了壳牌粉煤气化技术。目前，国内已经引进并建设的壳牌煤气化项目有 13 个。

近年来，我国恩德炉的应用也取得了一定进展，已采用恩德炉气化的企业有 8 家。不过受到自身技术限制，该煤气化技术难以大型化。

灰熔聚炉是我国自主开发的煤气化炉。山西煤化所正在开发的加压灰熔聚气化炉，单台煤处理能力将达到 300 ~ 1000t/d，可用于大、中型化工合成和先进煤基发电系统。

(2)煤炭气化主要产品

①合成氨

2010 年全国合成氨产能 4984.1 万 t，其中约 72% 以煤为原料。我国煤制化肥主要分布在煤炭产地和农业大省，其中产能超过 150 万 t 的省份有河北、山西、江苏、安徽、河南、山东、湖北。

目前，我国 30 万 t/a 以上的大型合成氨生产装置有 30 套，4 万 t/a 以下的小型装置 700 多套，中型装置 55 套，大、中、小型装置的产能分别占 21.6%、11.1% 和 67.3%，合成氨装置的平均规模为 5 万 t/a。目前，全国约有 4000 多套煤气化炉，每年消费原料煤(或焦炭)约 4000 万 t。由于大部分生产装置采用的煤气化技术比较落后，合成氨工业能耗高，污染重。

合成氨主要用于化肥工业，下游产品主要有尿素、碳酸氢氨、硝酸铵等氮肥。氮肥工业经过 50 多年的发展，已形成品种齐全、布局基本合理、配套相对完善、具有相当生产能力和技术水平的工业部门。从氮肥产量来看，国产氮肥完全可以满足国内需要，在国际价格合适的时候还有部分出口。从发展趋势来看，合成氨产业规模增长的幅度已经不大。

②甲醇

我国甲醇工业已有 40 多年的发展历史。“十一五”期间，受下游化工产品和车用替代燃料需求的拉动，甲醇产量及消费量快速增长。2005 年国内甲醇产能只有 720 万 t，产量 535.6 万 t。2006 年以来，全国甲醇产能建设速度加快，内蒙古、陕西、宁夏等地就新上甲醇项目约 2000 万 t。2006 年我国甲醇产能达到 1344 万 t，产量达到 762.3 万 t。2007 年甲醇产能突破 1760 万 t，产量达到 1076.4 万 t。2008 年甲醇产能超过 2800 万

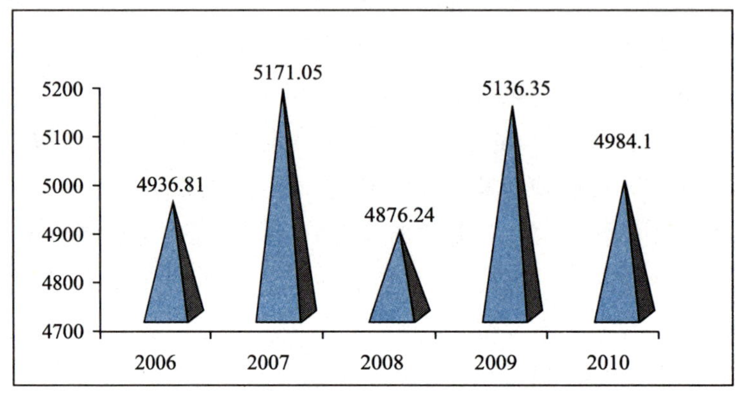

图5-3 “十一五”期间我国合成氨产量(单位:万t)

t,产量1126.3万t。2009年,我国甲醇产能达到3200万t,甲醇产量1247万t,2010年,全国甲醇产能3800万t,甲醇产量1574万t,见图5-3。

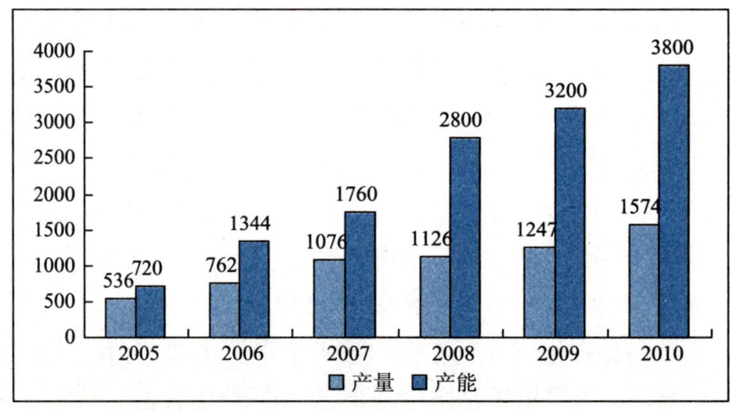

图5-4 2005-2010年我国甲醇产量和产能(单位:万t)

从产能规模看,我国大部分甲醇生产企业产能较小,小型企业单套装置生产能力小,工艺技术相对落后,消耗大,产品成本高,企业市场竞争能力较差。

目前,甲醇燃料行业的发展越来越受到各方关注。甲醇燃料是利用工业甲醇或燃料甲醇,加变性醇添加剂,与现有国标汽柴油(或组分油),按一定体积(或重量比)经严格科学工艺调配制成的一种新型清洁燃料,可替代汽柴油,用于各种机动车、锅灶炉使用。目前用作燃料的甲醇约占甲醇总产量的10%~15%。国家统计局最新数据显示,2010年我国汽油消费量为7158.2万t。预计2015年,我国汽油需求量8700万t。如果甲醇掺混比例按5%计算,则燃料甲醇需求量分别为325万t和435万t;若按10%掺混,则甲醇需求量分别为650万t和870万t。目前国家尚未对甲醇燃料发展提出明确的政策和意见,不过国内相关部门已对甲醇燃料的研究和应用做了大量工作,甲醇燃料的国家标准正在加紧编制。

③二甲醚

2010年,我国二甲醚总产能预计将超过1580万t,其中泸天化、久泰、湖北天茂、河北凯跃、河南义马等企业各建成了10万~100万吨级生产装置,居世界领先地位。目前在建的大型项目有:内蒙古久泰100万t、张家港新奥100万t、山西兰花100万t、内蒙古中天合创300万t、陕西煤业200万t。

目前在我国发展二甲醚燃料已具备较成熟条件:一是液化石油气使用已形成相当规模,二甲醚替代液化石油气无须对使用设备作任何改造,可以替代液化石油气作民用清洁燃料;二是通过锅炉改用二甲醚燃料或建设以二甲醚为燃料的燃气轮机,二甲醚可以顶替目前火力发电中供应越来越紧张的柴油和燃料油,上海等地正在开展二甲醚替代柴油工作。

④烯烃

煤制烯烃是煤经甲醇制乙烯、丙烯等低碳烯烃,或称甲醇制烯烃,目前该工艺技术已趋于成熟。甲醇制烯烃技术的工业化,有利于改变传统化工的产品格局,是实现煤化工向石油化工延伸发展的有效途径。

甲醇制取烯烃的工业化研究已进行了多年,目前最有代表性的工艺是UOP公司的甲醇制烯烃(MTO)工艺、德国鲁奇公司的甲醇制丙烯(MTP)工艺和中科院大连化物所的DMTO工艺。

国内的煤制烯烃项目主要采用大连化物所的DMTO工艺。目前国内开展煤制烯烃项目建设进展较快的是神华集团、大唐电力公司和陕西新兴煤业集团。

神华集团规划建设3套煤制烯烃项目:神华宁夏52万t煤制烯烃项目2005年底开工,2009年投产;神华内蒙古包头60万t煤制烯烃项目

2007年5月开工建设,2010年建成投产;神华陕西榆林100万t煤制烯烃项目正在开展前期工作,预计工期为2009~2014年。

大唐内蒙古多伦一期46万t煤制烯烃项目2005年已开工建设;大唐福建宁德60万t/a煤制烯烃项目目前正在开展前期工作;大唐陕西榆林60万t/a煤制烯烃项目正在编制项目可行性研究报告,各项工作已全面展开。

2006年11月,陕西新兴煤业集团20万t/a甲醇进料MTO项目开工建设,工期3年。

3. 煤炭液化

煤炭液化是将固体的煤炭转化为液体燃料、化工原料和产品的先进洁净煤技术。煤炭液化可分为煤的直接液化和煤的间接液化。

(1)煤炭直接液化。煤炭直接液化是将固体煤在高温高压下与氢反应,将其降解和加氢从而转化为液体油类的工艺,又称加氢液化。采用该工艺可将3~4t原煤转化成约1t成品油。

我国从20世纪70年代末开始开展煤炭直接液化技术的研究。1995年以前,我国煤炭直接液化采取国际合作、跟踪国外研究前沿的方式,以国内技术储备为目标开展研究。1995年以后,随着石油净进口量逐年增加,国内石油供需矛盾日趋突出,政府和企业界对煤炭直接液化产业化发展给予高度重视。1997年开始,分别同德国、日本、美国签署了合作开展我国煤炭直接液化示范厂可行性研究协议,进行了云南先锋煤、黑龙江依兰煤和神华集团神东煤在国内的连续试验和国外中试装置上的放大试验,并于2000年完成3个百万吨级煤直接液化示范工厂预可行性研究。

经过20多年的努力,我国已建成具有先进水平的煤直接液化、油品提质加工和分析检验实验室;通过对我国上百个煤种进行的煤直接液化试验,选出了15种适合于液化的煤,液化油收率可达50%以上,并对4个煤种进行了煤直接液化的工艺条件研究;开发了高活性的煤直接液化催化剂;利用国产加氢催化剂,进行了煤液化油的提质加工研究,经加氢精制、加氢裂化和重整等工艺的组合,成功地将煤液化油加工成合格的汽油、柴油和航空油。目前,神华100万t煤炭直接液化项目进入工业化示范生产阶段。

(2)煤炭间接液化。煤炭间接液化是先将煤全部气化成合成气(氢气和一氧化碳),然后合成燃料油和化工产品的工艺。采用该技术可将约5~7t煤转化成1t成品油。

20世纪50年代,我国曾在锦州进行过4500t/a的煤间接液化试验。80年代又恢复对煤间接液化合成汽油技术的研究,开发出了固定床两段法合成(简称MFT)工艺和浆态床—固定床两段合成(简称SMFT)工艺,先后完成了MFT工艺的小试、模试、中间试验、工业性试验及SMFT工艺的模式,另外也进行了两类合成催化剂的长周期运行试验,为我国煤炭间接液化技术的进一步开发奠定了良好的技术基础和人才基础。

"十五"期间,在国家863计划的支持下,煤炭间接液化技术研发取得了重大突破,成功建设并运行了两套年产油品750t和5000t的新型浆态床合成油品开发实验装置,取得了进一步放大及其工程化所需的相关数据,在催化剂制备及在线分离、反应器设计、系统稳定运行等方面均取得了重要成果,积累了一定的技术开发及工程经验,为煤炭间接液化技术的进一步放大验证及商业化奠定了技术基础,培养了相关人才。

目前,我国在煤炭间接液化方面已有了很好的基础。中科院山西煤化所已完成千吨级浆态床煤制油中试,建设年产16万吨级煤间接液化合成油示范装置的条件基本成熟,潞安、伊泰两个16万t合成油示范项目建成投产;神华与沙索合建的宁夏360万t煤间接液化项目正在积极推进之中;兖矿集团自主开发的百万吨级煤间接液化示范工程落户陕西榆林。

5.1.2 存在的问题

经过几十年的努力,我国煤化工产业取得了长足的发展。焦炭、电石、煤制化肥、煤制甲醇产量均居世界前列。煤化工产业的发展对于缓解石油、天然气等优质能源供求矛盾,促进钢铁、化工、轻工和农业的发展,发挥了重要作用。但是近年来,煤化工产业的发展遇到了一些新的矛盾和问题,值得认真研究和对待。

1. 煤化工产业发展受资源、环境制约严重

水资源是煤化工产业发展的重要制约因素,也是经济社会发展的制

约因素之一。我国人均水资源占有量远低于世界平均水平，主要煤炭产地人均水资源占有量和单位国土面积水资源保有量仅为全国水平的1/10。大型煤化工项目年用水量通常高达几千万立方米，相当于一些地区十几万人口的水资源占有量或100多平方公里国土面积的水资源保有量。一些地区大规模超前规划煤化工项目，一方面有可能形成产能过剩的局面；另一方面会打破本地区脆弱的水资源平衡，直接影响当地经济社会平稳发展和生态环境保护。

尽管我国煤炭资源比较丰富，但优质、清洁和炼焦煤资源相对较少。煤炭工业承担着支撑经济社会发展的重任。短时间、高强度、大规模占用煤炭资源发展煤化工产业，既影响电力等行业的平稳发展，也加速了煤炭资源消耗，不利于煤炭工业可持续发展。

2. 盲目发展，重复建设严重

电石和焦炭等传统煤化工产品产能严重过剩。持续增加的电石和焦炭过剩产能不仅造成社会资本大量闲置，产业发展大起大落，而且引发企业间恶性竞争，导致产品价格大幅下滑，经营风险显著上升。2006年初，我国焦炭出口价格仅相当于2004年的一半，造成很大的经济损失。

受石油价格不断上涨、高位运行的拉动，煤制甲醇、二甲醚等石油替代产品盲目发展的势头逐渐显现。但是，甲醇后加工生产技术和应用市场还不成熟，如果出现产能过剩，企业的经营风险很大。同时，甲醇是规模效益非常明显的化工产品，我国大量在建或拟建的甲醇装置规模偏小，新建项目多数为10万～20万t/a。煤基甲醇装置必须依赖低价煤、大型化、先进技术及低投资，四者紧密结合的条件下才有国际竞争力。煤基甲醇没有足够大的规模是不具备国际竞争力的。当前，世界甲醇市场供过于求，国外以廉价天然气为原料的超大型甲醇装置投产后，将进一步加大供需矛盾，价格将进一步下降。

煤制油品和烯烃尚处于工业化试验和示范阶段，还存在技术和工程方面的风险。一些地方不顾客观条件，纷纷规划建设煤制油和烯烃项目，目前开工建设的十几万吨规模的煤制油、煤制烯烃装置多数不够经济规模，技术不够成熟。建成后类似小炼油、小乙烯项目将属于淘汰之列，且这类装置投资巨大，动辄几十亿，具有较大的投资风险。

3. 片面追求产业发展速度

一些地区为加快地方经济发展，以资源为手段，大举招商引资，资源配置和开发利用不合理。个别企业以建设煤化工项目之名，行圈占和攫取资源之实，大肆套取煤炭资源。有些地区煤化工产业刚刚起步，现有煤炭资源就被瓜分殆尽。

5.2 煤化工产业布局

我国打造的七大煤化工产业区，分别位于黄河中上游、蒙东、黑东、苏鲁豫皖、中原、云贵和新疆。其中，黄河中上游、新疆、蒙东将形成大规模甲醇、二甲醚、煤制油生产基地。

预计到2020年七大煤化工产业区规划总量为：二甲醚1000万t、烯烃700万t、煤制油3300万t、化肥500万t、焦炭700万t、甲醇2300万t。新增煤炭年消耗量2.9亿t，用水量11.7亿m^3。

1. 黄河中上游煤化工产业区

黄河中上游煤化工产业区位于内蒙古、陕西、宁夏交汇地区，包括内蒙古河套地区、陕西榆林地区、宁夏东部地区。该地区煤炭资源集中，探明储量近3000亿t。其中，内蒙古境内1244亿t，陕西境内1466亿t，宁夏境内270亿t。区内有多个超大型煤田，大部分煤田地质构造简单，煤层稳定，厚度大，埋藏浅，开采成本较低，煤种比较齐全。

黄河中上游煤化工产业区的铁路、公路交通发达，但水资源相对紧张，生态脆弱。煤化工产业发展均采用黄河水或水权置换的方式进行。主要产品面向东部沿海地区。

陕西煤炭探明储量1685亿t，陕北（榆林）侏罗纪煤田是陕西最大的煤资源地，保有储量占陕西的80%以上；以长焰煤、不黏结煤和弱黏结煤等低变质类煤炭为主，占探明储量的65%。2010年煤炭产量35500万t，现有铜川矿区、蒲白矿区、澄合矿区、韩城矿区、黄陵矿区、彬长矿区、榆神矿区、神府新民矿区、榆横矿区等主要矿区，主要煤炭及煤化工企业为陕西省煤业化工集团，2010年集团原煤产量10039万t。陕西省目前主要有陇海、宝成、阳安、襄渝、侯西、宝中、咸铜、西延等铁路干线，以及108、210、307、308、310、312等国道及省级公路。陕西省水资源相对比较紧张，人均水资源量835m^3，只有全国平均水平的一半；陕北人均水资源量只有全国平均水平的1/3。陕西省榆林地区水资源总量为34.3亿m^3，从府谷调用岩溶水2亿m^3，拟通过水权转换2.2亿m^3，远期从黄河引水5亿m^3。

内蒙古鄂尔多斯市煤炭资源丰富，拥有准格尔煤田、东胜煤田和桌子山三大煤田，合计探明储量1244亿t，煤种齐全。鄂尔多斯是西北地区重要的铁路交通枢纽之一，东西方向的大准、准东、东乌铁路和南北方向的包神、包西铁路贯穿鄂尔多斯，并与京包、包兰等铁路干线相连接；公路交通也十分发达，109、210国道在这里交汇，并与省道、县道等一起组成了密布全市的公路交通网络。鄂尔多斯市水资源总量为37.6亿m^3，其中本地水资源总量为29.6亿m^3，黄河取水指标及万家寨水库供水指标共8亿m^3。煤化工产业发展用水资源主要靠黄河水分配的用水指标，通过水权置换的方式提供，目前已完成水权置换量1.3亿m^3。

宁夏煤炭已探明储量316.5亿t，资源分布相对集中，主要有贺兰山、宁东、香山和固原四个含煤区，宁夏东部煤田是国家规划建设的十三个大型煤炭生产基地之一。宁东煤田已探明储量270多亿t，占全区已探明储量的87%，煤种为不黏结煤和长焰煤。区内主要煤炭及煤化工企业为宁夏煤业集团，2010年该公司原煤产量6003.3万t。宁夏区内主要有包兰铁路和宝中铁路经过，其中包兰铁路穿越本区，纵贯银川新城市区南北，东接包头，与京包铁路相连，西接兰州，和兰新、兰青、陇海三条铁路衔接。公路方面宁夏境内有6条国道，可通达全区和陕西、内蒙古、甘肃部分地区。宁东煤化工基地供水依靠水权置换的方式，目前国家分配给宁夏黄河取水指标为40亿m^3，已占用32亿m^3，其中农业用水占93%。根据水利部黄委会批准，2010年引黄灌区向工业可转换水量3.3亿m^3，2015年达4.94亿m^3，为宁东煤化工基地项目供水的鸭子荡水库一期工程已建成通水。

根据统筹规划、分步实施的原则，到2020年黄河中上游产业区规划建设700万t二甲醚，1100万t煤制油，300万t烯烃。其中内蒙古境内规划建设500万t二甲醚,500万t煤制油,100万t烯烃。陕西境内规划建设100万t二甲醚,300万t煤制油,100万t烯烃。宁夏境内规划建设100万t二甲醚,300万t煤制油,100万t烯烃。合计用煤量8000万t,用水量3.2亿m^3。黄河中上游煤化工产业区二甲醚产品主要通过管道输送河北曹妃甸,满足东部沿海地区的需要。

黄河中上游煤化工产业区目前主要的煤化工建设项目有:神华集团一期投资169亿元最终达到年产500万t成品油的煤制油项目和投资118亿元兴建的年产80万t甲醇项目,兖矿集团榆林一期投资500亿元年产500万t间接煤制油示范项目,神华集团宁东总投资850亿元年产640万t煤炭间接液化项目,鄂尔多斯中天合创年产300万t二甲醚项目,北京中醇油业公司投资160亿元兴建的年产480万t甲醇项目,山东久泰化工公司投资12.8亿元兴建的年产100万t二甲醚项目等。

2. 蒙东(辽西)煤化工产业区

蒙东(辽西)煤化工产业区是指毗邻东三省的内蒙古东部地区,从呼伦贝尔到锡林郭勒、延伸到辽西地区。蒙东地区煤炭保有储量910亿t,占全区储量的41%,以褐煤和低变质烟煤为主。主要煤田有呼伦贝尔的扎赉诺尔煤田96亿t、宝日希勒煤田102亿t、大雁煤矿67亿t、伊敏煤田61亿t,霍林河煤田118亿t,锡林郭勒的胜利煤田224亿t、白音华煤田141亿t。

蒙东地区主要的煤炭企业有中电投霍林河煤电集团公司、平庄煤业集团公司、华能伊敏煤电有限公司等,2010年,这三家企业的原煤产量分别为4523.7万t、2668万t和1550万t。

蒙东地区主要的煤运铁路有滨州铁路、通霍铁路、叶赤铁路、集通铁路等。区内公路网发达,主要矿区皆有省级以上干线相通。

蒙东地区水资源相对丰富,但空间密度较低,时间分布不均衡。水资源供给是该地区产业发展的先决条件。水资源主要依靠地表水、中水回用、矿井水等多渠道解决。锡林浩特市可供水资源量2.3亿m^3,其中乌拉盖水库1亿m^3。呼伦贝尔水资源较为丰富,可供水源来自扎罗木得水库,目前规划总库容5.7亿m^3。该水库水源来自年均径流量37亿m^3的海拉尔河。

蒙东地区市场容量较小,产业发展必须做好市场衔接和运输安排。从全国及东部沿海地区经济发展需求分析,初步考虑在蒙东地区建设便于管道输送的大型商品甲醇生产基地,以及为北京地区民用燃气调峰的煤制天然气生产基地。重点建设锡林浩特、霍林河(辽西)、呼伦贝尔三大甲醇生产基地。

到2020年,蒙东基地规划建设1000万t甲醇。其中,锡林浩特200万t,霍林河(阜新)200万t,呼伦贝尔600万t。甲醇产品通过管道输送到辽东湾石化产业区。一部分产品加工成二甲醚和烯烃等产品,满足辽宁及周边地区市场需要;其余甲醇产品通过海运输送到河北等沿海地区,进一步深加工。年用煤量约3000万t,用水量1.2亿m^3。

蒙东地区主要的煤化工建设项目有:大唐国际发电股份有限公司投资300亿元兴建的年产500万t甲醇、46万t聚丙烯、36万t汽油项目,中海油投资12亿元年产12万t煤制油试验工厂项目,腾龙集团年产500万t煤制甲醇、40万t甲醇制醋酸和145万t甲醇制烯烃项目(其中乙烯63万t/a、丙烯63万t/a、丁烯19万t/a)。

3. 黑东煤化工产业区

黑东煤化工产业区依托黑龙江东部双鸭山、鹤岗、七台河、依兰等煤炭资源建设。黑龙江省是煤炭调出省,是东北主要产煤区,2010年黑龙江煤炭产量9900万t,所产煤炭主要外供辽宁、吉林两省。2005年累计探明煤炭储量261亿t,保有储量237亿t,已利用储量93.6亿t,尚未动用储量144亿t。黑龙江省含煤面积11285km^2,煤炭资源92%分布在鸡西、七台河、双鸭山、鹤岗等黑东地区,上述地区是资源型城市产业转型的重点地区。黑东地区主要的煤炭企业为龙煤矿业集团,2010年该公司原煤产量5024.7万t。

黑龙江各主要煤矿均有铁路、公路相通,煤炭外运条件比较方便。全省有京哈、拉滨、牡图、滨洲、通让、平齐等6条铁路干线与外省相连;省内哈佳及滨绥二大铁路干线是鸡西、鹤岗、双鸭山、七台河4大矿区至哈尔滨的主要铁路通道。公路交通近年来发展较快,哈同、哈大高等级公路已投入运营。

黑龙江省境内河流密布,水资源丰富,有黑龙江、松花江、乌苏里江、绥芬河四大水系。黑龙江省水资源总量为772亿m^3,其中地表水资源量656亿m^3。松花江干流地表水量290亿m^3,出境水量352亿m^3。

黑龙江省是重要的产粮区,没有实现氮肥平衡,对清洁民用和车用燃料也有一定需求。黑龙江省原油开采业比较发达,但石化工业相对较弱,结构不合理。因此,黑东煤化工产业基地定位于优先满足东北粮食主产区对化肥的需求,根据区域及周边地区市场,适度发展以煤制烯烃为主的煤化工产业,促进资源型城市产业转型和区域产业结构调整。

到2020年,黑东煤化工产业基地规划建设400万t焦炭、100万t烯烃、100万t煤制化肥,年用煤炭1500万t,年用水量6000万m^3。

黑东地区目前主要的煤化工建设项目有:汉能控股集团投资385亿元建设年产720万t甲醇项目,中煤集团投资200亿元建设年产180万t甲醇、60万t烯烃大型煤化工项目,龙煤矿业集团投资60亿元建设年产60万t合成氨、104万t尿素、30万t甲醇项目等。

4. 苏鲁豫皖煤化工产业区

苏鲁豫皖煤化工产业区位于江苏、山东、河南、安徽交汇地区,包括江苏徐州地区、山东鲁南地区、河南永城地区、安徽两淮地区。该地区煤炭资源丰富,但煤质逐渐劣化;水资源条件尚可,区内经济发达,靠近消费市场。苏鲁豫皖煤化工产业区按照国家煤炭供应平衡的要求,在保证本地和华东地区优质煤供应的前提下,适当加大煤炭就地转换,培育接续产业;通过高硫煤和低质煤开发利用,提高煤炭回采率,延长煤矿服务年限。

江苏省煤炭资源主要集中在徐州地区,占全省的95%以上。徐州市已探明煤炭储量40亿t,其中高硫煤等低质煤储量6.8亿t,主要煤炭企业为徐州矿务集团有限公司,2010年该公司原煤产量1816.1万t。徐州地区自营铁路徐沛铁路专用线与陇海铁路接轨。全省公路网和水网密布,徐沛公路和京杭大运河均穿越该地区,交通方便。煤化工项目水资源由矿井水、地表水、城市中水回用三部分组成,徐州市水资源总量34.4亿m^3、矿井水年产量5600万m^3。

河南永城地区是河南省主要煤炭资源地,已探明煤炭保有储量34亿t,煤种以无烟煤为主,高硫高灰煤占51%。该地区主要的煤炭企业为河南煤业化工集团公司永城煤电集团公司,永城地区东临京沪、西起京九、北靠陇海铁路干线,区内地势平坦,公路纵横交错,交通极为方便。煤化工项目采用高硫高灰煤为原料,水资源来自矿井水,目前矿井水年产量为3500万m^3,未来最大年产量约为8000万m^3。

山东鲁南地区煤炭储量约200亿t,高硫煤约11亿t。主要的煤炭企业有兖矿集团有限公司、枣庄矿业集团公司,2010年这两家企业原煤产量分别为6008万t和1813.5万t。鲁南地区有京沪铁路干线,京杭大运河从区内经过,公路纵横,交通方便。鲁南煤化工基地总供水量可达1.5亿m^3。供水主要由微山湖、水库、城市中水回用三部分组成。

安徽省拥有丰富的煤炭资源,全省含煤面积1.8万km^2,主要分布淮北、淮南两大煤田,目前实际探明储量480亿t,保有储量250亿t。两淮煤田是我国黄河以南地区大型煤炭生产基地。2010年,全省原煤产量达到1.5亿t。主要煤炭企业有淮南矿业集团公司、淮北矿业集团公司,2010年煤炭产量分别为6619.1万t和3024万t。安徽省交通运输便利,境内京沪、陇海、京九铁路干线与阜淮、阜夹、宁铜、皖赣、合九等线组成了四通八达的铁路网;水运有长江、淮河横贯该省东西,港口可承担煤炭外运。两淮煤化工基地主要采用淮河水、矿井水、城市中水。淮河年入境水量208亿m^3,但时空分配不均,调蓄能力不足,大型煤化工基地需要建设水利工程方能保障水资源供应。

苏鲁豫皖煤化工产业区主要以电力和民用不宜使用的高硫煤为原料,优先发展化肥产品,适度发展面向区域市场的煤制石油替代产品,到2020年规划建设100万t化肥、800万t甲醇,并根据区域市场需求发展甲醇后加工产品(二甲醚、烯烃等)。其中江苏境内建设100万t甲醇,山东境内建设50万t化肥、200万t甲醇,河南境内建设200万t甲醇,安徽境内建设50万t化肥、300万t甲醇。年用煤量2100万t,用水量9000万m^3。

苏鲁豫皖产业区目前主要的煤化工建设项目有:华谊集团投资350亿元建设年产240万t甲醇、50万t烯烃等项目,永煤集团投资50亿元建设年产甲醇100万t、醋酸和二甲醚各30万t项目,三木集团投资30亿元建设年产100万t甲醇项目等。

5. 中原煤化工产业区

中原煤化工产业区以河南郑州、义马、山西晋东南的煤资源为依托，发展煤化工产业。

郑州已探明煤炭储量55亿t，保有储量50亿t。区内主要的煤炭企业有郑州煤炭工业集团公司，2010年，该集团公司煤炭产量为2202万t。煤化工项目所需煤资源主要由新郑市三个新建矿井提供，资源储量11亿t，设计产能780万t。郑州地区有新密铁路支线及其专用线79km，从京广线接至矿区，还有宋大铁路从新密支线接轨至矿区南部，公路交通也很方便。目前可供水资源量为6000万m^3，主要是中水、矿井水，远期考虑采用南水北调水资源解决。

义马地区煤资源丰富，可采储量110亿t。义马煤属高灰、高硫、低热值的长焰煤，适合于气化。该地区主要的煤炭企业义马煤业集团公司2010年原煤产量为3119.7万t。陇海铁路及310国道公路横贯该地区，焦枝铁路在矿区东部穿过，各矿区间均有公路相通。义马煤化工基地供水依托槐扒提水工程，工程提水量为2.2亿m^3，已占用9500万m^3，此外可提供中水及矿井水6500万m^3。

山西晋城无烟煤可采煤层主要有三层，目前3号低硫无烟煤供不应求；而下层的无烟煤属高硫、高灰、高灰熔点，因市场原因，难以同时采出。目前“三高”煤储量120亿t以上，因此，开展晋城矿区劣质煤的清洁化利用意义重大。该地区主要煤炭企业晋城无烟煤集团公司2010年原煤产量为4597.3万t。晋城矿区内东有太焦铁路，西有侯月铁路，两线向北可与同蒲、石太线相通，向南可接京广、焦枝干线。区内公路纵横交错，交通十分便利。山西是我国缺水地区，晋东南水资源相对丰富。晋城水资源总供应能力4.7亿m^3，煤化工发展所需水源主要由张峰水库供应，规划2010年建成，总库容3.89亿m^3，供水能力1.9亿m^3。长治地区水资源主要由周边的屯降等水库、矿井水、污水处理厂中水等提供，供水量约1亿m^3。

根据上述地区人口众多，农业发达，化肥、民用燃料和石化产品需求量大的特点，重点发展化肥、二甲醚、烯烃、煤制油等产品。到2020年规划建设150万t化肥、100万t二甲醚、100万t烯烃、600万t煤制油。其中河南境内建设100万t化肥、100万t烯烃、300万t煤制油，山西境内建设100万t化肥、100万t甲醇、100万t二甲醚、300万t煤制油。耗煤4500万t，耗水1.8亿m^3。

中原产业区目前主要的煤化工建设项目有：中原煤化集团总投资160亿元建设年产120万t甲醇、60万t聚丙烯、副产27万t油品、4万t LPG项目，义马煤化工园总投资155亿元建设年产300万t甲醇项目，中海化学晋城公司投资建设年产合成氨60万t、尿素100万t项目，晋城煤化工有限责任公司总投资20亿元建设年产36万t合成氨、36万t甲醇项目等。

6. 云贵煤化工产业区

云贵煤化工产业区包括云南东部的曲靖、昭通，贵州西部的六盘水、毕节等煤炭资源产地。

云南省煤炭资源比较丰富，主要蕴藏在曲靖和昭通地区，煤种齐全，已探明煤炭资源量253亿t，保有储量246亿t，其中褐煤153亿t，无烟煤52亿t，烟煤41亿t。2010年全省煤炭产量8900万t，省内主要的煤炭企业为东源煤业集团有限公司和小龙潭矿务局，2010年这两家企业原煤产量分别为481.6万t和950.5万t。云南省水资源充沛，水资源量达2000多亿m^3。煤化工基地供水主要来自曲靖地区花山水库（年供水量3000万~5000万m^3），白浪水库（年供水量1500万m^3），黑滩河水库（年供水量1.51亿m^3），合计2.2亿m^3；昭通地区渔洞水库（年供水量3亿m^3），冷水河（年供水量0.5亿m^3），合计3.5亿m^3。

贵州省煤炭资源主要集中在黔西的毕节和六盘水地区。贵州省煤炭开发程度较低，2010年贵州煤炭保有储量533亿t，煤炭储量动用系数仅为9.4%，开发潜力较大。2010年贵州省煤炭产量1.5亿t，省内主要的煤炭企业为盘江煤电集团公司和水城矿业集团公司，2010年这两家企业原煤产量分别为1271.6万t和1023.8万t。贵州水资源较丰富，多年平均水资源总量为1200亿m^3，单位面积水资源量5000多m^3/hm^2。但水资源调控能力不足，大型煤化工项目需要建设部分水利工程保障水资源供给。六盘水规划2020年可实现工程供水量11.05亿m^3。毕节等地水资源开发利用率均不足10%，开发潜力较大。但是贵州土地资源相对紧张，土建工程费用较高。

云贵煤化工产业区立足于区域市场，针对缺油少气的特点，重点发展二甲醚、煤制烯烃和煤制油。到2020年规划建设300万t焦炭、150万t化肥、200万t二甲醚、200万t烯烃、600万t煤制油。年用煤量5000万t、年用水量2亿m^3。其中云南境内建设300万t焦炭、50万t化肥、100万t二甲醚、100万t烯烃、300万t煤制油，贵州境内建设100万t化肥、100万t二甲醚、100万t烯烃、300万t煤制油。

云贵产业区目前主要的煤化工建设项目有：云维集团投资50多亿元建设年产50万t合成氨和200万t焦化项目，宜宾天原集团总投资80亿元建设年产60万t电石、60万t甲醇、40万t醋酸等项目及项目所需160万t煤炭的原煤开发，贵州天福化工有限责任公司一期投资31.9亿元建设年产30万t合成氨、15万t二甲醚等项目。

7. 新疆煤化工产业区

新疆是我国重要的能源接续区，煤炭资源量居全国第一，达到2.19万亿t。预测含煤面积77726km^2，已探明资源量1008亿t，以低变质烟煤居多，占资源量的81%。2010年煤炭产量1亿t。

新疆地处欧亚大陆腹地，兰新铁路是新疆通往内地的交通大动脉，区内有吐库铁路，乌阿国际铁路。乌鲁木齐矿区和哈密矿区均拥有铁路专用线，艾维尔沟矿区的铁路运输线由吐库铁路鱼尔沟站接轨。区内公路运输以乌鲁木齐为中心，遍及全疆，与邻近甘、青、藏等省区均有公路相通。新疆气候干旱，水资源时空分布极不平衡，地表水蒸发量大。新疆的河流主要靠高山冰川和积雪补给，平均每年冰川融水达178亿m^3，占地表年径流量的22.5%。水资源总量比较稳定。但年内分配不均，具有夏季水量集中的特点。除伊犁河、额尔齐斯河等外流水资源外，其余水量的70%~85%均被引用。根据新疆煤炭、水资源分布情况，可以建设大型煤化工基地的有伊犁、乌昌等地。

伊犁地区煤炭和水资源丰富，伊犁河年出境流量126亿m^3，占76%。伊犁河流域规划布置了3条调水线路，近期调水10亿m^3，远期35亿m^3。可先期启动煤化工产业的建设，重点发展煤制油，修建伊犁至独山子成品油管线，利用独山子——兰州——成都的成品油管线，将煤制油品送至西南地区。额尔齐斯河年出境水量90亿m^3,占73%,规划调水25亿m^3。乌昌地区煤化工基地水源主要来自“500”水库,2010年入水量1.37亿m^3,2020年2.72亿m^3。可从中配置煤化工基地所需水资源。

新疆煤化工产业是全国煤化工产业战略接续区,规划利用10~20年时间,形成大型石油替代产品生产基地。新疆煤化工产业发展充分考虑了新疆建设兵团节水灌溉产品对烯烃的需求。根据电石法聚氯乙烯调整情况,适时启动煤制烯烃,与新疆建设兵团现有聚氯乙烯产业形成接续。到2020年规划建设500万t甲醇、1000万t煤制油,年用煤量5000万t,用水量2亿m^3。

新疆产业区目前主要的煤化工建设项目有:新汶矿业总投资1277亿元,建设伊南年产600万t间接煤制油、120万t烯烃项目以及伊北年产450万t直接煤制油项目,兖矿集团投资625亿元建设年产125万t合成氨、200万t尿素项目、年产200万t甲醇项目以及年产300万~500万t煤制油项目等。

5.3 重大示范工程进展

5.3.1 神华直接液化示范工程

神华直接液化示范工程是我国实施能源安全战略的一项重要工程,是世界首套煤直接液化技术工业规模装置,是我国具有完全自主知识产权的工业化示范工程。

示范工程于2005年4月开工建设,2008年5月全部建成。2008年12月30日,煤直接液化示范项目实现首次投料试车。截至2010年12月,已累计投煤近7000小时,全套装置的负荷率最大达到设计的80%~85%;煤转化率达到了设计的91%,产品收率达到了57%;残渣固体含量接近设计的50%。2010年,生产油品45万t,累计运行1万多小时,2010年运行5000多小时,2011年第一季度生产油品21.6万t。各种数据表明神华煤直接液化示范工程取得了圆满成功。

目前技术人员正通过技术改造消除装置存在的氢气供给不足、油煤浆加热能力欠缺以及产品轻质化等问题，确保进一步提升生产负荷和产品品质。

5.3.2 伊泰间接液化煤制油项目

伊泰煤制油项目是国家“863”高新技术项目和中科院知识创新工程——煤基液体燃料合成浆态床工业化技术的延伸，该项目于2005年12月8日，由内蒙古自治区发改委《关于伊泰集团48万吨/年煤基合成油项目核准的通知》（内发改工字〔2005〕1832号）核准建设。该项目是我国煤炭间接液化完全自主技术产业化第一条生产线，填补了国内空白，是企业承担国家重大项目研发及产业化风险，加快推进国家煤制油能源战略实施的重要工程。对于我国自主知识产权的煤基合成油技术的产业化，保障国家能源战略安全，带动煤炭企业特别是地方煤炭企业走新型工业化道路，促进地区经济社会快速发展具有重要而深远的意义。截至2010年11月15日，伊泰集团煤制油示范厂第三次开车，产成品油共计70788t，涉及煤炭间接液化过程关键核心技术的催化剂和反应器均达到了预期结果。

5.3.3 潞安间接液化煤制油项目

山西潞安煤基合成油示范项目是国家“863”高新技术项目和中国科学院知识创新工程重大项目的延续项目，是国家发改委及财政部重点支持建设的煤间接液化的示范装置，是山西省委、省政府确定的重点工程建设项目。2005年5月，潞安集团代表山西参加国家级竞标并一举中标。2006年2月该项目正式奠基开工，2008年12月22日产出全国第一桶钴基煤基合成油，潞安集团成为世界上唯一采用两种催化剂、两种反应器进行煤基合成油的企业。截至目前，该项目实现了长周期稳定运行，高品质柴油、石脑油、石蜡、硫磺等产品销往河南、山东、上海、广东、香港等地，并进入了上海世博会。

2010年10月30日，由山西潞安集团、中科院山西煤化所、中科合成油有限公司合作完成的“煤基合成油多联产低碳化技术开发与应用”项目通过科技成果鉴定。由中国科学院院士费维扬等专家组成的鉴定委员会经过认真鉴定，认为该项目成果形成了煤基合成油多联产技术，探索了减少二氧化碳排放的途径，具有自主知识产权，对实现循环经济和资源综合利用具有示范作用，在煤基合成油多联产的关键技术方面达到国际领先水平。

5.3.4 神华煤制烯烃项目

神华集团公司的煤制烯烃示范项目，是“十一五”期间国家核准的唯一煤制烯烃项目，是国家确定的5个现代煤化工示范工程之一。这一项目总投资约170亿元，由神华集团煤制油化工有限公司包头煤化工分公司承担，项目位于内蒙古自治区包头市九原工业园区。该项目是我国目前5个现代煤化工示范工程中第一个进入商业化运行阶段的项目，实现了当年建成、当年投料试车成功、当年试生产后立即进入商业化运行，开创了我国大型化工、石化项目从建成到商业化生产的高速度。该项目于2010年5月28日全面建成，2010年8月21日打通全流程，生产出合格聚乙烯和聚丙烯产品。截至2010年12月30日已累计生产聚烯烃产品8万t，圆满完成2010年生产任务。

6.1 煤炭铁路运输

铁路是我国煤炭运输的主要方式，而煤炭历来也是我国铁路运输的主要货物，2010 年煤炭运输量占铁路货运总量的 54.9%。“十一五”期间，受煤炭需求增长的拉动，煤炭铁路运量保持了较快的增长，2010 年全国铁路运量达到 20 亿 t 左右，其中国家铁路从 2005 年的 10.7 亿 t 增长到 2010 年的 15.5 亿 t，“十一五”期间年均增长 7.7%。

从历年的发展变化看，2008 年爆发的国际金融危机，使得煤炭需求急剧下滑，2009 年的煤炭铁路运量相比 2008 年略微下降了 1.4%。

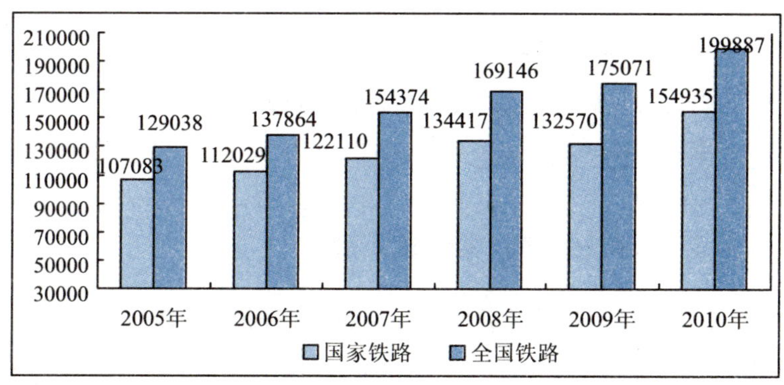

图 6-1 铁路煤炭运量变动情况(单位:万 t)

数据来源:铁道部

6.2 煤炭港口发送量

6.2.1 煤炭港口发送量及变化

“十一五”期间,全国主要煤炭港口发送量不断增长,从2005年的3.71亿t增长到2010年的5.56亿t,年均增幅达到8.4%。从历年的发展变化看,在2007年和2010年增速相对较快,分别为15.3%和20.7%,但受金融危机影响,2009年煤炭港口发送量出现较为明显的下滑,当年发送量4.6亿t,比2008年下降了9.6%。

其中,煤炭内贸中转量从2005年的2.99亿t增长到2010年的5.38亿t,年均增幅达到12.4%。

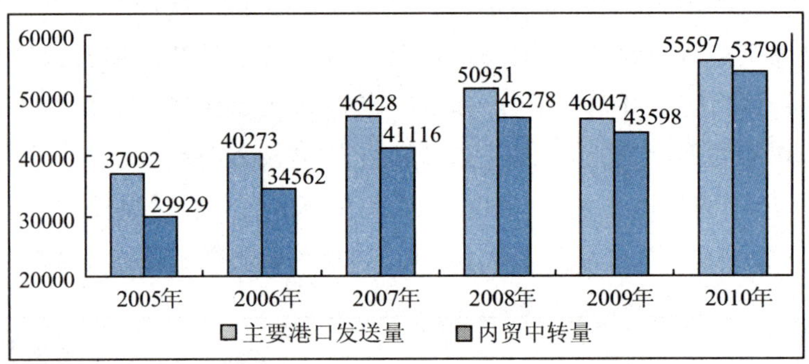

图6-2 主要港口煤炭中转量变动情况(单位:万t)

数据来源:交通部

6.2.2 煤炭主要港口发送量及变化

沿海北方七港,即秦皇岛港、天津港、黄骅港、京唐港、青岛港、日照港、连云港,是我国煤炭发送的主要港口,发送量约占沿海煤炭总发送量的一半以上。“十一五”期间,北方七港煤炭发送量持续增长,从2005年的2.51亿t增长到2010年的4.96亿t,将近翻了一番,“十一五”期间年均增幅达到14.6%。

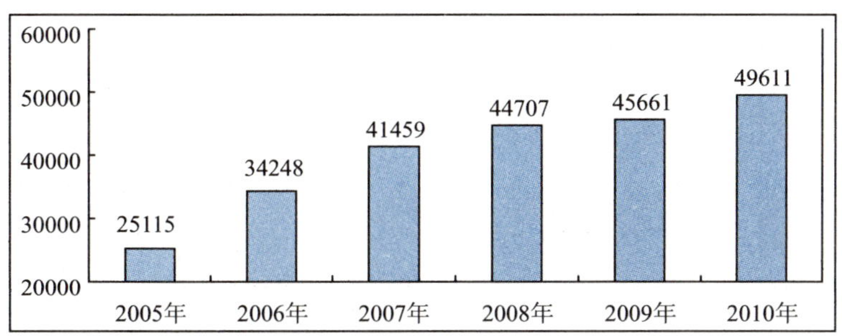

图 6-3 北方七港煤炭中转量变动情况(单位:万 t)

数据来源:交通部

秦皇岛港作为全国最大的煤炭中转港,发送量约占全国主要港口煤炭发送量的 40% 左右。其在 2005 年的煤炭发送量仅为 1.44 亿 t,至 2010 年增长到 2.2 亿 t,"十一五"期间年均增长 8.9%,但 2009 年受到金融危机影响,当年发送量下降了 6.5%。

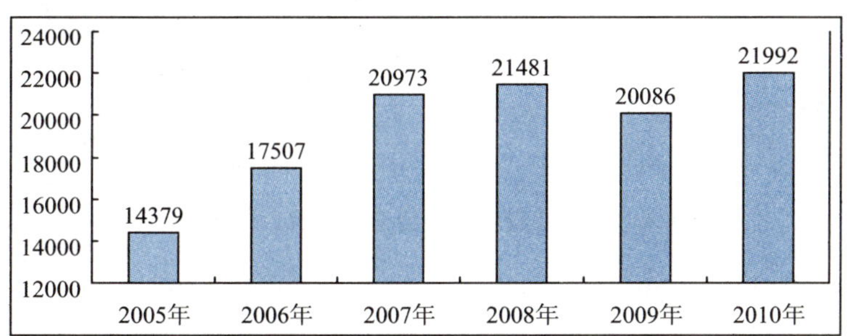

图 6-4 秦皇岛港煤炭中转量变动情况(单位:万 t)

数据来源:交通部

黄骅港的煤炭发送量从 2005 年的 6689 万 t 增长到 2010 年的 8904 万 t,"十一五"期间年均增长 5.9%,2008 年受金融危机影响,当年发送量下降了 4.5%,2008 年发送量与 2009 年基本持平。

天津港 2005 年的煤炭发送量为 6894 万 t,2006 年下降 13.2%,2007 年和 2008 年连续两年大幅增长,但 2009 年则急剧下降 33.6%,2010 年煤炭发送量仅为 6449 万 t,略低于 2005 年水平。

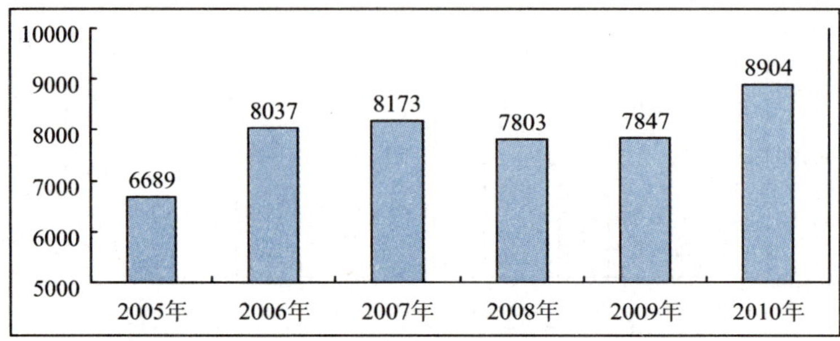

图6－5　黄骅港煤炭中转量变动情况（单位：万 t）

数据来源：交通部

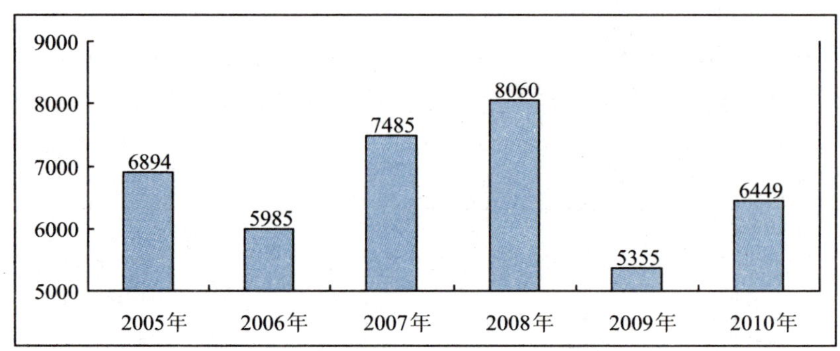

图6－6　天津港煤炭中转量变动情况（单位：万 t）

数据来源：交通部

6.3　煤炭铁路干线与建设规划

我国的主要煤炭铁路通道是指“三西”煤炭外运通道、出关运煤通道和向华东地区调运煤炭的铁路运输通道。

1.“三西”煤炭外运通道

“三西”主要包括山西、陕西和内蒙古西部，煤炭外运铁路分为北路、中路和南路三个主要通道。“三西”能源基地煤炭外运通路的建设一直是铁路建设的重点。经过“九五”、“十五”时期的发展，“三西”煤炭外运量(含宁夏),已从1995年的2.2亿t增加到2009年的6.9亿t左右,增长了2倍多。

(1)北通路。北通路主要运输晋北、陕北和神东煤炭生产基地生产的煤炭至京津冀、东北、华东地区以及秦皇岛、京唐、天津、黄骅等港口。其中,大秦、丰沙大、京原、集通、朔黄等煤炭铁路干线,是“三西”煤炭外运的主要通路。

大秦线:主要运输大同、平朔、准格尔和东胜等矿区的动力煤和无烟煤,除少量供应沿线大电厂和出关外,大部分在秦皇岛港下水,供应东北、华东和东南沿海电厂及出口。

丰沙大线:主要运输大同、平朔、准格尔和东胜等矿区的动力煤,部分供应京、津和冀北地区,部分煤炭供应东北、华东等地区电厂,部分煤炭至天津港和京唐港下水运往华东和东南沿海电厂。

京原线:主要运输轩岗和西山矿区的动力煤、气煤和无烟煤,部分供应京津和冀北地区,部分煤炭在天津港下水供应东北、华东等地区电厂。

集通线:主要运输东胜、乌海和石嘴山矿区的动力煤,大部分供应辽宁和吉林的电厂和钢厂,部分煤炭经锦州港和营口港下水供应华东和中南沿海电厂。

朔黄线:主要运输神木、东胜和榆林矿区的动力煤和无烟煤,除少量供应沿线电厂外,绝大部分在黄骅港和天津港下水。

(2)中通路。中通路主要包括石太和邯长线,以焦煤和无烟煤外运为主,主要运输晋东、晋中基地所生产煤炭至华东、中南地区以及至青岛港。

石太线:主要运输西山、离柳、汾阳和阳泉等矿区的动力煤,气煤、肥煤和无烟煤,除部分供应河北南部电厂外,大部分供应山东和江苏等地电厂、煤气厂和化肥厂。

邯长线:主要运输潞安和阳泉矿区的动力煤,部分供应河北南部电厂,部分供应山东电厂。

(3)南通路。南通路主要包括太焦、侯月、陇海、西康和宁西线,以焦煤、肥煤和无烟煤外运为主,主要运输陕北、晋中、神东、黄陇和宁东煤炭生产基地至中南、华东地区以及至日照、连云港等港口的煤炭。

太焦线：主要运输西山沿线潞安、晋城等矿区的动力煤和无烟煤，部分供应河南、山东和江苏等地电厂和钢厂，部分至日照港下水至中南沿海电厂。

侯月线：主要运输乡宁和晋城矿区的无烟煤和经侯西铁路转运韩城、澄合和蒲白的动力煤，部分供应湖北、安徽和江苏等地电厂和钢厂，部分至日照港下水供应华东和中南沿海电厂。

陇海线：主要运输神府、榆木、黄陵、彬长、蒲白和石嘴山等矿区的动力煤，部分供应湖北和湖南电厂，部分供应江苏、安徽、江西等地电厂和钢厂。

西康线：主要运输黄陵、彬长、蒲白和澄合矿区的动力煤，部分供应湖北电厂，煤炭进入川渝地区。

宁西线：主要运输神府、榆林、黄陵、彬长和蒲白等矿区的动力煤，供应中南、华东地区电厂。

2. 出关运煤通道

出关煤炭铁路运输通道主要包括京沈、京通和京承（锦承）三条线路。1985～1997年出关煤运量一直保持在2000万t以上，之后由于经济结构调整等因素的影响，呈下降趋势，2000年已降到1545万t，2002年仅为1217万t。近几年，随着东北地区煤炭需求增长，出关煤运量逐渐回升，2005年为1677万t。

3. 南北干线煤炭运输通道

南北干线煤炭铁路运输通道主要包括京广、京九、京沪及焦柳线。2006年通过孟庙口、王楼口、符离口及部营口共南下煤炭8285万t。目前四大干线能力利用率均在90%以上。

4. “十二五”煤运铁路建设规划

根据中国铁路网建设规划，规划新建铁路4万多公里。今后一个时期，在原规划的十个煤炭外运基地基础上，增加了新疆地区煤炭外运基地，并重点强化“三西”地区煤炭下海和铁路直达中南、华东内陆地区通道，以及新疆地区煤炭外运通道建设。到2015年，中国铁路总运力将达到45亿t，其中煤炭运力达到24亿t。

新建内蒙古中西部、山西中南部煤运铁路和乌鲁木齐—哈密—兰州铁路等。其中:实施大秦铁路系统扩能改造后,运输能力将达到4.0亿t,朔黄铁路改造后运输能力将达2.0亿t。

实施大秦铁路扩能及配套改造,建设迁安北~曹妃甸、朔州~准格尔、岢岚~瓦塘铁路,实施大同~原平四线、宁武~朔州复线、宁武~岢岚扩能、大准铁路扩能、蓟港铁路扩能等,通道能力达到4亿t。进行朔黄铁路2亿t扩能改造及集疏运系统建设。

建设西煤东运新通道,主要建设长治—泰安、邢台(邯郸)—黄骅、东胜——乌海、准格尔—东胜、准格尔—神木、宿州—淮安、阜新—巴彦乌拉、赤峰—白音华、正蓝旗—丰宁、嘉峪关—策克、临河—策克、甘其毛道铁路以及其他煤运新通道等。

建设大包包惠电化、北京—张家口—呼和浩特—包头四线,形成京包包兰运输大通道;建设包西铁路通道,西安安康复线,邯济邯长复线;实施侯月线扩能,新菏兖日线、焦柳线、太焦线修文~长治北电化以及南同蒲线、集通线扩能等工程,大幅提高既有干线煤炭运输能力。

第7章 煤炭进出口

7.1 煤炭进出口总量及变化

长期以来，我国是世界煤炭出口大国，2003 年出口量最高达 9400 多万 t，居世界第二。自 2004 年开始，我国煤炭出口量逐年减少，而进口量则逐年上升，2009 年我国由传统的净出口国转变为煤炭净进口国，2010 年我国煤炭累计出口 1903.04 万 t，同比下降 15.0%；累计进口 16483.31 万 t，同比增长 31.0%，净进口 1.46 亿 t，占 2010 年国内煤炭总产量的 3.2%。

表 7-1 我国煤炭进出口量变化表 单位：万 t，%

年份	出口	进口	净出口	进出口总量	出口增长率	进口增长率
1981	694.00	194.00	500.00	888.00	9.81	-2.51
1986	981.00	247.10	733.90	1228.10	26.25	7.11
1991	2000.10	136.80	1863.30	2136.90	15.68	-31.70
1996	3648.41	321.66	3326.75	3970.07	27.49	96.72
2001	9012.90	266.00	8746.90	9278.90	63.68	22.07
2002	8389.60	1125.80	7263.80	9515.40	-6.92	323.23
2003	9402.90	1109.80	8293.10	10512.70	12.08	-1.42
2004	8665.30	1837.70	6827.60	10503.00	-7.84	65.59
2005	7167.52	2617.08	4550.44	9784.60	-17.28	42.41
2006	6329.73	3824.76	2504.97	10154.49	-11.69	46.15
2007	5316.70	5101.60	215.10	10418.30	-16.00	33.38
2008	4543.41	4040.49	502.93	8583.90	-14.54	-20.80
2009	2239.57	12583.44	-10343.87	14823.01	-50.71	211.43
2010	1903.04	16483.31	-14580.27	18386.35	-15.03	30.99

数据来源：中国海关统计数据

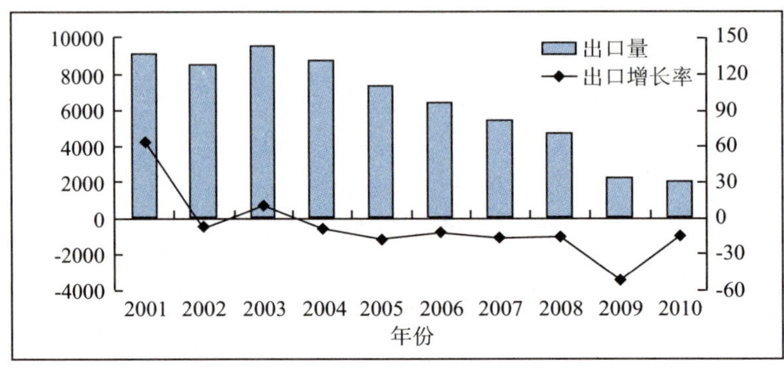

图7-1　我国煤炭出口量及增长率变化(单位:万t,%)

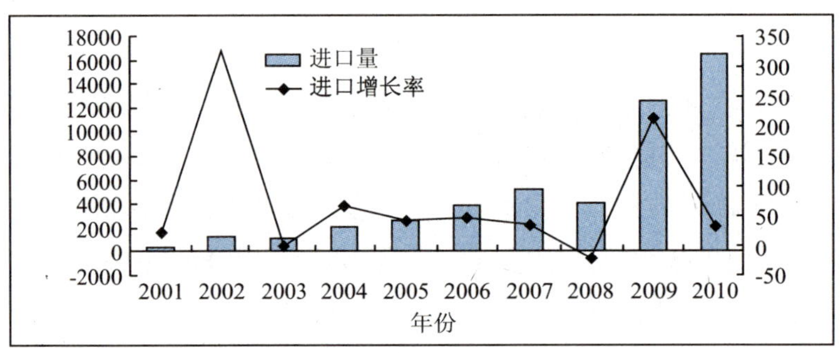

图7-2　我国煤炭进口量及增长率变化(单位:万t,%)

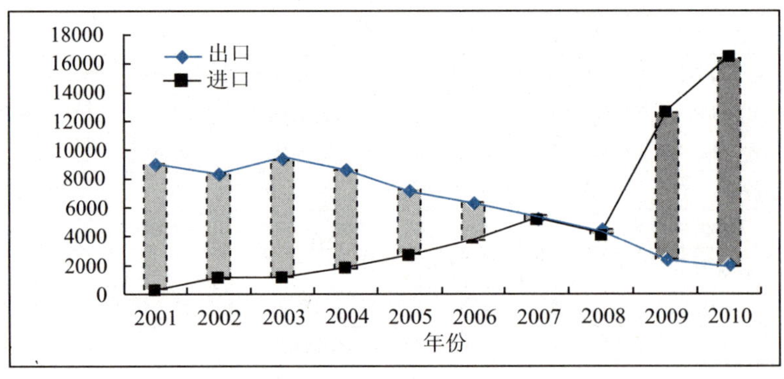

图7-3　我国煤炭进出口走势(单位:万t)

尽管我国进出口煤炭贸易量大幅增长,但其占国内消费量的比例很小,而且,该比例在不断下降,“十一五”期间,出口量最高仅占国内煤炭产量的2.5%(2006年),进口量最高占国内煤炭产量的4.2%(2009年)。

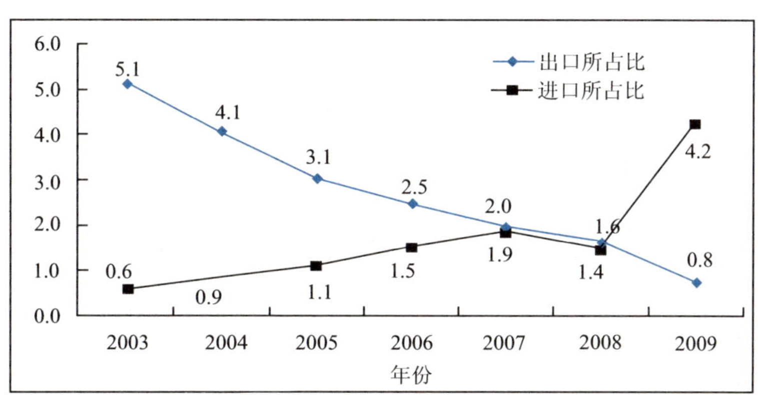

图7-4 我国煤炭进出口量在总产量中的占比(单位:%)

7.1.1 煤炭出口现状及发展趋势

我国煤炭出口市场长期以来形成“近海市场为主、远洋市场为辅”的市场战略方针。

1. 我国煤炭出口分国别(地区)分析

我国煤炭出口流向主要是销往韩国、日本、中国台湾和中国香港地区、菲律宾和印度等。其中向日本和韩国出口量占绝大多数。

日本是我国煤炭出口的最主要市场——目前,日本基本不生产煤炭,每年要从国外进口1.8亿t煤炭,是世界煤炭进口最多的国家。

韩国是仅次于日本市场的煤炭进口大国,每年进口数量接近0.8亿t。韩国煤炭市场价格虽然低于日本市场(极个别年份也有略高的时候),但是海运距离比日本更短,我国煤炭同样具有竞争力。

我国台湾省也是一个进口煤炭数量很大的市场,年进口量超过0.6亿t。

至于向其他地区出口煤炭——印度、东南亚、香港特别行政区、欧洲、美洲,数量较少,而且也不稳定。

近几年,我国向这些国家和地区出口的煤炭数量在逐年下降。

2. 我国煤炭出口分煤种分析

我国出口煤炭的品种是“以动力煤为主,炼焦煤、无烟煤为辅”。其

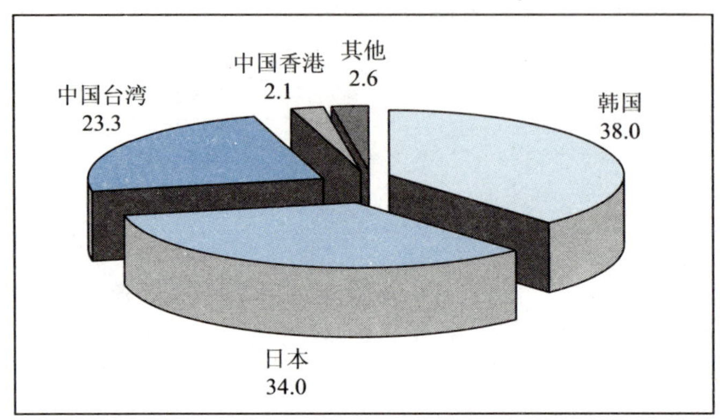

图 7－5　2010 年我国煤炭出口市场份额(单位:%)

主要原因是国内对炼焦煤,特别是其中的强黏结煤(主焦煤、肥煤)以及无烟煤需求较大,资源量较少,国内综合价格高于出口价格的缘故。近些年来,出口煤炭中动力煤所占比重不断下降,无烟煤所占比重明显上升,至 2010 年,动力煤所占比例降为 71.3%;无烟煤和炼焦煤所占比例分别为 22.4%和 6.0%。

表 7－2　我国出口煤炭各煤种所占比重表

年　度	出口量(万吨)				出口量所占比例(%)		
	合　计	无烟煤	炼焦煤	动力煤	无烟煤	炼焦煤	动力煤
2004 年	8670.81	638.37	575.65	7415.26	7.4	6.6	85.5
2005 年	7172.35	564.53	526.08	6076.96	7.9	7.3	84.7
2006 年	6329.74	517.54	436.88	5369.06	8.2	6.9	84.8
2007 年	5316.65	525.49	254.30	4529.44	9.9	4.8	85.2
2008 年	4543.41	607.42	345.65	3575.67	13.4	7.6	78.7
2009 年	2239.57	323.51	63.61	1847.72	14.5	2.8	82.5
2010 年	1903.04	425.54	113.86	1356.26	22.4	6.0	71.3

据海关统计数据,2005 年以来,由于国内经济的快速发展带来对动力煤需求旺盛,国内动力煤价格较为坚挺,企业出口动力煤积极性不高,加之进出口政策调整,导致动力煤的出口量逐年下滑。无烟煤、炼焦煤与国内外市场供求关系的变化有关,因国内供应数量有限而价格较高,2009

年因国际金融危机的影响，日本、韩国等我国主要出口国能源消耗量减少，三大煤种出口量大幅下滑，2010 年随着经济形势的转好，国际煤价反弹，1～12 月无烟煤、炼焦煤累计出口量分别增长了 31.5%、79.0%。

表 7－3　煤炭分煤种出口量变化表

年　度	出口量(万吨)				同　比(%)			
	合　计	无烟煤	炼焦煤	动力煤	合　计	无烟煤	炼焦煤	动力煤
2005 年	7172.35	564.53	526.08	6076.96	－17.3	－11.6	－8.6	－18.0
2006 年	6329.74	517.54	436.88	5369.06	－11.7	－8.3	－17.0	－11.6
2007 年	5316.65	525.49	254.3	4529.44	－16.0	1.5	－41.8	－15.6
2008 年	4543.41	607.42	345.65	3575.67	－14.5	15.6	35.9	－21.1
2009 年	2239.57	323.51	63.61	1847.72	－50.7	－46.7	－81.6	－48.3
2010 年	1903.04	425.54	113.86	1356.26	－15.0	31.5	79.0	－26.6

3. 近年来我国煤炭出口价格分析

我国出口煤炭中，炼焦煤价格最高，其次为无烟煤与动力煤。煤炭的出口价格与国际价格走势大致相同，2006～2008 年煤炭出口综合价格上涨，2009 年下跌，2010 年有反弹。

表 7－4　2006 年～2010 年我国煤炭出口价格　　单位：美元/t

	平　均	无烟煤	炼焦煤	动力煤
2006 年	58.19	77.05	107.00	52.26
2007 年	61.98	73.74	101.71	58.25
2008 年	115.34	162.48	243.05	94.42
2009 年	106.06	125.74	154.37	100.48
2010 年	118.35	157.95	196.90	98.52

随着煤炭行业可持续发展相关政策措施的落实以及节能减排力度加大，我国煤炭开发使用成本将进一步被推高，这将对煤炭价格的走强形成持续的刚性支撑。考虑到国际市场石油、天然气等相关能源价格高企，预计未来几年国际煤炭价格会依然维持高位运行的态势，可以预见，我国煤炭出口价格将与国际市场接轨，主要为长期协议合同，供应周边长期固定用户。

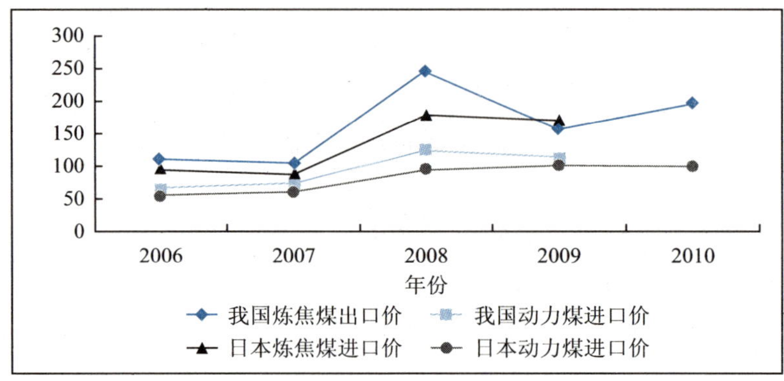

图7-6　我国煤炭出口价与日本进口价比较图(单位:美元/t)

4. 我国煤炭出口发展趋势

2008年爆发的国际金融危机使我国实体经济遭受重大影响,煤炭需求快速下滑,由于以山西为代表的几个传统产煤大省相继加大了煤炭资源整合力度,调控和降低原煤产量增速,我国煤炭市场得以稳定,价格未出现明显下滑。2009~2010年随着国内经济发展,受需求拉动,国内煤炭供需将保持基本平衡。

由于国际经济复苏缓慢,煤炭市场需求不旺,另一方面,日本、韩国从澳大利亚和南非进口煤炭的运输周期大大高于从我国进口煤炭的周期,运输成本相应增加,运输效率大打折扣。届时,日、韩可能接受国际煤炭价格上涨的事实,还可能进一步提高从我国的煤炭进口价格,进而在一定程度上刺激我国煤炭企业的出口热情。随着国际经济发展逐步加速,国际煤炭需求进一步旺盛,综合分析,预计我国出口在短期内还将维持萎缩的局面,但会保持一定的市场份额,中长期来看,我国煤炭出口量或有少量增加,但是受政策控制,增加幅度有限。

7.1.2　煤炭进口现状及发展趋势

1. 我国煤炭进口主要来源国

越南、印度尼西亚、澳大利亚、蒙古和朝鲜等是我国现阶段煤炭进口的主要来源。我国从越南进口煤炭的数量最多,煤种以无烟煤为主,达到总进口量的40%以上，不过随着越南近两年煤炭出口政策的改变，其煤炭出口量下降，我国从越南进口的煤炭数量逐步减少，所占比重大幅降低，从澳大利亚、印尼、美国和南非进口量增多。从统计数据中可以看出，我国从其他国家进口的煤炭数量所占比例有上升的趋势，尤其是2010年，由2009年的7.7%增至16.1%，显示我国煤炭进口来源更加多样化。

表7-5 越南煤进口量及价格

	进口数量（百万吨）	进口金额 * 10^7（美元）	数量同比（%）	价格（美元/吨）
2006年	2008.10	63.93	96.8	31.83
2007年	2461.59	93.06	22.5	37.81
2008年	1690.58	112.68	-31.0	66.65
2009年	2408.24	129.32	42.5	53.70
2010年	1804.72	131.96	-25.1	73.12

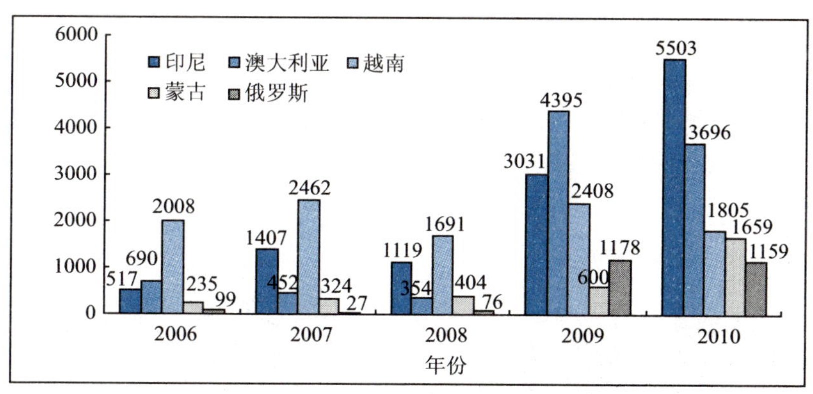

图7-7 我国煤炭分国别进口量（单位：万t）

表7-6 2006～2010年我国主要进口煤来源国所占比例 单位：%

	2006年	2007年	2008年	2009年	2010年
印 尼	13.5	27.6	27.7	24.1	33.4
澳大利亚	18.0	8.9	8.8	34.9	22.4
越 南	52.5	48.3	41.8	19.1	10.9

续表

	2006年	2007年	2008年	2009年	2010年
蒙　古	6.2	6.4	10.0	4.8	10.1
俄罗斯	2.6	0.5	1.9	9.4	7.0
其他国家	7.2	8.4	9.8	7.7	16.1

数据来源：中国海关统计数据

越南、朝鲜和澳大利亚是我国主要的无烟煤进口来源国，2009年进口的3433.3万t无烟煤中，三个国家所占比重分别为70.1%、10.5%和12.9%；2010年，我国从越南和澳大利亚进口无烟煤比重下降至68.2%、10.8%，从朝鲜进口的煤炭比重增为17.4%。

澳大利亚和蒙古是我国主要的炼焦煤进口来源国，2009年从澳洲进口的炼焦煤占总量的65.8%，从蒙古进口的炼焦煤占总量的11.6%；2010年我国从澳大利亚进口的炼焦煤数量减少，而从蒙古进口数量增多，该比值分别降为36.8%、31.8%。

印尼、澳大利亚和俄罗斯是我国主要的动力煤进口来源国，2009年从印尼进口的动力煤占所有进口动力煤的40.7%，澳大利亚和俄罗斯分别占33.8%、15.9%；2010我国从印尼进口的动力煤增多，比重下降，为38.7%，从澳大利亚和俄罗斯进口的动力煤比重降为26.1%、10.7%。

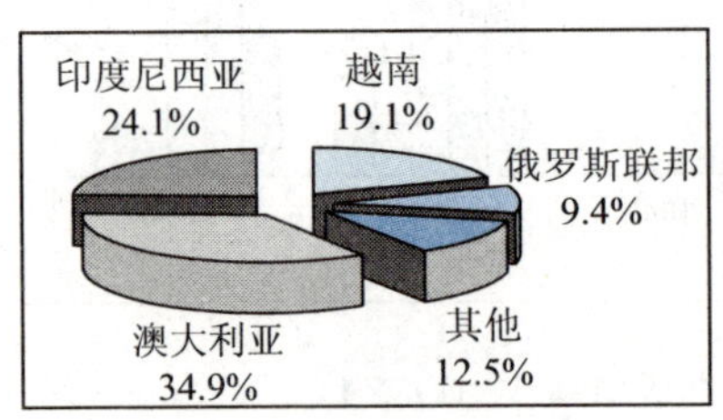

图7-8　2009年我国煤炭进口国统计

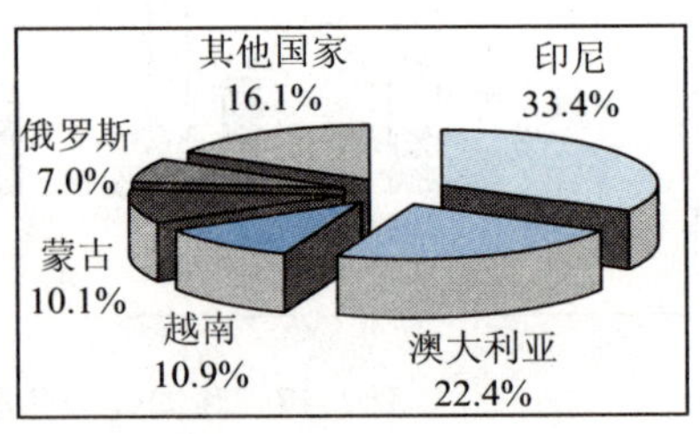

图7-9　2010年我国煤炭进口国统计

2. 我国煤炭进口主要煤种分析

就煤种而言，因我国优质无烟煤资源稀缺，而越南无烟煤出口量大，且距离我国南方省市较近，所以我国无烟煤进口量较大，其次为动力煤和炼焦煤；近些年来，我国经济发展带来发电发热用煤和钢铁用煤大增，由于煤炭供应增长有限，动力煤价格不断上涨，进口动力煤和炼焦煤所占比例逐年增加，进口无烟煤所占比例则逐年降低。

2009 年我国各煤种进口所占比例相差不大，动力煤略占优势，占进口总量的 30. 2% ,2010 年，进口煤中动力煤所占比重升高，达 31. 0%；炼焦煤所占比重也略微增加，占 28. 7% ，无烟煤所占比重则明显下降，只占 16. 1% 。值得一提的是，其他煤种的煤炭进口量不仅数量，而且比重均有升高，我国进口煤种更加多样化。

表 7 –7　我国煤炭进口分煤种比重

	进口量(万吨)					进口占比(%)			
年　份	合　计	无烟煤	炼焦煤	动力煤	其　他	无烟煤	炼焦煤	动力煤	其他
2006 年	3824. 77	2262. 71	466. 25	1052. 37	43. 44	59. 2	12. 2	27. 5	1. 1
2007 年	5101. 56	2841. 86	621. 98	1336. 34	301. 38	55. 7	12. 2	26. 2	5. 9
2008 年	4040. 49	1938. 76	685. 73	982. 32	433. 68	48. 0	17. 07	24. 3	10. 7
2009 年	12583. 44	3433. 28	3442. 36	3803. 21	1904. 58	27. 3	27. 4	30. 2	15. 1
2010 年	16483. 31	2646. 02	4726. 96	5106. 73	4003. 60	16. 1	28. 7	31. 0	24. 3

数据来源：国际海关统计数据

3. 我国进口煤主要消费地区

我国煤炭进口集中在东南部的沿海地区，以广东、广西、福建、浙江、上海等地区为主（占到 50% 以上），这些地区的煤炭用户即使使用国产煤炭，也要先由火车把煤炭从产地运到秦皇岛、天津、黄骅等港口，再通过海运才能获得所需要的煤炭。因此在这些地区有许多煤炭的接卸港口，为煤炭用户大量使用海外煤炭创造了便利的条件。不过近些年来，沪苏浙闽粤桂地区进口的煤炭数量所占比重逐年下降，尤其是两年，由于进口煤价具有相对优势，一些内陆省市（例如江西、湖南和湖北省）也增加了煤炭的进口量。

表 7 –8　2006 ~2010 年沪苏浙闽粤桂煤炭进口所占比重

	2006 年	2007 年	2008 年	2009 年	2010 年
煤炭进口量	3298. 54	4310. 81	3322. 89	8166. 06	10135. 72
所占比重(%)	86. 2	84. 5	82. 2	64. 9	61. 5

4. 我国主要煤炭进口口岸情况

根据中国海关统计资料，我国2010年共进口煤炭1.65亿t，其中天津口岸进口211.45万t，京唐港等其他河北口岸进口1575.24万t，内蒙古口岸进口1659.43万t，大连口岸进口672.77万t，上海口岸进口451.06万t，江苏口岸进口1181.77万t，浙江口岸（不含宁波）进口1405.54万t，宁波口岸进口379.09万t，福州口岸进口927.51万t，厦门口岸进口986.17万t，青岛口岸进口2132.05万t，黄埔口岸进口1223.33万t，汕头口岸进口854.69万t，海口口岸进口259.00万t，湛江口岸进口169.12万t，广西口岸进口1690.50万t。

5. 近年来我国煤炭进口价格、煤质分析

“十一五”期间，我国经济发展较快，能源需求逐年增长，2006～2008年煤炭进口价格呈现总体上涨的趋势，2009年，因受全球金融危机影响，国际煤炭需求疲软，国际煤价大幅下跌，我国进口煤炭价格也有明显下滑。之后，随着世界经济复苏以及国内进口煤需求大幅增加，国际煤炭价格逐步上涨，我国煤炭进口价格也随之水涨船高。

表7－9 “十一五”我国进口煤分煤种价格表 单位：美元/t

年 度	综合平均价格	无烟煤	炼焦煤	动力煤
2006年	42.32	32.72	78.21	47.42
2007年	47.47	38.59	75.46	51.50
2008年	86.85	68.12	148.33	79.47
2009年	84.03	64.67	128.37	72.10
2010年	102.74	83.72	147.15	92.87

数据来源：国家海关统计

由于澳大利亚煤炭发热量高，煤质较好，从澳洲进口的煤炭价格也相对较高；印尼、越南煤炭发热量较低，煤质较差，进口价格较低。

表7－10 “十一五”我国进口煤分国别价格表 单位：美元/t

年 度	越南煤进口平均价格	印尼煤进口平均价格	澳大利亚煤进口平均价格	煤炭进口综合平均价格
2006年	31.83	44.14	75.86	42.32

续表

年 度	越南煤进口平均价格	印尼煤进口平均价格	澳大利亚煤进口平均价格	煤炭进口综合平均价格
2007 年	37.81	52.85	90.73	47.47
2008 年	66.65	85.67	150.27	86.85
2009 年	53.70	67.10	111.19	84.03
2010 年	73.12	79.28	147.30	102.74

数据来源:国家海关统计

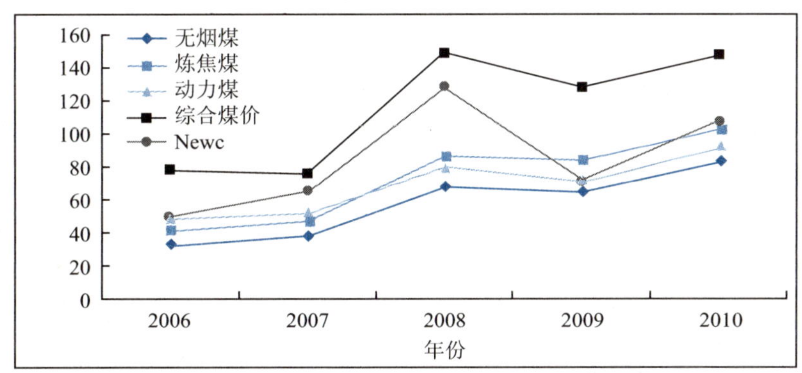

图 7-10 2006-2010 不同煤种进口价格(单位:美元/t)

6. 我国煤炭进口形势变化的原因分析

(1)需求的变化。国内经济较快发展带来煤炭资源需求旺盛,虽然煤炭供应增长速度也比较可观,但其有效供应的增速与需求增速相比略显落后,导致国内煤价不断上涨。

(2)金融危机的影响。源于 2008 年美国次贷危机的全球金融危机,危及到全球实体经济,导致西欧、日本、韩国等煤炭消费量大幅下降,传统的进口国变化导致国际市场上供大于求,腾出了煤炭资源空间,进而导致国际煤炭价格下滑。

国际煤价走低与国内煤价坚挺的对比,使电力企业将大量采购转向国际,国际国内双重因素导致 2009 年进口大幅增加。

(3)海运费的变化。受国际经济波动变化的影响,海运费国际价格也随之变化。经济下滑,运费下降,进一步使进口煤成本下降;经济回升,运费增加，随着国际经济的逐步复苏，国际国内海运、运费也在缓步上涨，进而推高进口煤成本。

7. 我国煤炭进口发展趋势

当前，国际经济已经进入缓慢的复苏阶段，但全球经济发展仍存在不确定性，深层次的矛盾解决尚需时日，而且全球经济复苏并不均衡，其中亚洲新兴经济体复苏势头强劲，而欧盟等发达经济体的复苏势头依然脆弱。据欧盟委员会预测，欧盟 2010 年经济增长率为 1.8%，2011 年为 1.7%，而我国今明两年的经济增长率将高达 10.3% 和 9.4%。预计未来两年世界煤炭价格缓慢上涨，亚洲（主要是中国和印度）和非洲以及南美洲的一些发展中国家的需求形势，将是国际煤价走势的主要影响力量。在此背景下，由于我国经济的发展离不开能源的支持，未来煤炭进口量还将维持增加的态势，出口量有可能继续减少。

就煤种而言，未来我国首先倾向于进口国际上价格有比较优势的煤种，例如动力煤和炼焦煤；在价格比较优势不明显的情况下，倾向于进口国内较为稀缺的无烟煤。简而言之，由于我国经济增长还是依靠重工业投资拉动，当国内经济发展快于国际经济发展时，我国进口动力煤和炼焦煤偏多。

就来源国而言，未来具有地域优势和价格优势的煤源必然是首选。我国周边有印尼、越南、俄罗斯、蒙古等国，南半球的澳大利亚均是我国未来主要的煤源国。

目前澳大利亚有在建煤矿 120 个，2015 年前将有 13 个投产，未来五年内澳大利亚煤炭行业将吸引投资 230 亿澳元，因而预测未来五年内澳大利亚的煤炭总产量将增长 30% 至 4.5 亿 t。同时，澳大利亚将达尔林普尔湾港口的动力煤中转能力提高到 8500 万 t/a，2009 年底，又将 Jilalan Rail Yard 的货运能力提高到 1.3 亿 t/a，另外，主要煤炭出口港艾伯特港等的扩建工程及纽卡斯尔港新建煤炭码头建设工程也将于 2015 年前完成，因而港口总出口能力能够满足澳大利亚煤炭出口需求，澳洲出口煤炭数量增加。

印尼：印尼是目前世界上最大的动力煤出口国。据预测 2010 年出口将增长 6%，达到 2.1 亿 t。另外，由于印尼煤炭资源丰富，因而吸引了众多国外投资,如果印尼的煤炭出口政策及外资招商引资措施不发生变化,未来几年印尼煤炭产量及出口量都将保持增长,据 iStockAnalyst. com 预测,2015 年印尼煤炭产量将增加至 3. 21 亿 t,有望增加对我国的出口。

蒙古:蒙古煤炭资源丰富,特别是优质炼焦煤资源,随着蒙古煤炭资源开发力度的加大,蒙古对我国煤炭出口有可能进一步增长。另外,随着俄罗斯远东港口建设项目的完成,对我国的煤炭供应量也有望出现增长。

俄罗斯:2009 年俄罗斯煤炭出口增加,主要是由于俄罗斯东部的瓦尼诺港口发挥作用,满足了日本、韩国和我国的煤炭需求增量。2010 年,预计出口量将增长 4% ,达到 9400 万 t。另外,俄罗斯最大的煤炭出口企业西伯利亚能源公司及梅切尔公司在远东地区都有规划建设中的煤炭港口,大部分 2013 年可完成,建成后其对亚太地区的供应能力将明显提升。

越南:越南的煤炭开采已有 100 多年的历史,许多煤矿和选煤厂机械化、现代化程度不高,未来产量增量不大。另一方面,越南经济正进入快速增长期,电力供需矛盾日益突出。为此,越南政府已经决定控制煤炭出口,以优先保证国内的煤炭供应。越南希望在三年内成为煤炭进口国,并计划从 2013 年开始进口动力煤,平均每年的进口量约 300 万 ~ 500 万 t,主要的进口国是印尼和澳大利亚。据此预测未来几年,越南的煤炭出口将持续萎缩。

7. 2 国际煤炭市场

7. 2. 1 煤炭贸易量

煤炭在全球分布广泛,因运输成本较高,各国煤炭生产一般用于自身消费,只有少数国家将相对少量的煤炭用于国际贸易。

表7－11 2007～2009世界煤炭产量和出口量统计(分煤种) 单位:千t

煤 种	2007年	2008年	2009年
产量统计			
硬 煤	5305978	5653334	5842320
褐 煤	953628	964536	913280
炼焦煤	787519	793776	793794
无烟煤	77239	69416	73890
出口统计			
硬 煤	925594	943186	943618
褐 煤	11595	16920	17569
炼焦煤	239534	258644	232330
无烟煤	48975	33571	40828

数据来源:以上数据来自IEA《Coal Information 2010》,2009年数据为预计数。世界煤炭生产和贸易量应为硬煤与褐煤加总之和。

据国际能源署(IEA)最新统计,2008年,全球硬煤贸易量为9.38亿t,较2007年增长1.3%。其中:海运煤炭贸易量为8.49亿t,较2006年增长2%。根据国际能源署公布的数据,2006年以来世界煤炭贸易量虽然逐年增加,但增速有逐年下降的趋势。

表7－12 世界煤炭贸易量分年度统计

年 度	贸易量(亿t)	贸易同比(%)
1996	5.13	3.97
2001	6.54	7.41
2002	6.52	－0.23
2003	7.22	10.68
2004	7.44	3.02
2005	7.75	4.21
2006	8.58	10.68
2007	9.06	5.59
2008	9.38	3.53

数据来源:国际能源署IEA

7.2.2 国际煤炭市场及价格

因煤炭在世界范围内分布比较广泛，且对运费承担能力低，全球煤炭贸易量相对于消费量来讲并不大，国际煤炭贸易一般发生在邻近的国家之间。国际煤炭市场自然形成了亚太煤炭市场（太平洋板块）和欧美煤炭市场（大西洋板块）两个市场。

亚太地区是世界煤炭贸易量最大的地区，2007、2008 年亚太地区的硬煤贸易量分别是 4.66 亿 t 和 4.84 亿 t，分别占全球硬煤贸易量的 50.3% 和 51.6%。

随着世界能源供应全球化趋势日益增强，这两个板块市场的划分已开始呈现交叉，特别是当局部地区出现煤炭紧张、地区间煤炭价格差异增大以及海运费降低时，这种市场界限更显得模糊。

总的看来，国际市场煤炭供给逐步由单一走向分散化，各煤炭出口国竞争激烈，出口国家体系在近十年来发生了巨大变化。世界前十大煤炭出口国为澳大利亚、中国、印度尼西亚、俄罗斯、南非、哥伦比亚、美国、越南、加拿大和波兰。

日本、韩国、我国台湾因为资源短缺，是全球最大的煤炭进口国和地区。我国由于资源分布不均，随着经济发展对煤炭需求的增加及国家产业政策的重大调整，国际价格相对有比较优势，煤炭进口不断增加，2009 年以后成为煤炭净进口国，而且煤炭进口量非常大，全年进口达到 1 亿 t 以上。西欧各国随着产量的萎缩，也成为世界上重要的煤炭进口区。

7.3 国际煤炭价格及变化

国际煤炭价格延续 2005 年以来的升势，自 2006 年开始，价格逐月走高，至 2008 年 2 月，澳大利亚纽卡斯尔港、南非理查德湾港、欧洲三港（阿姆斯特丹港、鹿特丹港、安特卫普港）动力煤价格均突破 100 美元/t，并一直持续到 2008 年 10 月份。

受国际金融危机影响，煤炭需求出现明显萎缩，受其影响，从 2008 年底开始，澳大利亚纽卡斯尔港、南非理查德湾港、欧洲三港的动力煤价格出现下滑，至 2009 年 3 月，煤炭价格回落到 2007 年 5、6 月份的水平，随后，伴随着世界各国刺激政策效力的逐渐发挥，世界经济出现了缓慢复苏，国际煤炭价格随之触底回升，至 2010 年 11 月，纽卡斯尔港、理查德湾港和欧洲三港的煤炭价格重新突破 100 美元/t。

随着以美国为首的西方国家坚持实施宽松货币政策，未来，包括煤炭在内的大宗商品价格必将不断创出新高。

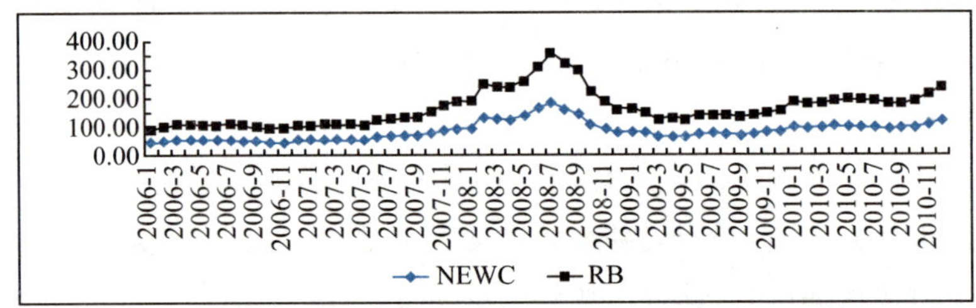

图 7-11　2006~2010 年纽卡斯尔港（NEWC）和理查德湾港（RB）现货动力煤价格走势（单位：美元）

第8章 煤炭机械制造

8.1 煤矿装备制造业发展情况

我国煤矿装备制造业是我国煤炭产业的发展基础和支撑，长期以来，我国煤矿装备制造业坚持走“引进、吸收与自主创新相结合”的道路，充分利用国家有关政策，加快自身技术改造和技术创新的步伐，装备制造能力和技术水平显著提高，开发了一批适合我国煤矿实际需要的煤矿技术装备，有力地促进了我国煤炭产业的发展。

8.1.1 煤机装备制造能力大幅提高

“十一五”期间，随着煤炭需求大幅增加，煤炭产业结构调整步伐加快，煤矿安全生产标准提高，大型现代化煤矿建设与安全高效矿井建设稳步推进，带动煤机装备制造业快速发展。在引进、吸收的基础上，通过加大科技攻关，攻克了一批关键技术，大型煤矿机械的国产化水平显著提高，全国煤矿机械产品产值和煤机企业销售额大幅增长，为煤炭工业结构调整、淘汰落后生产能力，提高单井规模和煤矿生产效率提供了有力支撑。根据中国煤炭机械工业协会统计，2005 年，全国 102 家煤矿机械制造企业实现总产值 211 亿元，2010 年全国 115 家煤矿机械制造企业产值增加到 800 亿元（见表 8 - 1）。

表8－1　2005～2010年煤矿装备制造业生产、销售、总产值及人员情况　单位：万元

年　份	工业总产值	新产品产值	出口产品产值	当年合同订货额（当年价）	工业销售产值（当年价）	全部职工平均人数	全部职工期末人数
2005	21116297	6368294	3050975	16409899	20572381	102743	102087
2006	28997864	9091436	2839950	20414979	27863538	110067	108945
2007	49608960	16321980	4365339	37576426	48029411	123873	125293
2008	57988196	16622755	3369344	53080909	55865545	125969	121336
2009	69431360	18563956	3634184	58682922	66849513	124249	125968
2010	87597183	23369080	3657509	72929434	82871245	127326	129140

数据来源：中国煤炭工业协会

随着国内煤矿机械设备在质量及技术水平方面不断提升，国内煤矿主要采用国内生产的机械装备。“十一五”期间，掘进机以平均每年38%的速度增长，采煤机以平均每年20%的速度增长，刮板输送机以平均每年5%的速度增长，中国煤机正由制造大国向制造强国迈进。

表8－2　2010年主要煤机装备分品种产量完成情况

产品名称	计算单位	累计完成
采煤机	台/吨	772/31229
双滚筒采煤机	台/吨	706/28827
单滚筒采煤机	台/吨	64/2052
刨煤机	台/吨	2/350
刮板输送机	台/吨	4733/360051
转载机	台/吨	600/41178
掘进机	台/吨	1905/101621
装煤机	台/吨	2/36
皮带输送机	台/吨	3512/266368
煤矿支护设备	吨	1643083
液压支架	架/吨	74907/1531704
洗选设备	台/吨	206/10640

8.1.2　产业联合与战略重组

近年来，我国煤矿装备制造业积极探索在新形势下的有效联合，以加

快转变经济发展方式为主线，加快了结构调整，推进了战略重组。

1. 原大型煤机企业的联合重组

为发挥我国煤矿装备制造业的群体优势、技术优势、配套优势，中国煤矿机械装备有限责任公司紧抓市场机遇，不断更新发展思路，推进产业结构调整，企业资产规模跨越式发展，综合实力和竞争能力显著增强，企业知名度和行业影响力大幅提升。截止到目前，中国煤矿机械装备有限责任公司成为拥有张家口煤机公司、北京煤机公司、西安煤机公司、石家庄煤机公司、抚顺煤矿电机公司、邯郸煤机公司、上海矿用厂 7 个生产制造企业，拥有海外开发公司、设备成套总公司、天津煤矿机电公司、中装物资公司 4 家贸易型企业和平朔矿区维修中心、参股鄂尔多斯天隆煤机维修中心的大型煤机制造企业。

2. 新型煤机企业的联合重组

山西以太原重工集团为龙头，整合了太原矿山机械集团、山西煤矿机械制造有限公司等八家企业共同成立了“山西煤机成套装备联合体”。装备联合体不改变成员企业的隶属关系和产权关系，遵循市场经济规律，以经济效益为中心，以平等互利、团结协作、共同发展为原则，以技术创新、成套设备出口和承接国内外大型项目为主要纽带。

3. 中外合资并购方式的联合重组

2007 年，中煤装备公司收购了著名的百年制链企业——英国帕森斯公司制链设备、技术工艺、品牌和全部知识产权成为世界上最先进的链条生产企业；IMM 国际煤机集团收购了鸡西煤机厂（采煤机主要生产厂）、佳木斯煤机厂（掘进机主要生产厂）、郑州四维煤机公司（生产液压支架厂）、新疆煤矿机械有限公司、淮南长壁煤机公司（生产刮板输送机）、内蒙古天隆煤机维修有限责任公司、淮南舜立煤矿机械设备检修有限公司、2010 年成功收购青岛天讯电气有限公司；2006 年 4 月，美国 JOY 公司于 2006 年 4 月获得了在天津办厂首张执照，现兼并了无锡盛达机械制造有限公司；DBT 公司是全球成套井下采矿设备供货商，2007 年，DBT 加入比赛洛斯国际公司，在我国也占很大份额；波兰、奥地利、瑞典、澳大利亚、西班牙等国的煤机企业也成功地进入了我国市场。

8.1.3 煤矿装备制造技术创新

1. 大型煤机制造企业加大了技术改造力度

“十一五”期间，全国主要煤机装备制造企业抓住国家支持技术改造的政策，加大投入，增置了加工中心、数控机床、机器人切割、自动焊接、大型钢板和结构件处理等高精尖设备和先进生产线。据调查，有60%的企业进行了不同程度的技术改造，煤机企业“退城进园”已成气候，厂方设备得到了更新，预计投资将达到100多亿元人民币。多家企业在煤矿装备制造技术改造方面取得了一定的成果。其中，太重煤机公司作为已有80多年历史的老厂投资8.5亿元人民币在太原市经济技术开发区新建煤机成套装备制造基地。郑州煤机集团股份公司在经济开发区占地千亩，2009年3月18日开工建设，使之成为全国乃至世界最大的高端液压支架生产基地。

2. 重大关键技术装备不断取得突破

“十一五”期间，我国煤矿装备单机制造技术快速发展，尤其是在“三机一架”设备方面，成绩显著。MG1000/2550－WD电牵引采煤机、SGZ1400/3×1500型刮板输送机、ZY18000/32/70D液压支架、EBH350中型掘进机均代表国内的领先水平。Φ500mm缸径立柱、Φ48mm以上圆环链、电液控制阀等核心部件基本国产；在综采综掘成套设备方面也取得了重大突破，实现了4～6m厚煤层年产600万t综采技术装备和特厚煤层年产800万t综采技术装备国产化、研制和试验特厚煤层大采高综采放顶煤成套装备、薄煤层开采设备、年产千万吨综采成套设备正在陕煤集团神木红柳林矿业公司、大同煤业集团塔山矿业公司和山西煤电晋兴公司进行井下工业性试验，部分煤机装备实行自动控制；在洗选设备方面也取得了很大进步，400万t/a以下洗煤厂洗选设备已基本国产化，重介质选煤等技术取得新进展。

3. 煤机装备技术创新成果不断涌现

中国煤矿机械装备有限责任公司承担的《年产600万吨综采成套装备研制》取得中国煤炭工业科技进步二等奖；天地奔牛有限公司生产的超

重型 SGZ1400/3×1500 中双链刮板运输机装机功率达到 3×1500kW、小时运输能力 5000t，中部槽宽度 1.40m，链条直径 56mm；SZZ1600/700 刮板转载机、PLM6000 轮式破碎机已经下线，均通过新产品出厂评议；“十一五”国家科技支撑计划重大项目——《特厚煤层大采高综放开采成套技术与装备》项目已在同煤集团塔山煤矿公司举行地面联合配套试运转仪式。该项目中前后部刮板输送机和放顶煤液压支架，由中煤装备公司所属张煤机和北煤机公司研发。研制的装机功率 2×1000kW、输送能力 3000t/h、运输距离 300m 大功率、大运量、高可靠后部刮板输送机，满足了特厚煤层大采高综放工作面对设备的需要。ZF15000/25/52 型放顶煤液压支架，是目前国内放顶煤综采工作面工作阻力最大、支撑高度最高，技术、质量要求最高的四柱放顶煤液压支架，其设计寿命要求达到 50000 次复合加载耐久性欧洲试验标准。

8.1.4 煤机装备产品海外市场取得突破

近年来，国际市场对于煤机设备需求增加，我国产品的价格优势及质量的提升，赢得了海外市场的青睐。我国煤机主流产品——“三机成套”重型煤矿机械设备出口俄罗斯和印度，这是我煤矿机械重型成套设备与工艺技术首次出口。单机出口覆盖到美国、俄罗斯、印度、土耳其、印尼、越南、朝鲜等国家。兖矿集团申报的放顶煤支架专利成功转让给德国 DBT 公司，成为煤炭机械领域知识产权的首次出口。在“十一五”期间，我国煤机出口总量与价值如下表所示。

表 8-3 “十一五”期间，我国煤机出口总量与价值

年 份	2005	2006	2007	2008	2009
出口总量(台)	236	445	330	760	800
出口价值(万元)	2300	21000	28000	20000	25000

数据来源：中国煤炭工业协会

“十一五”期间，中煤集团所属装备公司积极响应“走出去”号召，不断加大海外市场开发力度，巩固和提升海外市场影响力，先后成功组织实施了出口俄罗斯首套放顶煤成套设备和工艺、印度短长壁成套设备以及越南干选成套设备等海外市场项目，对于培育中煤装备的国际煤机市场品牌,加快实现“国内第一、世界先进”目标具有重要的战略意义。

郑州煤矿机械集团股份有限公司(简称“郑煤机集团”)是我国机械工业500强企业,其产品遍布全国26个产煤省的各大矿业集团,并出口俄罗斯、印度、土耳其等国家。在俄罗斯库兹巴斯市举行的第十五届国际矿业技术展览会上,郑煤机集团同俄罗斯西伯利亚工商联盟煤业股份有限公司签署了一份成套供应煤炭综采装备合约,这是该集团继与俄罗斯签署多套液压支架合同后,以成套供应方式与俄方签订的首份合约。根据合同要求,郑煤机集团向俄方出口采煤机、液压支架、刮板输送机、转载机、破碎机等在内的成套煤炭综采设备。由此,郑煤机集团迈出了煤炭综采装备成套化走出国门的坚实一步。我国煤炭综采成套装备与技术开始跻身国际舞台。

8.1.5 煤机装备企业上市

“十一五”期间,有6家煤机企业分别在香港联合证券交易所、上海证券交易所、深圳证券交易所上市,共融资102.8亿元人民币。

(1)三一重型装备有限公司(简称“三一重装”)是专业从事煤炭掘进、采煤、运输成套设备研发、制造及销售的大型装备制造企业。公司成立于2004年1月,经过六年的快速发展,现已成为煤矿机械领域的领军企业。三一重装于2009年11月25日在香港联合证券交易所正式挂牌上市,募集资金超过26亿港币。

(2)国际煤机是中国领先的井下长壁煤炭开采设备的设计商及制造商,主要产品包括掘进机、采煤机和刮板输送机。国际煤机于2010年2月10日在香港联交所成功上市,募集资金25.38亿港元。

(3)郑州四维机电设备制造有限公司隶属IMM国际煤机集团,是IMM国际煤机集团“五机一架”制造基地之一。2010年7月28日,郑州四维机电设备制造有限公司借壳年代国际控股有限公司上市申请通过香港联交所审核,成为郑州高新区首家在港上市企业。

(4)郑州煤矿机械集团股份有限公司始建于1958年,是中国第一台液压支架的诞生地,前身为郑州煤矿机械厂(隶属煤炭部),是中国专业生产液压支架的大型骨干企业,我国机械工业500强企业。于2010年8月3日在上海证券交易所上市,募集资金28.0亿元人民币。

(5)山东矿机集团股份有限公司始建于1955年,公司下设4个控股子公司,是我国煤炭机械制造骨干企业,于2010年12月17日在深圳证券交易所成功上市,募集资金13.4亿元人民币。

(6)林州重机集团股份有限公司是一家跨地区的集团公司为目前国内最大的民营煤炭综采机械设备供应商。现有4个子公司,即七台河重机金柱机械制造有限责任公司、北京中科林重科技有限公司、鸡西金顶重机制造有限公司和鄂尔多斯市林重煤机制造有限公司,2011年1月11日在深圳证券交易所成功上市,募集资金12.8亿元人民币。

8.2 主要装备制造能力

我国煤矿技术装备经过"十一五"时期的发展,有了长足的进步,我国煤炭工业的技术装备水平有了较大提高。2010年,我国重点煤矿的采煤机械化程度达到87%左右。目前,我国自主开发、自行设计和制造的煤矿生产技术装备,已经在各类煤矿推广使用,并取得良好的技术经济效果,基本能满足我国煤矿安全生产的需要。

8.2.1 煤矿生产技术装备

2005~2009年全国煤矿机械产品产量如表8-4所示。

表8-4 2005~2009年全国煤矿机械产品产量

年 份	2005	2006	2007	2008	2009
采煤机(台/吨)	437/14330	483/17160	546/21454	661/25365	688/26794
掘进机(台/吨)	477/16265	641/23388	972/43502	1343/59194	1305/66163
刮板输送机(台/吨)	5323/164749	3915/18723	4872/213346	4236/224391	4343/275378
皮带输送机(台/吨)	1579/73435	1573/90637	3296/189208	2291/121154	2147/188076
煤矿支护设备(吨)	435561	577020	794992	1044325	1318215
液压支架(架/吨)	21312/328704	29871/480489	40660/697385	46998/936740	55050/1196322
煤矿专用仪表(台套)	531724	500533	382768	411779	438768
矿 灯(千盏)	1926.8	1648.3	678.7	536.3	401.1
防爆电机(千瓦)	2369432	2675891	2885847	2972522	3156314
配 件(千件)	1778.4	5265.4	8445.5	9389.0	172132.4

数据来源:中国煤炭工业协会

2009年,全国重点煤炭机械制造企业已经发展到125家,总产值达到了694.31亿元人民币,销售收入668.5亿元人民币,产量260.7万t,职工人数125968人。

1. 采煤机

我国现有主要采煤机制造企业24家(取得安标证书),年产销量800台左右。

采煤机是煤矿综采工作面的核心装备,它的技术性能和可靠性直接决定了综采工作面的生产能力。其中,电牵引采煤机采用多电机横向布置结构,两台牵引电机、两台截割电机或再配置破碎电机及液压系统驱动电机,采用交流变频、开关磁阻、直流、电磁调速等多种电气调速方式,具有技术先进、结构合理、性能可靠等特点。经过多年的发展,我国的煤机制造企业已经开发出了包括直流电牵引,交流变频电牵引和开关磁阻调速、电磁滑差变速等多种类型的电牵引采煤机系列产品。太原矿山机器集团生产的MG1000/2500－WD电牵引采煤机达到了国内领先水平。

尽管国内电牵引采煤机研制技术进步迅速,但在总装机功率、生产能力和工作可靠性、交流变频电牵引技术、工况检测与故障诊断、自动控制技术以及整机可靠性方面与国外采煤机尚有差距,具体参数对比如表8－5所示。

表8－5　大功率电牵引采煤机配置主要指标对比

参　数	国　外	国　内
最大适应采高/m	6.5	6.0(实际应用)
最大装机功率/kW	2550	2210
最大截割功率/kW	2x900	2x900
最大牵引功率/kW	2x150	2x125(2x150试验中)
最大破碎功率/kW	270	160
最大泵站功率/kW	1x55(甚至2x45)	1x40
摇臂长度/mm	3296	3100
适应工作面长度/m	~450	~300(实际应用)
最大牵引速度/(m·min^{-1})	~30	~26
调速系统	交流变频调速	交流变频调速
控制系统	计算机控制、记忆截割、高级通信功能	计算机控制、记忆截割、高级通信功能

续表

参 数	国 外	国 内
牵引系统	U2000	U2000
整机重量/t	~150	~130
理论最大生产能力($t \cdot h^{-1}$)	5000	5000
大修周期/Mt	~6	2~3
设计寿命/年	5~10	5~8

2. 刨煤机

刨煤机是实现薄和较薄煤层机械化开采的主要设备。生产刨煤机的企业有5家:中煤张家口煤机公司、淮南长壁、三一重型、煤科总院太原分院、上海分院。

我国薄煤层综采工作面成套输送设备的发展相对较落后,这一领域研究的关键是提高开采效率、提高回采率、提高安全性。由于国产刨煤机生产能力低、可靠性差,刨煤机工作面装备成套技术研究薄弱,国产全自动刨煤机一直未能得到推广。

3. 刮板输送机

我国主要生产刮板输送机的企业有248余家(取得安标证书),骨干企业有:中煤张家口煤机有限公司、山东矿机集团公司、山西忻州通用机械有限公司等。

目前,已投入使用的最高水平的刮板输送机机型为SGZ1400/3×1500型输送机,配套的顺槽设备为SZZ1600/700型转载机、PLM6000轮式破碎机、ZY2700型皮带自移机尾,输送机的输送能力达3500t/h,适应煤层厚度6.5m,铺设长度达400m,单采工作面年产可达800万~1000万t。采用国产输送机实现工作面高产已成为现实,在条件适合的矿井,单一开采工作面采用国产输送设备日产3万t已不是奇迹,放顶煤开采工作面日产超5万t也已实现。

4. 液压支架

我国现有液压支架制造企业114家(形成规模的73家),液压支架配件制造企业上百家,其中具有高端液压支架制造能力的企业约10家。液压支架产值约占综采成套设备装备总产值的60%,全国液压支架年产值约300亿元。年产值10亿元以上的企业不足10个,前四名企业液压支架总产值约占行业液压支架总产值的35%。

随着高端液压支架研制的不断深入,以现代液压支架的设计理念、设计方法和设计手段为代表的高端液压支架设计开发成套理论逐渐形成。“十一五”期间,在大采高液压支架研究方面取得突破,大采高液压支架技术取得重大进步。

液压支架虽已基本实现整机国产化,但高端制造能力还不足,工艺装备大多还比较落后,自动化程度低,工艺水平参差不齐,质量稳定性和可靠性与国际先进水平还有差距。

5. 煤矿带式输送机

目前,国产矿用带式输送机生产厂家有350余家。主要的生产厂家有:兖矿集团大陆机械有限公司、煤炭科学研究院上海分院、宁夏天地西北煤机有限公司、北方重工沈矿集团、衡阳运输机械有限公司、唐山冶金矿山设备厂、自贡输送机械总厂、东莞市隆泰实业有限公司、安徽扬帆机械有限公司、安徽盛运运输机械有限股份公司等。

煤矿带式输送机包括固定带式输送机、可伸缩带式输送机、大倾角上运带式输送机、水平转弯带式输送机、下运带式输送机、管状带式输送机和垂直提升输送机。固定式带式输送机是目前煤矿井下用量最多的一种机型,主要用于水平或倾角小于180的场合。目前最大主参数分别为:运量1000~7000t/h,运距1000~8000m,带速2.5~5.6m/s,带宽2200mm。驱动总功率<10000kW。国产带式输送机所使用的输送带目前钢绳芯带最高用到ST5000,整芯带用到PVG3150S,高强度机械接头要靠进口,为了降低胶带强度,减小驱动装置尺寸,通常采用中间直线摩擦驱动和中间卸载式驱动,并采用软驱动技术。带式输送机的适用范围还难以满足市场需求,需要进一步扩大输送机的使用范围,发展能适用在高温、低温条件下、有腐蚀性、放射性、易燃性物质的环境中工作的输送机,设计制造出更多种形式的带式输送机,增大输送机的适用范围。

6. 矿井供电系统

全国生产供电设备的主要企业有100多家,完成年工业产值约100

亿元,销售额超亿元的企业有 22 家,销售额达到 5000 万元至 1 亿元的企业有 10 家,2007 ~ 2009 三年中,整个行业工业产值每年保持在 20% 以上的增长率。主要开发完成了 10kV、630A 高压真空配电装置,6300kVA 移动变电站,6kV、10kV 高压电磁起动器,1140V、3300V、14 回路、九回路大容量组合开关,1140V、630kW 变频器,3. 3kV、1000kW 单速电机,3. 3kV、700/350kW 双速电机。

7. 掘进机

我国生产用于半煤岩及全岩巷的掘进机厂家 40 家,主要机型有:EBZ150、EBZ160、EBZ180、EBZ200、EBZ230、EBZ240、EBZ250、EBZ255、EBZ260、EBZ300、EBZ318、EBZ350 等,而自动掘进机的机型生产厂家相对较少。我国重点煤矿半煤岩巷的掘进机基本上采用悬臂式机械化作业线,半煤岩掘进机以中重型机为主,截割功率在 130kW 以上,机重在 35t 以上,单轴抗压强度达 50 ~ 70Mpa。主流半煤岩巷悬臂式掘进机以 EBZ150、EBZ160、EBZ200、EBZ230 等几种机型为主,占半煤岩掘进使用量的 80% 以上。可以说,这些机型代表了我国掘进机技术的发展水平,在半煤岩巷的掘进中取得了良好的效果,而用于大断面岩巷掘进或全岩道掘进的重型悬臂式掘进机在我国还处于发展阶段。

8. 连续采煤机

我国现有生产连续采煤机的企业有 4 家,分别是:煤炭科学研究总院陕西煤机装备有限公司、三一重型装备有限公司、石家庄煤矿机械有限责任公司、天地科技股份有限公司上海分公司。连续采煤机短臂机械化开采主要用于长壁开采后的残留煤柱、煤田、采区边缘不能布置长壁的残采煤区,几何形状不规则块段,露天煤矿边坡压煤,“三下”压煤的资源回收。连续采煤机短臂机械化开采既可提高资源回收率,同时也能用于煤巷的快速掘进。这种采煤法与长壁综采相比,初期投入小,生产见效快,可作为中小型矿井的主要采煤方法,也是现代化矿井生产不可缺少的一部分。

9. 矿井提升及辅助运输设备

我国现有生产矿井提升设备的企业 60 多家,主要有中信重型机械公司(原洛阳矿山机械厂)和四川矿山机器(集团)有限责任公司(原四川矿山机器厂)。中信重型机械公司是我国最大的提升装备生产企业,目前已占国内市场份额的87%;四川矿山机器(集团)有限责任公司是另一主要生产厂商,与中信重型机械公司平分直径10m以下大、中型提升系统整机装备市场份额。

井下防爆提升机主要厂家有湘煤立达矿山装备股份有限公司、中信重工机械股份有限公司、锦州矿山机器(集团)有限公司、贵州高原矿山机械有限公司、山西新富升机器制造有限公司等厂家。在实际应用的井下提升设备中,防爆提升机滚筒直径最大为3.5m,基本满足了国内现有大、中型矿井井下提升要求。

近些年,国内在井下单绳缠绕式提升机配套隔爆型变频调速电控产品的研究应用上得到了较大发展,实际应用的系列产品工作电压等级为AC660V/AC1140V,控制功率最大达到630kW,暂无高电压等级产品。液压提升机经过多年的发展现已形成低速大扭矩液压马达直接驱动和高速液压马达减速机驱动两种传动形式产品,这两种传动技术都已成熟,并得到成功应用,但是液压提升机的控制一直采用开环控制形式,在闭环控制、自动运行控制方面还需进一步提升。

10. *矿井通风设备*

我国矿井通风设备现有生产企业90多家,煤矿矿井使用的主要通风机多数为国内自行设计和制造,其主要技术指标:设计最大风量为300~400m^3/s;设计最大压力为5000~6000Pa;风级静压效率在80%以上。

(1)矿井主要通风机。我国煤矿在役的主要通风机主要有2K系列通风机、BD(K)系列通风机、GAF系列通风机、G4－73及4－72系列离心式通风机四大类,占现役风机的90%以上。四大类中以轴流式风机为主。2K系列通风机按轮毂比不同分为2K56、1K58、2K58、2K60和KZS等几个系列,主要有沈阳鼓风机厂、沈阳风机厂和吉林鼓风机厂生产。BD(K)系列通风机近年来发展很快,生产厂家也较多,主要有湘潭平安、南阳、燕京等厂家,该系列通风机最大直径已经生产到了4m以上。GAF系列通风机是在引进国外技术的基础上,结合国内的实际情况加以改型改造的轴流通风机。该通风机具有风量风压调节范围宽、静压效率高、叶片角度调节自动化程度高等优点。我国矿井使用的离心式通风机主要是G4－73、G4－72系列离心式通风机两个系列，生产厂家较多。G4－73系列离心式通风机最初是为锅炉通风（引风）设计的，后来被引用到矿井通风中并拥有一定的市场占有量。

（2）局部通风机。近十几年来，我国自行设计和制造的局部通风机在技术水平和性能参数等方面都有明显提高，突出表现在对旋局部通风机系列产品被各类煤矿广泛使用，并获得了较为满意的效果，基本上满足了各类煤矿井下局部通风的需要。目前，我国生产的对旋局部通风机的主要技术指标是：最大功率是2×75kW，风机效率大于80%，风机噪声小于90dB（A）。

11. 矿用排水泵

目前生产MD、D、DF、DMF系列煤矿多级离心泵的生产厂家88个，MD型泵和D型泵同时生产的厂家43个，只生产D系列泵生产厂家21个，只生产MD型泵的厂家19个。在生产矿用泵的厂家中，生产10个以上品种的生产厂家24个。在这些生产厂中，生产的产品规格最小流量为$6m^3/h$，最大流量为$1100m^3/h$；单级最小扬程12m，最大扬程为180m；单台最大扬程160×12＝1920m；MD型全系列110个品种，D型系列泵型号85个，基本能满足煤矿生产需要。

12. 监测系统

生产煤矿监测系统的企业有40家，目前形成了以瓦斯监测为主体，包括作业人员监测、环境（风速、一氧化碳、烟雾、压力、温度等参数）监测和矿井（生产、运输、提升、排水等环节的机电）设备工作状态监测，以及通信、视频构成的煤矿综合信息化系统，主要问题是数据资源不能共享。

瓦斯监测系统。目前国内进行瓦斯监测报警、瓦斯抽放等仪器设备研制生产的厂家有100多家，涉及的瓦斯仪器设备达210多种，产品类型涵盖了手持式瓦斯检测、报警仪，瓦斯监测监控系统、瓦斯抽放设备及瓦斯抽放监控系统等。

井下人员定位系统。目前国内生产和研发井下定位系统的厂家约有30家，质量和性能良莠不齐，很多型号的系统可靠性和运行稳定性远不能满足煤矿实际的需求。而以 KJ81A 为代表的井下定位系统,经过多年的实验和经验总结,系统平均无故障运行已达到了 300 天以上。

煤矿综合监测监控系统。国内生产综合监测监控系统有 60 多家。相继推出了 KJ66、KJ75、KJ80、KJ92、KJ90、KJ95、KJ101、KJF2000、KJ4/KJ2000 和 KJG2000 等型号监控系统,以及 MSNM、WEBGIS 等煤矿安全综合化和数字化网络监测管理系统。

煤矿通信系统。目前国内生产煤矿通信系统的企业约十余家,按通信技术类型分为两类:一类是采用 WIFI 技术实现无线通信,利用语音交换机实现固定电话通讯、固定电话与矿用手机通信,其特点是通信距离相对较短,但是布线简单,随着无线信号的增强及无线技术的发展,这一问题将得到有效解决,其发展前景更为广阔。

13. 井下照明系统

煤矿井下照明产品主要由矿灯、巷道灯、投射灯组成。国内现有矿灯生产企业约有 300 家,目前有 KJ、KL、KS、KX、KW 等主要型号,共生产 98 款型号矿灯产品。目前,国内矿灯的技术水平已达到或超过国际标准 IEC62013:2005 中的各项要求,达到世界先进水平,国内矿灯的行业标准也逐步和国际接轨;我国有 100 多个厂家在生产巷道灯,约有 90% 以上的厂家采用的光源为 LED。LED 作为新型发光器件,在性价比方面具有传统光源不可比拟的优势。LED 投射灯已经广泛应用于隧道和铁路等照明系统中,具有节能、安全、高效、寿命长、免维护、体积小、投射距离远,照射范围大等优点,正逐步代替荧光灯、金卤灯、白炽灯等应用。

目前,我国煤矿井下照明还是白炽灯为主,这种光源发光效率低、产生温度高、寿命极短、红外线成分高、易受震动影响,耗能大、费用高,特别不利于进行照明系统控制技术的使用。随着我国煤矿机械化生产的迅速发展,投射灯的需求将逐步增加。

14. 煤矿安全仪器

我国现有 109 家煤矿安全仪器生产企业,主要包括自救器、氧气呼吸器、便携式甲烷检测报警仪、甲烷检测报警断电仪,与国外产品均有一定差距。

15. 安全救援设备

根据国家煤矿安全生产监察局的要求，我国所有煤矿都要完成包括救生仓和避难硐室在内的井下安全避险六大系统的建设工作。目前已有3家生产企业获得煤矿安全标志，国内还有19家企业出了样机，20多家企业正在研制中。

16. 露天设备

露天煤矿设备包括穿孔设备、采装设备、运输设备、破碎设备、排土设备、辅助设备。目前穿孔设备全靠进口，其余大多设备国内有生产，但只能满足小型露天矿需要，大型露天矿设备主要靠进口。

8.2.2 煤矿洗选加工技术装备

截至2010年底，全国入洗原煤15万t/a以上的选煤厂共有1700座，全年原煤入洗能力将达到17亿t左右，入洗量达到16.5亿t，原煤入洗率为50.7%。其中炼焦煤入洗量超过8亿t，无烟煤入洗接近2亿t、高炉喷吹用煤达到6000万t，其他为动力煤入洗，入洗量超过6亿t。形成年产能力400万t以下选煤厂全设备的设计和生产能力，国产化程度大大提高。但是大型选煤厂使用的关键设备50%以上一直依赖进口。国产大型选煤技术装备与国际先进水平仍然存在着一定的差距。

1. 破碎机

国产破碎机与国外相比设备处理能力相差很大，国内破碎机生产厂缺乏专业化生产，产品技术含量不高。国产破碎机的规格数量比较少，规格型号单一，品种少。对破碎后的产品粒度控制不严格，超粒度现象非常严重；普遍在10%～30%，而国外破碎机厂商一般都承诺在5%以下。此外，国产破碎机关键材质不过关、制造工艺达不到性能要求。结构设计不够合理，使用检修比较复杂困难。自动化程度低。

2. 大型筛分设备

从整体上看，国产大型筛分设备与国外大型筛分设备还有一定差距，但用国内最好的大型筛与国外对比，差距并不是很大，许多技术参数已达到或接近世界先进水平。

3. 大型脱水设备

多年来，在研究借鉴国外先进技术的基础上，国产加压过滤机研发制造水平有了长足的进步，在有些方面赶超了国际先进水平，在市场上处于绝对统治地位。但总体看来，国产的加压过滤机技术水平（产品水分、处理能力、耗气量、滤液浓度等方面）与国外先进水平仍然存在着一定的差距。国内外板框式压滤机的主要技术差距仍集中在材质和材料的应用上以及设备的整体制造水平上。国产卧式离心机与国外同类产品相比较，差距主要表现在机械可靠性、油路系统密封性、处理能力、独立开发能力方面。

4. 大型重力分选设备

大型重力分选设备主要包括：浅槽重介分选机、大直径中介旋流器、跳汰机等。

（1）重介浅槽分选机。目前，国内的重介浅槽还处于初期的仿制阶段，在技术方面还有一定的差距，这些差距主要表现在可靠性差、设备的耐磨、耐腐蚀性不够好等方面。

（2）重介旋流器。我国的三产品重介质旋流器在国际上处于领先地位，国产与国外重介旋流器的技术差距主要体现在两个方面，一是同样直径的重介旋流器，国外进口旋流器的处理能力、分选精度要明显高于国产。二是进口重介旋流器的耐磨性及粘贴工艺要好于国内。

（3）定筛跳汰机。跳汰机作为我国的传统选煤设备，经历了半个世纪的发展，已经取得了长足的进步，但与国外先进跳汰机的技术还有较大的差距。

（4）动筛跳汰机。从国内各种动筛跳汰机的使用情况看，国产动筛跳汰机与进口动筛跳汰机在工艺指标方面基本相当，但在设备的可靠性方面还有一定差距。

5. 风力分选设备

国外传统风力选煤已有 100 多年的历史，由于分选效率低属于被淘汰的选煤方法，当前只有少量应用。

6. 浮选设备

尽管国内各选煤厂使用的浮选机机型不同，使用的条件也不尽相同，但与国外浮选技术水平相比，还存在着不适应生产要求、机型较老、设备落后、处理能力低、电耗高、设备单槽容积小等不足。

8.2.3 煤化工设备

1. 煤气化设备

国内的煤气化炉进展缓慢，技术工艺落后。

（1）固定床气化炉。国内在改进UGI炉的同时，引进Lurgi加压气化炉，实现了长期稳定运行。

（2）流化床气化炉。引进恩德粉煤气化炉的同时，我国自主研发了灰炉聚气化炉，但其常压气化炉单台规模偏小。

（3）水煤浆气化炉。引进美国Texaco炉的同时，国内自主研发了多喷嘴对置式水煤浆气化炉和多元料浆气化炉。

（4）干煤粉气化炉。引进荷兰Shell炉和德国GSP炉的同时，自主研发了两段干煤粉加压气化炉。

2. 空分技术装备

我国目前采用的空分设备总体技术水平低，研发力度不够，自主创新能力薄弱。空分设备根据流程可分为七代，国外主要使用第七代，而我国在服役的空分设备仍以第六代为主，还有不少第三～五代的产品，第七代产品比例较小。

3. 甲醇合成技术装备

在甲醇合成技术装备方面，单塔规模小，技术水平低，设计制造能力不足。

4. 二甲醚合成技术装备

在技术上“两步法”属于成熟工艺，但国内外规模均较小，国外最大反应器为6.5万t/a（德国DEA公司），国内最大为10万t/a二甲醚（以天然气为原料）；“一步法”制二甲醚，国内外正在研究开发，且均处在每年千吨级的工业化中试阶段。

5. 间接液化技术装备

在煤炭间接液化技术装备方面，国内已经建成的合成反应器规模较小,国外最大规模达到2729t/d,国内最大规模仅为750t/d。国外已进行商业化运行,国内仅完成了中试,仍处于工业化示范阶段。另外,在配套设施方面跟不上,国外已经具备大型气化、空分等配套设备的制造能力,而国内虽然已进行了多年的研发,但总体水平还有差距。

6. 直接液化技术装备

在煤炭直接液化技术方面,我国处于国际领先地位。国内外均无工业化经验,国外直接液化工艺均已完成工业性试验,具备建设大型煤炭液化厂的技术能力,但尚无工业化经验,国内首期100万t/a的直接液化工厂正在紧张建设,建成后也是世界上第一套直接液化的商业化示范项目。

7. MTO/MTP技术装备

对于MTO(甲醇制烯烃),虽然5千吨级工业化试验获得了成功,但是进一步的试验和大型工程化还有待时日。国内MTO技术处于国际领先地位。对于MTP(甲醇制丙烯),国际国内仍处于即将工业化示范的阶段,是先进但在工业上尚不成熟的技术,还没有真正的工业化工厂。与国外的差距主要是国内MTO工艺对原料要求较为严格,以纯甲醇或二甲醚为原料,而UOP Hydro公司的甲醇制烯烃技术以未经提纯的粗甲醇为原料,对原料要求较为宽松。

8.3 大型煤机制造企业发展情况

2009年度煤机50强企业合计实现煤机产品销售收入385.97亿元人民币,比2008年度50强的307.92亿元人民币,增加78.05亿元人民币,增长25.35%。50强企业平均收入为7.72亿元人民币,比2008年度的6.16亿元人民币增加了1.56亿元人民币。入围50强企业中,收入超十亿元企业达到13家,比2008年度增加4家,收入合计达271.44亿元人民币,占50强全部收入的70.33%。其中,郑州煤矿机械集团股份有限公司以47.43亿元人民币的收入继续排名第一,三一重型装备有限公司和中煤张家口煤矿机械有限责任公司分别以19.01亿元人民币和18.92亿元人民币排在2、3位。

表 8－6　2009 年度煤机 50 强销售收入

序次	企业名称	煤机产品销售收入（千元）
1	郑州煤矿机械集团股份有限公司	4743068
2	三一重型装备有限公司	1901376
3	中煤张家口煤矿机械有限责任公司	1892415
4	中煤北京煤矿机械有限责任公司	1731548
5	长治清华机械厂	1548164
6	平顶山煤矿机械有限责任公司	1533533
7	四川神坤装备股份有限公司	1434101
8	宁夏天地奔牛实业集团有限公司	1330530
9	山东天晟煤矿装备有限公司	1259680
10	山东矿机集团有限公司	1190908
11	山西平阳重工机械有限责任公司	1091740
12	郑州四维机电设备制造有限公司	1057526
13	中信重型机械公司	1029449
14	煤科总院山西煤机装备有限公司	912247
15	重庆大江信达车辆股份有限公司	825840
16	佳木斯煤矿机械有限公司	819209
17	兖矿集团有限公司机电设备制造厂	804010
18	山西煤矿机械制造有限责任公司	722224
19	太原矿山机器集团有限公司	715800
20	西北煤矿机械有限公司	655329
21	晋城金鼎煤机产业发展有限公司	619076
22	上海创力矿山设备有限公司	559534
23	石家庄煤矿机械有限责任公司	551595
24	唐山开滦铁拓重机公司	542594
25	抚顺煤矿电机制造有限公司	515299
26	西安煤矿机械有限公司	512520
27	徐州华东机械厂	502223
28	河北天择重型机械有限公司	494314
29	鸡西煤矿机械有限公司	459336
30	淮南舜立机械有限责任公司	433132
31	兖矿集团大陆机械有限公司	424074
32	河南万合机械有限公司	416470
33	三一西北骏马电机制造股份公司	403294
34	山西焦煤集团西山机电总厂	375075
35	山东新煤机械有限公司	371200

续表

序次	企业名称	煤机产品销售收入(千元)
36	山东莱芜煤矿机械有限公司	359760
37	山西忻州通县机械有限责任公司	358788
38	浙江衢州煤矿机械总厂有限公司	351093
39	大同煤矿集团有限公司中央机厂	343772
40	山东泰安煤矿机械有限公司	341143
41	淄博先河机电有限责任公司	300186
42	安徽攀登机械股份有限公司	286979
43	山西汾西矿业(集团)设备修造厂	280266
44	霍州煤电集团公司机电修配分公司	263472
45	淮南长壁煤矿机械有限责任公司	243567
46	鹤壁市豫兴煤机有限公司	236358
47	河南焦作神华重型机械有限公司	229289
48	内蒙古北方重工工程机械公司	226680
49	中煤邯郸煤矿机械有限责任公司	200412
50	徐州煤矿机械厂	196544

1. 中国煤炭机械工程装备集团公司

中国煤矿机械装备有限责任公司作为大型煤机制造企业,是中煤能源集团重点业务板块。自2004年10月中煤能源集团煤机装备制造板块组建以来,以振兴民族装备制造业为己任,坚持依靠科技进步,立足当前,放眼长远,引领了中国煤矿装备制造业的发展方向,取得了一系列丰硕成果。

中煤装备公司通过加强技术研发,加大专利开发力度,解决了制约煤机行业发展的一大批技术难题,推进了煤矿重大装备国产化,取得了一批重要科技成果。仅在近三年,就获得国家级、省部级科技奖37项。“年产600万t大采高综采成套技术与装备”项目荣获国家科技进步二等奖;“难沉降煤泥水的矿物质—硬度法绿色澄清技术及高效循环利用”项目荣获国家技术发明奖二等奖;“高效矿井SGZ1000/3×700型工作面刮板输送机成套设备”项目、“高效矿井SGZ1000/3×1000(855)型刮板输送机成套设备”项目、“极薄煤层高产高效自动化刨煤机无人工作面支护技术及设备研究”项目、“高端液压支架及其先进制造关键技术研究与产业化”项目获中国煤炭工业科技进步一等奖；“SMJ160 异形轨轨道运输成套装备研究开发”项目获中国煤炭工业科技进步二等奖。

5 年间，中煤装备公司资产总值实现了从 20 亿元到 100 亿元的跨越；在中国机械 500 强排序中，由 238 位上升到 96 位；相继推出 20 余类品种、82 个系列、1300 余种自主创新产品；在人民大会堂隆重举行的“中国首套放顶煤成套设备及技术出口俄罗斯成功达产庆典”活动，标志着中国煤矿机械成套装备开始走出国门、走向世界。

2. 郑州煤矿机械集团有限责任公司

郑州煤矿机械集团有限责任公司前身为郑州煤矿机械厂，始建于 1958 年，是我国煤炭综合采掘支护设备—液压支架的专业生产企业。已发展成集煤炭综采设备（液压支架、刮板输送机等）研发、制造、销售、服务于一体的大型专业化企业，中国煤炭机械工业 50 强之首，入选中国煤炭工业 100 强、全国机械工业企业 500 强。2007 年郑煤机集团生产支架 8232 架，是煤机行业当之无愧的领头羊。郑煤机综采产品遍布全国 26 个产煤省的各大煤业集团，享有“中国煤机行业的奔驰”的美誉。其研发的高端产品全面打破了欧美煤机巨头对高端综采设备市场的垄断，使中国煤机装备跻身国际舞台。

近年来，郑煤机集团在技术革新、管理创新、设备更新等方面实现了根本性变革，企业整体面貌发生了翻天覆地的变化。创造了多项行业“第一”：液压支架总产量世界第一、液压支架工作阻力和最大支护高度世界第一、工业生产总值全行业第一、支架市场占有率国内第一、液压支架科技研发水平世界领先、郑煤机“ZMJ”品牌影响力行业第一。

郑煤机集团参与了“七五”至“十一五”期间煤炭行业国家重点科技攻关项目的研发工作，结合不同煤层赋存和地质构造条件，从用户支架选型阶段开始进行前期介入，立足于为用户量身定做最合适的支架产品，使支架从设计之初就具有更高的合理性、更强的可靠性、更大的普及性；设计中运用三维仿真设计、有限元分析、模拟压架试验等现代设计手段，能够完全满足当前国内外用户对液压支架的需求。陆续投放市场的 5.5m、6.2m、6.3m、6.5m 配备电液控制的高端液压支架连续刷新多项国内、世界支架纪录，实现了研发技术的多项突破。郑煤机集团在液压支架领域的技术研发和攻关大大提升了我国煤炭综采装备制造业的整体技术工艺水平，全面打破了世界煤机巨头对我国高端产品市场的垄断。

3. 三一重型装备有限公司

三一重型装备有限公司（以下简称“三一重装”）是由三一集团投资，专业从事煤炭机械设备研发、生产和销售的大型装备制造企业，主要产品包括：掘进机（综合实力全国排名第一；2008 年 160kW 及以下，200kW 及以上掘进机在国内市场分别拥有约 50.8% 和 54.4% 的市场份额；EBZ318H 全岩掘进机，其性能水准在国内名列前茅）；联合采煤机组（含采煤机、运输机、液压支架）正在起步，已小批量生产；矿用辅运车辆成套设备、矿用混凝土泵已在煤矿推广使用。同时该公司高度重视试验检测体系的建设，试验检测中心已达到国内专业试验检测水平。

“十一五”期间，三一重装凭借强大的技术创新能力、完善的质量管控体系以及优秀的企业文化取得迅猛发展，销售增长率每年都保持在 100% 以上，成功推出适合任何岩石种类的掘进机系列：EBZ100、EBZ120、EBZ132、EBZ160、EBZ200、EBZ200H、EBZ260H、EBZ318H 等，可以替代进口掘进机，国内掘进机市场占有率逐年稳步提升，EBZ160 以上机型市场占有率稳居行业第一；2007 年，公司正式进入综采、矿用车辆领域，致力于解决煤机领域三机配套难的问题，2008 年已研制出全自动联合采煤机组并签单，是目前国内唯一一家能够生产全自动联合采煤机组的厂家。

4. 宁夏天地奔牛实业集团有限公司

宁夏天地奔牛集团有限公司是国家研究、开发、生产煤矿专用输送设备的大型骨干企业。天地奔牛集团公司的前身——西北煤矿机械一厂是国家“三线”建设中开发建设的国有企业。2004 年西北奔牛集团公司改制成为股权多元化的股份制企业。2006 年与北京天地科技有限公司重组，成立了由天地科技股份有限公司控股，集科研、制造为一体的天地奔牛集团公司，企业煤机综采技术实力大幅度提高，进入了快速发展时期。

天地奔牛集团公司以世界刮板输送机前沿技术为目标，以核心技术、关键技术、自动化控制技术攻关为重点，在煤机产品的配套性、高效性、可靠性、智能化方面占据制高点，研制了一大批国家高产高效煤矿急需的赶超国际先进水平的创新产品，将国产输送设备的技术性能、质量指标提高到同期国际先进水平，为促进我国煤炭工业技术升级和装备现代化作出贡献。

“十一五”初期，天地奔牛集团公司承担了“600 万 t 综采工作面”成套设备等多个国家级技术创新项目。有 41 项产品拥有自主知识产权和专利技术，并获得国家级新产品、国家重点新产品、国家技术创新项目和国家科技创新成果重点推广项目。2006 年，公司研制的国内综采工作面输送能力最大、配置最先进的超重型工作面成套输送设备于 2007 年在黄陵矿业集团投产使用。2008 年 5 月又为神华宁煤集团研制完成了槽宽 1.25m，年过煤量 1000 万 t 的工作面成套超重型刮板输送装备。

天地奔牛集团公司 2007 年并购重组的天地奔牛银起设备公司现在已迅速成长为公司规模发展的经济增长点。“十一五”期间，总投资 3.3 亿元的宁夏天地奔牛实业集团有限公司起重机、减速器制造基地奠基仪式在银川国家级开发区隆重举行，将成为我国西部最大的桥式、门式，冶金、电站类起重机和减速器生产基地。

天地奔牛集团公司多年稳居中国煤炭企业百强企业，2005 年跨入中国机械工业 500 强，2006 年进入中国大企业集团竞争力 500 强行列，2006 年进入中国大企业集团竞争力 500 强行列。天地奔牛公司的成长、进步是中国煤炭行业发展的缩影，印证了中国煤机装备制造业跨入国际先进行列的辉煌。

第9章 煤炭固定资产投资

"十一五"期间，煤炭采选业固定资产投资大幅增加，五年累计投资12 490亿元，是"十五"期间的5倍多，有力地推进了全国煤炭产能建设，保障了全国煤炭稳定供应。

9.1 煤炭固定资产投资规模

"十一五"期间，我国煤炭采选业固定资产投资成果显著。新开工项目17482个，比"十五"期间增加了11590个，增长66.3%。2009年新开工项目4229个，比2005年增加了939个，增长22%。"十一五"时期，我国新增煤炭生产能力14.47亿t，比"十五"时期的3.73亿t增长了288%。

表9－1 1995～2009年煤炭采选业固定资产投资情况 单位：万t/年

年份	亿元	新建	扩建	改建	项目	新开工	建成投产	新增能力
1995年	189.39	128.85	57.41	1.48	464	114	123	2331
1996年	216.54	140.42	70.1	0.89	430	125	114	1694
1997年	266.03	174.81	83.95	0.81	459	157	139	3002
1998年	182.01	123.2	47.78	0.42	11	3	1	969
1999年	124.88	103.14	15	1.38	367	119	138	2347
2000年	116.34	86.3	235.3	0.38	294	114	114	2255
2001年	94.72	61.81	23.91	3.88	299	146	114	1488
2002年	111.91	85.43	20.18	2.96	326	187	114	1819
2003年	344.86	164.17	20.93	3.67	483	295	202	4014
2004年	690.4	283.63	160.35	236.8	2782	1973	1551	15441
2005年	1162.9	520.99	225.72	400.79	4242	3291	2497	18377
2006年	1459	517.12	290.01	588.65	4120	2941	2442	22648

续表

年　份	亿　元	新　建	扩　建	改　建	项　目	新开工	建成投产	新增能力
2007 年	1804. 6	608. 69	360. 26	785. 79	4642	3355	2913	26984
2008 年	2399. 2	897. 5	451. 5	992. 8	5042	3666	3228	23059
2009 年	3057	1170. 7	537. 6	1275. 6	5844	4229	3850	32006

（数据来源：国家统计局年鉴）

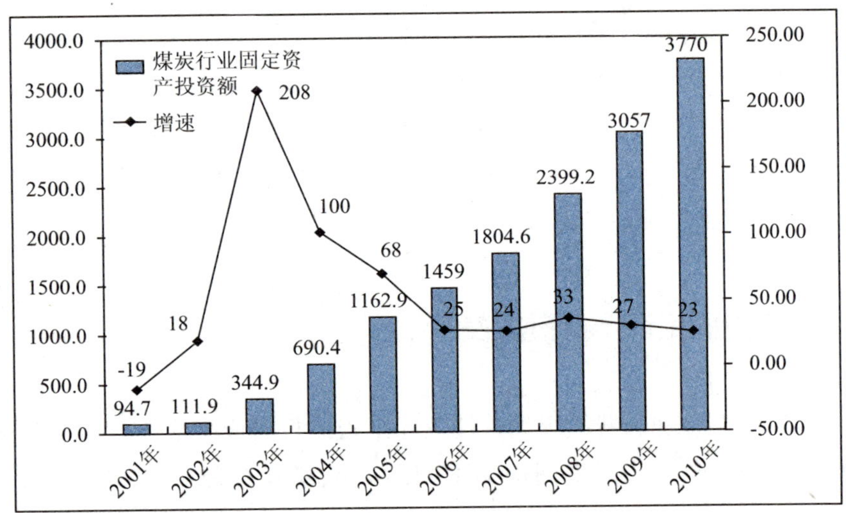

图 9－1　“十五”至“十一五”煤炭行业固定资产投资示意图（单位：万元，%）

9. 1. 1　煤炭固定资产投资大幅增加

“十一五”时期，我国经济发展强劲，全社会固定资产投资快速增长。2006 年至 2010 年，全社会固定资产投资 92. 3 万亿元，其中 2010 年投资 278140 亿元，比上年增长 23. 8%，年均增长 25. 5%，仅次于“八五”时期的 36. 9%，是改革开放以来增速较高的一个时期。“十一五”时期，煤炭行业固定资产投资年均增长速度 26. 4%，略高于全社会固定资产投资增长速度 0. 8%。“十一五”时期，国家实施结构调整，煤炭固定资产投资占全社会的比重比“十五”时期有所回落。“十一五”期间，煤炭行业固定资产投资在全社会固定资产投资中占比 1. 35%，比“十五”期间回落了近 7 个百分点。

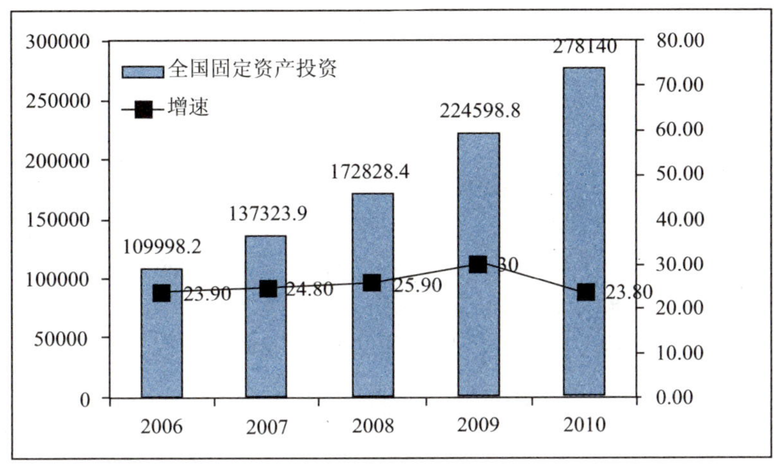

图 9-2 "十一五"期间全国固定资产投资示意图(单位:万元,%)

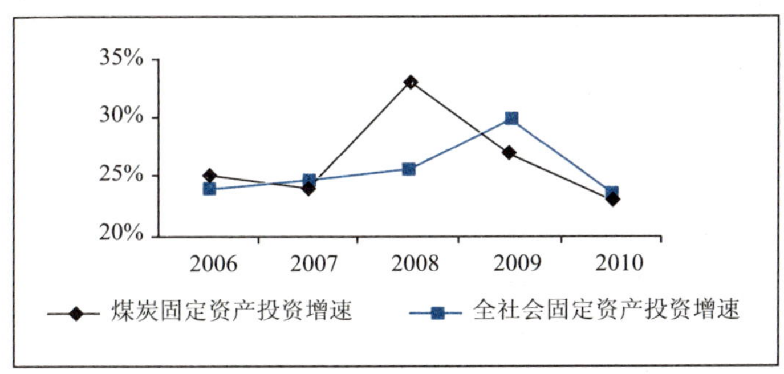

图 9-3 "十一五"期间煤炭固定资产投资与全社会固定资产投资增速比

"十一五"期间,煤炭行业围绕着大型企业集团建设、大型煤炭基地建设和资源整合与企业兼并重组,加大了国有固定资产投资。据不完全统计,2006 年至 2009 年,国有煤炭企业固定资产投资累计完成 3 850.6 亿元,比"十五"时期国有煤炭企业固定资产投资增长了 3 倍以上。其中 2009 年完成固定资产投资 1 240.72 亿元,比 2005 年增长了 199%。

9.1.2 固定资产交付使用率明显提高

"十一五"期间,我国煤炭采选业投资资金主要来源于企业自筹,固定资产交付使用率明显提高。2006 ~ 2009 年,国家预算内的固定资产投

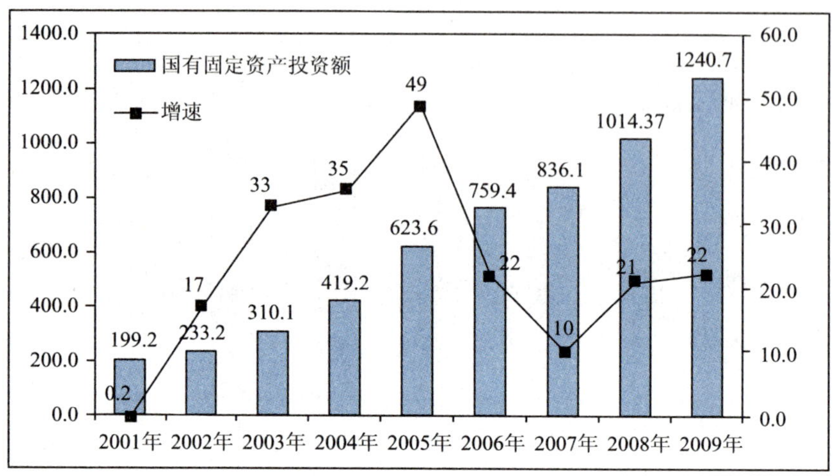

图 9－4　2001～2009 年国有固定资产投资及增速（单位：万元，%）

资资金为 118 亿元，仅占同期固定资产投资总额的 1.12%；国内贷款金额为 1057.49 亿元，占同期投资总额的 10.1%；利用外资 37.29 亿元，占同期投资总额的 0.35%；自筹资金 7485.21 亿元，占同期投资总额的 71.2%。2009 年煤炭企业自筹资金 3056.93 亿元，比 2005 年的 954.12 亿元增长了 220%。由于企业资金比较充足，固定资产交付使用率平均达到了 52%，比“十五”期间提高了近 8 个百分点。

表 9－2　2005～2009 年投资资金来源和新增固定资产

投资资金来源和新增固定资产									
年　份	资金来源合计	国家预算内资金	国内贷款	利用外资	自筹资金	其他资金	投资额	新增固定资产	固定资产交付使用率（%）
2005 年	1234.67	16.60	201.76	0.80	954.12	61.40	1162.95	518.24	44.56
2006 年	1525.82	22.30	211.00	6.17	1245.24	41.11	1459.02	698.88	47.90
2007 年	1871.57	24.41	215.63	21.63	1547.06	62.85	1804.58	993.10	55.03
2008 年	2486.04	25.86	260.60	8.94	2076.43	114.22	2399.25	1197.90	49.93
2009 年	3149.62	45.43	370.26	6.72	2616.49	110.72	3056.93	1777.41	58.14

（数据来源：国家统计局年鉴）

9.2 投资重点西移

"十一五"时期,我国煤炭生产格局发生了较大变化。2006年至2009年,西部地区煤炭固定资产投资完成3915.04亿元,占同期全国煤炭固定资产投资比重的69.8%,比"十五"时期增长了507.71%。其中西北地区完成投资3005.65亿元,比"十五"时期增长812.33%;西南地区完成投资885.94亿元,比"十五"时期增长434.9%。

表9-3 2000~2009年西部地区煤炭采选业固定资产投资情况

单位:亿元

地　区	2000	2001	2002	2003	2004	2005	2006	2007	2008	2009
内蒙古	2.82	4.26	7.44	20.42	17.88	109.54	227.6	328.42	452.96	520.40
陕　西	3.75	4.23	7.47	12.91	12.61	36.66	48.17	68.32	107.10	205.46
宁　夏	2.82	2.34	3.82	5.84	11.60	33.03	38.69	69.32	79.73	102.00
青　海	0.01	0.20	0.22	1.36	0.53	2.56	4.93	6.51	11.83	7.61
甘　肃	4.98	5.34	4.16	6.88	9.86	13.01	15.41	22.90	30.62	54.51
新　疆	2.34	1.85	4.49	7.88	5.50	16.02	31.60	41.05	49.18	103.46
重　庆	1.10	1.24	1.43	3.18	1.63	23.70	33.68	34.78	49.40	62.12
四　川	2.80	2.46	3.52	6.91	3.66	28.74	46.93	58.20	64.40	94.48
贵　州	5.30	4.42	5.00	12.71	15.19	32.69	44.50	51.35	95.87	121.20
云　南	2.07	2.05	2.71	3.79	6.60	37.07	25.01	36.23	51.31	60.53
广　西	0.52	0.48	0.63	0.69	1.96	5.18	4.41	4.51	4.77	9.74

9.2.1 西部地区固定资产投资十分强劲

"十一五"期间,国家对煤炭布局进行了调整,在确立了13个大型煤炭生产基地的基础上,根据煤炭资源、区位、市场等情况,划分为煤炭调入区、煤炭调出区和煤炭自给区。调入区包括京津冀、东北、华东、中南四个规划区;调出区为晋陕蒙宁规划区;自给区包括西南、新甘青两个规划区。国家在"十一五"规划中,对煤炭开发提出了"稳定调入区生产规模,增加调出区开发规模,适度开发自给区资源"的指导意见。由于我国能源消费对煤炭依存度较大,“十一五”期间,除山东和江苏之外,各地煤炭投资开发都超预期。为了避免煤炭投资开发过热现象,2007年,国土资源部发布了《关于暂停受理煤炭勘探权申请的通知》,决定从2007年2月2日至2008年12月31日,在全国范围内暂停受理除国务院批准的重点煤炭开发项目和使用中央地质勘察基金(周转金)或省级地质专项资金开展煤炭普查和必要详查以外的煤炭探矿申请。2009年,国土资源部再度发文,把暂停煤炭探矿权申请延长至2011年3月31日。尽管国家对煤炭投资开发采取了控制措施,但各地煤炭采选业固定资产投资仍保持了强劲的势头。

陕蒙宁是我国主要的煤炭调出区域,2010年,陕、蒙、宁三省区生产原煤11.25亿t,占全国总产量的34.72%。“十一五”期间,神东、陕北、黄陇、蒙东、宁东5个大型煤炭基地和大型、特大型煤矿的建设、开发力度加大:2006~2009年,陕、蒙、宁三省区完成固定资产投资2248.19亿元,比“十五”期间增加了1958.12亿元,增长幅度为675%。2009年投资总额为927.9亿元,比2005年增加了830.87亿元,增长幅度为856.3%。

表9-4 1995~2009年提陕蒙宁煤炭采选业固定资产投资情况 单位:亿元

地区	1995	2000	2001	2002	2003	2004	2005	2006	2007	2008	2009
内蒙古	35.27	2.82	4.26	7.44	20.42	17.88	109.54	227.59	328.42	452.96	520.40
陕西	8.73	3.75	4.23	7.47	12.92	12.61	36.66	48.17	68.32	107.10	205.50
宁夏	5.37	2.82	2.34	3.82	5.84	11.60	33.03	38.69	69.32	79.73	102.00

内蒙古:“十一五”期间,通过整顿关闭小煤矿,加强大型企业建设,内蒙古步入了资源开发的快车道。2006~2009年,完成固定资产投资1529.37亿元,比“十五”期间的159.54亿元,增加了近1000亿元,增长幅度为600%。2009年完成投资520.4亿元,比2005年增加了410.1亿元,增长了375%。

陕西省:“十一五”期间,通过大基地建设和千万吨矿井建设,煤炭经济提速。2006~2009年,完成固定资产投资429.05亿元,比“十五”期间新增投资355.15亿元,增长480%。2009年投资205.5亿元,比2005年增加168.84亿元,增长460%。

宁夏:“十一五”期间,依托神华集团等大型企业的实力,加快了宁东煤炭大基地建设。2006～2009年,完成固定资产投资289.74亿元,比“十五”期间增加了233.11亿元,增长412%。2009年投资102亿元,比2005年增加了69亿元,增长209%。

西南地区和新甘青煤炭资源丰富,因运输瓶颈问题,在“十一五”规划中确定为煤炭自给区。由于西部地区经济发展强劲,对煤炭的需求增加,煤炭固定资产投资呈较快发展态势。

“十一五”期间,为了加快云贵大型煤炭基地建设,以重组改造小型煤矿为发展目标,适度扩大生产能力,加大了固定资产投资。川渝以开发古叙、筠连矿区为重点,加快小煤矿的技术改造,在稳定煤炭生产规模的基础上增加了固定资产投资。

表9-5 1995～2009年西南地区煤炭采选业固定资产投资情况

单位:亿元

地区	1995	2000	2001	2002	2003	2004	2005	2006	2007	2008	2009
重庆	—	1.11	1.24	1.43	3.18	1.63	23.70	33.68	34.78	49.40	62.12
四川	6.64	2.84	2.46	3.52	6.91	3.66	28.74	46.93	58.20	64.40	94.48
贵州	6.65	5.31	4.42	5.00	12.72	15.19	32.69	44.50	51.35	95.87	121.20
云南	3.68	2.07	2.05	2.71	3.79	6.60	37.07	25.01	36.23	51.31	60.53
广西	1.04	0.52	0.48	0.63	0.69	1.96	5.18	4.41	4.51	4.77	9.74

重庆:“十一五”期间,以煤、电建设为核心,加快了煤炭固定资产投资的步伐。2006～2009年,完成固定资产投资179.98亿元,比“十五”期间增加了148.79亿元,增长477%。2009年投资62.12亿元,比2005年增加了38.42亿元,增长166%。

四川省:以川南国家规划区为开发重点,2006～2009年完成固定资产投资264亿元,比“十五”期间增加了171.78亿元,增长186%。2009年投资94亿元,比2005年增加了65.26亿元,增长227%。

贵州省:“十一五”期间,以积极引进省外大型企业投资开发资源的措施,加快了建设步伐。2006～2009年,完成固定资产投资312.9亿元,比“十五”期间增加了198.4亿元,增长173%。2009年投资121.2亿元,比2005年增加了88.6亿元,增长271%。

云南省:“十一五”期间,省内耗煤行业快速发展,煤炭需求持续增加,加快了煤炭资源的开发。2006~2009年,完成固定资产投资173.08亿元,比“十五”期间增加了95.85亿元,增长124%,2009年投资60亿元,比2005年增加了23亿元,增长62%。

广西壮族自治区:“十一五”期间,广西壮族自治区以提高机械化生产能力为发展目标,加大了煤炭固定资产投资规模。2006~2009年,完成固定资产投资23.43亿元,比十五期间增加了14.5亿元,增长了162%,2009年投资9.74亿元,比2005年增加投资4.56亿元,增长46%。

“十一五”期间,新疆、甘肃、青海以满足当地需要为主,适度扩大生产能力,重点建设甘肃华亭矿区为发展目标,在充分考虑保护生态环境的情况下,煤炭开发取得了新进展。

表9-6　1995~2009年新甘青地区固定资产投资情况　　单位:亿元

地区	1995	2000	2001	2002	2003	2004	2005	2006	2007	2008	2009
甘肃	4.07	4.98	5.34	4.16	6.88	9.86	13.01	15.41	22.90	30.62	54.51
青海	0.24	0.01	0.20	0.22	1.36	0.53	2.56	4.93	6.51	11.83	7.61
新疆	3.36	2.35	1.85	4.49	7.88	5.50	16.02	31.60	41.05	49.18	103.50

甘肃省:“十一五”期间,甘肃煤炭工业通过企业联合、重组和集团化建设,产业集中度有所提高,经济效益持续向好的方向发展。2010年,甘肃省煤炭开采和洗选业总资产达到312.485亿元,比2009年增长23.65%。2006年至2009年,完成固定资产投资123.44亿元,比“十五”期间增加了84.18亿元,增长214%。2009年投资54.51亿元,比2005年增加了41.51亿元,增长319%。

青海省:青海有良好的煤炭资源,受环境的制约不能进行大规模开发。“十一五”期间,青海煤炭投资规模仅为30.88亿元,比“十五”期间增加了26亿元,增长534%。2009年投资7.61亿元,比2005年增长192%。

新疆:新疆煤炭资源十分丰富,在国家西部大开发政策的引导下,新疆采取了一系列优惠政策吸引大型企业开发煤炭资源。2006年至2009年,固定资产投资达到了225.29亿元,比“十五”期间增加了189.54亿元,增长了530%。2009年投资103.5亿元,比2005年增加了87.5亿元,增长546%。

9.2.2 东部地区固定资产投资稳中有增

东部地区是我国主要的煤炭消费区。“十一五”期间,国家对东部地区采取了稳定煤炭产量的政策,故该区域煤炭固定资产投资相对“十五”期间有所放缓,但依然保持一定的增长幅度。

东北地区在稳定生产规模的基础上,以解决煤矿衰老接续问题为主,适当扩大黑龙江省的生产规模,煤炭固定资产投资保持了上升趋势,其中吉林省的投资增长幅度高于辽宁和黑龙江。2006年至2009年,东北地区累计完成煤炭固定资产投资620.94亿元,比“十五”时期投资总额增加了335.85亿元,增长120%。2009年投资总额为228.84亿元,比2005年增加了154.06亿元,增长206%。

表9-7 1995~2009年东北地区煤炭固定资产投资情况 单位:亿元

地区	1995	2000	2001	2002	2003	2004	2005	2006	2007	2008	2009
辽宁	6.09	7.96	7.94	11.43	14.32	9.38	25.05	22.01	23.83	32.08	31.92
吉林	3.00	0.89	1.43	2.40	2.80	3.00	9.02	34.61	28.93	52.29	57.52
黑龙江	14.29	44.46	11.13	12.26	18.07	14.33	40.71	47.50	55.46	95.43	139.40

辽宁省:“十一五”前4年完成固定资产投资109.84亿元,比“十五”期间增加了41.6亿元,增长了61%,2009年完成投资31.92亿元,比2005年增长27.4%。

吉林省:2006年至2009年完成固定资产投资173.35亿元,比“十五”期间增加了154.85亿元,增长幅度高达8倍,2009年完成投资57亿元,比2005年增长5倍多。

黑龙江省:2006年至2009年,完成固定资产投资337.77亿元,比“十五”期间投资总额增加了241.28亿元,增长250%,2009年投资完成139亿元,比2005年增加了98.69亿元,增长242%。

“十一五”期间,京津冀地区以开发河北蔚州和平原矿区为重点,煤炭固定资产投资集中在河北省境内。2006年至2009年,河北省完成煤炭固定资产投资263.95亿元,比“十五”期间的110.76亿元增长了138.6%,2009年投资71.91亿元,比2005年增加了28.55亿元,增长了65.8%。

表9-8 1995~2009年京津冀地区固定资产投资情况 单位:亿元

地区	1995	2000	2001	2002	2003	2004	2005	2006	2007	2008	2009
北京	0.62	0.21	0.22	0.12	0.13	—	0.43	0.43	0.66	0.71	1.92
天津	—	0.08	0.04	0.01	—	—	—	—	—	—	—
河北	17.10	19.96	16.23	21.15	18.53	11.49	43.36	57.21	52.20	55.63	71.91

在华东地区,浙江省于"十一五"期间退出了煤炭采选业。在"稳定山东生产规模,适度扩大安徽生产规模,做好江苏矿井的技术改造,提高江西和福建小型煤矿办矿标准"的煤炭开发方针的指引下,山东和江苏煤炭固定资产投资逐渐减少,安徽、江西、福建依然保持了稳定增长。2006~2009年,华东地区累计完成固定资产投资1246.51亿元,比"十五"期间增加了472.23亿元,增长60%,2009年总共完成投资381.02亿元,比2005年增加了97.97亿元,增长35%。

表9-9 1995~2009年华东地区固定资产投资情况 单位:亿元

地区	1995	2000	2001	2002	2003	2004	2005	2006	2007	2008	2009
江苏	6.16	5.52	5.44	8.40	15.87	11.76	13.36	11.11	3.67	15.92	17.34
福建	1.48	1.35	1.09	1.55	0.71	1.54	4.54	5.28	5.65	12.94	24.32
山东	25.26	40.35	52.11	71.49	105.5	59.62	148.63	88.29	70.70	77.38	99.65
浙江	0.12	—	0.21	—	—	—	0.34	0.18	—	—	0.07

江苏省:2006~2009年,完成固定资产投资48.04亿元,比"十五"时期减少了6.8亿元,增长幅度为-12.4%,其中2009年投资17.34亿元,比2005年增加投资3.98亿元,增长30%。

山东省:2006~2009年,完成固定资产投资336.02亿元,比"十五"期间减少了101亿元,减少幅度为23%。2009年完成投资99.65亿元,比2005年减少了48.97亿元,减少幅度为33%。

福建省:2006~2009年,完成固定资产投资48.19亿元,比"十五"期间增加了38.77亿元,增长411%。2009年完成投资24.32亿元,比2005年增加了19.78亿元,增长436%。

9.2.3 中部地区固定资产投资保持较快增长态势

"十一五"期间,在国家中部崛起政策的引导下,中部地区各省经济增速加快，对能源的需求十分强劲。山西、河南围绕整合小煤矿，建设大中型矿井的发展目标，加大了固定资产投资力度。安徽以煤电一体化发展为目标，在保证本地电力需求的基础上，肩负着为东部地区提供能源的重任，煤炭固定资产投入保持了高增长。湖南、湖北围绕着小矿整合改造，提高办矿标准的发展目标，在稳定生产规模的同时，为保地方经济的增长，加大了煤炭资源开发力度。

表9-10 1995~2009年中部地区固定资产投资情况 单位：亿元

地区	1995	2000	2001	2002	2003	2004	2005	2006	2007	2008	2009
山西	47.33	36.53	46.57	67.42	90.36	104.60	258.75	305.61	363.92	464.08	599.70
河南	23.18	18.71	15.58	20.45	21.76	17.44	102.88	136.92	203.25	275.85	315.70
安徽	34.70	14.19	22.56	23.58	39.97	56.19	106.81	153.52	185.09	186.06	198.20
湖北	0.58	0.78	0.27	1.03	1.71	0.37	3.93	3.70	3.84	8.20	14.77
湖南	3.38	1.22	2.20	2.68	3.19	3.07	18.42	22.86	40.87	63.57	101.60
江西	1.86	0.99	2.66	3.47	5.06	2.41	9.37	10.66	15.23	24.06	41.42

山西省：以大基地、大型企业集团建设为发展目标，在“十一五”期间实施了以资源整合为特征的企业兼并重组，通过对中小煤矿的技术改造，生产能力有了大幅度提高，2010年，生产原煤6.9亿t，比2005年增长了25%。2006~2009年，完成固定资产投资1733.3亿元，比“十五”期间增加了1165.6亿元，增长了172%。2009年投资599.7亿元，比2005年增加了340.95亿元，增长了57%。

河南省：河南是中南地区的产煤大省，围绕着大型企业集团建设的发展目标，加大了对中小煤矿的整合与改造。2006~2009年，完成固定资产投资931.72亿元，比“十五”期间增加了753.6亿元，增长424%。2009年投资315.7亿元，比2005年增加了212亿元，增长200%。

安徽省：2006~2009年，完成固定资产投资722.89亿元，比“十五”期间增加了473.78亿元，增长190%。2009年完成投资198.2亿元，比2005年增加了91.4亿元，增长85.5%。

湖北省：以提高小煤矿的安全标准为目标，2006~2009年完成固定资产投资30.51亿元，比“十五”期间增加了23.19亿元，增长317%。2009年投资14.77亿元，比2005年增加了10.84亿元，增长了275.8%。

湖南省：“十一五”期间，湖南以大企业集团建设为发展目标，加大了投资力度。2006～2009 年，完成固定资产投资 228.85 亿元，比“十五”期间增加了 199.28 亿元，增长幅度为 674%。2009 年投资 101.6 亿元，比 2005 年增加 83.18 亿元，增长了 451%。

江西省：2006～2009 年，完成固定资产投资 91.37 亿元，比“十五”期间增加了 68.4 亿元，增长 297.6%。2009 年完成投资 41 亿元，比 2005 年增加了 32.09 亿元，增长 340%。

9.3 投资主体多元化

“十一五”期间，在整顿关闭不安全小煤矿、加快大基地、大型企业集团建设的政策引导下，大批小煤矿退出生产领域，由于煤炭需求旺盛，煤价居高不下，引发了各路资金进入煤炭行业，其中尤以电力行业的央企为主。

经过几年的发展，发电集团的煤炭产业都初具规模。仅五大发电集团的煤炭产能总量将超过 4 亿 t，成为除神华集团、中煤能源集团等传统煤炭央企之外的第二梯队。

根据五大电力集团 2010 年社会责任报告数据显示，煤炭产能最大的是中电投集团。2010 年，中电投集团煤炭产能达 7275 万 t/a，产量 5410.21 万 t，同比增长 25.55%，完成销量 4588.98 万 t，同比增长 6.3%，赢利 17.36 亿元，同比增利 5.6 亿元，整体电煤自给率达 30%。

华能集团 2010 年煤炭产能 6412 万 t/a，产煤 4886 万 t，分别为 2005 年的 10.7 倍和 6.4 倍，供应系统内电厂煤炭约 3200 万 t，煤炭协同率达 54%，电煤自供率达到 9.4%。2010 年底，该集团可控煤炭资源量已达 400 亿 t，2015 年可控煤炭产能将突破 1 亿 t/a，电煤自供率提高到 25% 以上。

华电集团 2010 年控股煤炭产能达 1315 万 t/a，不连沟、金通、兴边、显王等控股煤矿生产稳定，隆德、白芦、下梨园等煤矿正式开工建设，并收购陕西彬煤、招贤，内蒙古天顺、金通等煤矿项目，控股煤炭储量 4.414 亿 t，参股煤炭储量 8.97 亿 t，年生产能力达 2500 万 t。

国电集团 2010 年原煤产量 4700 万 t，相当于所属火电企业用煤量的四分之一,煤炭收益成为国电集团重要利润增长点。通过一年的快速发展,该集团控股煤炭资源已达 140 亿 t,并拥有内蒙古、新疆等大型整装煤田。

大唐集团 2010 年产煤 700 万 t,2015 年计划产煤 1 亿 t。该集团拥有煤炭资源储量 228 亿 t,煤炭项目全部达产后可年产原煤 1.45 亿 t,电煤自给率可由当前的 20% 提高到 40%。

预计,2015 年,五大发电企业的煤炭产量将达到 6 亿 t 左右。

除五大电力集团之外,国家开发投资公司、保利集团保利能源控股有限公司、华润集团、中铁工集团中铁资源有限公司、新兴集团新兴矿产化工公司等央企也大举进入煤炭开发领域。据不完全统计,“十一五”期间国家开发投资公司投资开发煤矿 16 处,设计能力 3085 万 t,已建成投产的煤矿 12 处,产能 2000 万 t;保利集团保利能源控股有限公司投资建煤矿 5 处,产能 150 万吨,现已达产的煤矿 1 处,产能 195 万 t;华润集团投资建矿 15 处,产能 476 万 t,现已建成 12 处,产能为 356 万 t;中铁工集团中铁资源有限公司投资建矿 1 处,产能 200 万 t;钢铁行业的新兴集团投资建煤矿 4 处,产能 66 万 t。另外还有新疆电力设备巨头“特变电工”2010 年 9 月宣布,出资 8578 万元成立能源公司,从事煤炭资源开发。据不完全统计,“十一五”时期,除五大电力集团之外,非煤央企投资的煤矿多达 254 处,设计能力 3.19 亿 t,产量达 1.72 亿 t。

第10章 煤炭科技发展

“十一五”期间,我国煤炭科技工作以推进国家重大科技创新工程为抓手,以建立企业为主体,市场为导向,产学研相结合的创新体系为重点,加大科技投入,科技创新能力逐年增强,在共性关键技术攻关、新技术装备研发、先进技术推广应用等方面取得重大进展。煤炭行业整体科技水平不断提升,科技对煤炭工业的贡献率达到了 39.9%,比“十五”期间增加了 7 个百分点,有力支撑了煤炭工业的快速发展。

10.1 煤炭科技创新体系逐渐完善

“走自主创新道路,建设创新型国家”是党中央做出的重大决策。2006 年初,胡锦涛总书记在全国科技大会上发表重要讲话,强调要“围绕建设创新型国家的奋斗目标,进一步深化科技改革,大力推进科技进步和创新,大力提高自主创新能力,推动经济社会发展切实转入科学发展的轨道”。同年,我国正式发布了新中国建立以来第一个国家中长期科技发展规划纲要,即《国家中长期科学和技术发展规划纲要(2006 ~2020 年)》,对我国 15 年的科技发展做出了总体部署。根据《国家中长期科学和技术发展规划纲要(2006 ~2020 年)》和《煤炭工业“十一五”发展规划》,中国煤炭工业协会编制了《煤炭工业“十一五”科技发展规划》,提出了“十一五”期间煤炭科技工作思路、发展方向、重点领域和主要任务,并以此为指导,有序推进了一系列关键技术攻关、大型煤机装备研制、重点示范工程建设,以及行业科技领军人才的培养等工作。

“十一五”期间,我国煤炭行业在技术创新、科技开发、先进技术推广应用等方面取得了重大进展，以企业为主体的科技创新体系基本形成。全行业建成国家级企业技术中心 14 个，国家科技大型示范工程项目 13 个，大中型煤炭企业多数建立了省、市级技术中心，建立了企业与大专院校、科研机构和专家学者合作的科研机制，创建了科技创新基地和工程实验室。

“十一五”期间，承担国家重点项目的煤炭企事业单位、高等院校建立了技术开发战略联盟，搭建了技术开发和应用平台，广泛开展多层次的技术交流与合作，企业科技攻关的主动性增强，技术成果水平明显提高。

表 10－1　国家级企业技术中心

序　列	名　称
1	大同煤矿集团技术中心
2	兖矿集团技术中心
3	阳泉煤业（集团）技术中心
4	晋城无烟煤集团技术中心
5	平顶山煤业（集团）技术中心
6	山西焦煤集团技术中心
7	潞安矿业（集团）技术中心
8	新汶矿业集团技术中心
9	大屯煤电（集团）技术中心
10	郑州煤矿机械集团技术中心
11	天脊煤化工集团的技术中心
12	中煤矿山建设集团技术中心
13	淮南煤矿瓦斯治理国家工程研究中心
14	中国矿业大学煤炭资源与安全开采实验室

10.2　煤炭科技创新成绩显著

据不完全统计，“十一五”期间，煤炭行业共承担国家各类科研课题 420 余项，其中科技部重大专项课题 5 个；“十一五”科技支撑计划项目 13

个共81个课题;国家863计划项目21个课题;国家973计划项目34个课题;科研院所重点项目18个课题;承担国家发展改革委、国家科技部大型示范工程13个,国家工程技术中心建设项目2个。这些项目在国家政策扶持下,以自有资金为主,在煤炭资源勘探、大型深井建设、年产600万~1000万t特大型矿井综合机械化自动化成套装备、煤矿安全、煤炭洁净加工和矿区环境保护、循环经济等领域启动了一批重大技术产业化项目,对提高煤炭供应保障能力、改变煤炭行业经济增长方式,改善煤矿安全状况,实现资源开发与环境协调发展发挥了重大作用。

表10-2 "十一五"期间煤炭行业承担科技部重大专项课题

序 列	项 目 名 称
1	煤层气与煤炭协调开发关键技术
2	煤矿区煤层气高效抽采、集输技术与装备研制
3	全国重点煤矿区瓦斯赋存分布规律和控制因素
4	煤层气富集规律研究及有利区块预测评价
5	煤层气田产出水处理与环境保护技术

"十一五"期间,全行业共制定和修订标准1055项。其中国家标准163项,行业标准892项。在科学技术的支撑下,煤炭产业科学技术水平有了较大幅度提高,煤炭供应能力稳定增长,保障了能源安全和国民经济社会的快速发展。

"十一五"期间,煤炭行业共取得国家科技进步奖42项,中国煤炭工业协会科技奖972项。其中特等奖4项,一等奖110项,二等奖319项,三等奖540项,极大地推动了煤炭科技的创新工作。

表10-3 "十一五"煤炭行业国家科技进步奖

序 号	获奖项目名称
1	龙固主井(双井筒)近600米钻井发凿井技术研究与应用
2	千米埋深矿井建设技术及应用
3	煤矿冲击地压电磁辐射监测预警技术与装备及其应用
4	三峡库区巨型古滑体稳态预测预报及信息化选址技术
5	破断岩体表面形貌与力学行为研究
6	一种新型双流态微泡浮选机的研究开发与应用

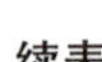

序号	获奖项目名称
7	朔黄重载铁路与运营技术
8	贫煤、贫瘦煤高炉喷吹技术开发与应用
9	高瓦斯矿井的特大型火区灭火抑爆技术研究及应用
10	煤层气规模开发与安全高效采煤一体化研究
11	破碎岩体渗流规律及其在煤矿突水防治中的应用研究
12	煤的结构特征及其与反应性的关系
13	低透气性煤层群无煤柱煤与瓦斯共采关键技术
14	年产600万吨大采高综采成套技术与装备
15	600m特厚表土层冻结法凿井关键技术
16	自动化放顶煤关键技术与装备研发及其在国内外的应用
17	两淮矿区复杂地层条件下深大井筒特殊法凿井关键技术与应用
18	矿山大功率高性能电力传动关键技术与应用
19	煤炭自燃理论及其防治技术研究与应用项目
20	矸石充填置换煤关键技术研究与应用项目
21	煤矿安全生产监控系统技术项目
22	煤炭超纯制备与设备研究项目
23	大型露天煤矿开采新技术与应用研究
24	难沉降煤泥水的矿物-硬度法绿色澄清技术及高效循环利用
25	矿井(隧道)复杂地质构造探测装备与方法研究
26	矿井局部通风群控制系统和安全供电关键技术研究及配套设备开发
27	基于科技资源整合模式的煤炭开发利用技术创新工程
28	高效洁净煤制甲醇与联合循环集成系统的研究和示范
29	水煤浆代油洁净技术及产业化应用
30	复杂地层特大型竖井钻机及成井工艺关键技术
31	深井煤与瓦斯突出煤层区域性瓦斯灾害防治关键技术及应用
32	深部煤矿高温热害治理技术及其装备系统
33	基于能量转换的矿用倾斜带式输送机防抱死安全制动关键技术
34	特厚煤层安全开采关键装备及自动化技术
35	岩体爆破震动效应定量评价与精细化控制技术及工程应用
36	煤矿冲击地压预测与防治成套技术
37	高瓦斯大倾角煤层开采自燃火灾防治技术研究

续表

序号	获奖项目名称
38	富含腐植酸的劣质煤梯级综合利用技术及其应用
39	大型矿山提升装备关键技术及应用
40	煤矿千米深部岩巷稳定控制关键技术及应用
41	中国煤炭地质综合勘察关键技术与工程应用
42	矿井移动与应急通信技术与系统

针对煤炭行业“资源保障度低、产业集中度低、装备水平低、资源利用率低、环保能力差”的问题，“十一五”期间确定了煤炭科技创新的主攻方向：①煤炭资源精细勘探技术；②深井建设关键技术；③发展和完善煤炭开采技术和工艺；④发展洁净煤技术；⑤发展煤矿安全生产技术；⑤加强矿区环境保护技术；⑦发展煤矿机械制造技术；⑧发展煤矿信息化技术。“十一五”期间，煤炭科研院所、高等院校和企业，围绕这些重大课题展开攻关，取得了可喜的成就。

1. 资源勘探技术取得突破

“十一五”期间，围绕大型煤炭基地开发和建设的需要，在支撑计划“新疆大型矿区预测与勘查关键技术研究”、“危机矿山接替资源勘查技术与示范研究”、“矿井老空区探测与水害防治关键技术及装备”等项目的支持下，相继开展了盆地构造、含煤地层、古生物、岩相古地理、煤岩煤质、资源评价等多学科综合研究，从整体上把握了煤盆地演化和煤炭资源赋存与分布规律，初步形成了具有中国煤田地质特色的勘查理论体系，有效指导了不同沉积构造背景下的找煤工作。“地震主导，多手段配合，井上下配合”的立体式综合勘探体系逐渐成熟，地面勘探与井下探测结合，物探、钻探、巷探相结合，基本能够探明开采地质条件。

在构建三维地质勘探、受控定向钻进和超大孔径钻探技术方面，取得了突破。测井技术实现了多参数数字测井，受控定向钻进技术有效解决了陡直地层的找煤难题，钻进参数监测系统的成功研制，使得我国煤田钻探技术步入世界先进行列。超大孔径、超千米深孔钻进技术在深部找煤中得到了广泛应用。

三维地震仪、3D 可视化解释技术、井中地震技术、多波多分量地震技术、延时地震勘探技术得到成功应用。目前,二维地震勘探技术可探测煤系中落差大于10米的断层,被广泛应用于煤田普查详查阶段。三维地震技术不仅能够查明煤田(井田)内落差超过5m的断层,解释落差3~5m的断点,以及波幅10m以上的褶皱,同时在探测新生代覆盖层厚度、煤田陷落柱、煤层冲刷带、底板岩性变化和岩石力学性质等方面也取得了突破,成为煤田地质勘查的首选技术。电磁法勘探较好地解决了复杂条件下的自动正反演、拟三维显示和立体解释问题,配合三维地震勘探技术解决煤系地层导含水地质体探查问题,并且成为小煤矿探测含水构造的主要技术。

煤矿井下探测技术得到迅速发展,水平定向钻进技术在深部找煤与设备国产化配套符合技术要求,钻机能力达到1000m。无线电波透视技术、直流电法含水体超前探测技术、瑞利波超前探测技术、地质雷达技术、高密度高分辨电法底板探测技术、煤层底板音频电透视技术得到推广应用,为采掘作业前方的灾害地质预测发挥关键作用。声发射、水害预警、电磁辐射等监测技术为矿井灾害预防提供了技术支撑。井上下一体、采前、采中配合的煤矿地质保障技术体系初步形成。

2. 特殊凿井技术达到国际领先水平

为满足我国中西部地区大型、特大型煤矿和东部地区深井建设的需要,“十一五”时期,重点开展了“深厚冲击层千米深井快速建井关键技术”等项目研究和实践,钻井法凿井技术成井深度达到660m,最大钻井直径为10.3m;冻结法凿井施工穿过冲击层厚度587m,最大冻结深度达到737m;地面预注浆施工最大注浆深度达到1048m;大直径反井钻机钻进深度达到500m;煤巷、半煤岩掘进速度达月进尺600m。东部深厚冲积层矿井建设技术取得长足进步。

特殊凿井技术、大直径反井钻井技术、煤巷综掘技术及装备、锚喷支护技术等取得突破性进展。特殊凿井方法是建设深厚冲积层井筒的关键技术,已取得冻结法凿井技术穿过冲积层厚度达到587m,最大冻结深度737m,深井冻结壁形成规律,冻结井壁设计,定向钻进等多项重要研究取得成果。

随着综合注浆技术的成功应用,实现了地面预注浆技术的重大突破。

注浆技术已从注浆材料的“水泥时代”，进入了“黏土时代”。综合注浆技术成为井筒穿过基岩含水层最为常见的预注浆技术，井筒地面预注浆最大深度达到1048m，冻结-注浆-凿井主动三平凿井技术成为深井井筒加快建井速度、缩短矿井建设工期的一项重要手段。我国的冻结、钻井、注浆等特凿井技术达到国际领先水平。

3. 煤矿高效开采技术与成套装备研发取得较大进展

在“煤炭资源高效采选关键技术与装备研发”、“大采高综放开采成套技术与装备研发”、“年产千万吨级矿井大采高综采工作面成套装备与关键技术”、“中厚煤层短壁机械化开采成套技术与装备”等支撑计划项目的支持下，年产600万~800万t煤矿工作面综采成套装备技术研制取得成功，年产千万吨综采成套装备已进行井下工业性试验，煤矿机械国产化水平大幅提高；露天煤矿开采向设备大型化、开采集中化、工艺连续化、环节合并化方面发展，我国露天开采比重逐渐增加。

我国综合机械化开采技术和成套装备研发取得新进展。自主研制了大功率电牵引采煤机、重型刮板机、带电液控系统的强力液压支架和大运力长距离带式输送机，配套设备的生产能力达到2000~3000t/h，成套设备总功率达到5000kW以上，适应煤层厚度5m以上，综采工作面可实现年产600万~800万t。国产综采装备技术指标已经达到国际先进水平。神华集团神东煤炭分公司补连塔矿采用国产液压支架和进口采煤机、刮板输送机相结合的综采设备，在煤层平均厚度7.59m的条件下，取得年产1207.43万t的优异成绩，刷新矿井、工作面两项年产世界纪录。

“年产600万t大采高综采成套技术与装备”研制成功。2008年，在神华集团金烽万利一矿煤层平均厚度4.8m条件下，使用全部国产装备实现年产1014.5万t原煤。大采高综采已成为3.5~6m煤层实现安全高效开采的主要途径。

我国综放开采技术已经达到国际领先水平。综放开采已经成为特厚煤层矿区实现高产高效的主要途径。中煤能源公司平朔公司安家岭二号矿综放队在煤层厚度13m的条件下，年产煤1039.1万t。刷新综放工作面年产世界纪录。

煤巷快速高效掘进技术在“十一五”时期得到了长足的进步与发展。

以神东公司为代表的矿区，由于顶板条件好，主要采取引进国外的连续采煤机与锚杆台车交叉换位掘进方式，大幅度提高了煤巷掘进速度。悬臂式掘进机与单体锚杆钻机配合的施工工艺在兖州、晋城等矿区也得到了应用，煤巷月进尺大多在300～500m，有些巷道掘进与支护技术水平高的矿井可达到每月700～800m，甚至更高。

为解决特大断面巷道、受强烈采动影响巷道、沿空留巷等复杂困难条件支护难题，我国相继开发出高预应力、强力锚杆与锚索支护技术，真正实现了锚杆的主动、及时支护，充分发挥了锚杆的支护作用。截至目前，国有重点煤矿的煤巷锚杆支护率达到了60%，有些矿区超过了90%，甚至达到100%。

煤矿无轨辅助运输系统一些关键技术与装备取得了新突破。辅助运输是指煤矿生产中除煤炭运输之外的各种运输。主要包括人员、材料、设备和矸石等的运输，是煤炭生产必不可少的重要生产环节。由于无轨辅助运输系统具有高效能、多用途、灵活方便、高效安全和适应性强等优点，可以实现由地面经井下巷道直达工作地点的无转载运输，大大简化了辅助运输环节。而且还可以实现工作面快速搬家，为综采工作面乃至整个矿井实现高产高效生产奠定了基础。无轨辅助运输系统在我国的神东煤炭公司、宁夏煤炭集团、兖矿集团、晋城煤业集团、平朔煤炭公司等一些大型煤矿得到了广泛应用和推广。在“十一五”期间，研制和开发出一系列防爆柴油机无轨运输车辆，在减人增效、提高生产效率、提高煤矿安全、降低事故发生率方面，取得了良好的经济效益和社会效益。

4. 煤炭加工转化与洁净煤技术成果显著

在科技支撑计划“大型模块选煤关键技术及配套装备”、“高效工业煤粉锅炉系统及关键技术”以及863计划“低变质烟煤加氢增塑改质技术研究”、“煤的热溶及加氢液化的研究”、“褐煤脱氧与溶剂重质化的液化工艺研究”等一系列项目及课题的支持下，煤炭洗选、清洁转化与低碳利用技术不断取得突破。

“十一五”期间，煤炭洗选加工技术取得新进展，全国原煤入选率接近50%。其中重介选煤工艺占选煤工艺的50%左右，重介质旋流器已经形成系列产品，技术指标达到国际先进水平，干法选煤工艺与设备在中小型选煤厂得到推广。细粒煤分选与脱水技术得到进一步完善与提高。选煤自动化仪表，计算机测控系统广泛应用，实现主要生产环节的自动测控和全厂集中控制，技术性能接近国际先进水平。自行研发制造的选煤成套设备已能装备400万t/a选煤厂。节水型和干法选煤技术在严寒、干旱地区逐步推广应用。选煤厂模块式建设方式得到了推广。选择性絮凝－浮选、摩擦静电选，生物及化学脱硫等技术领域探索和试验研究取得进展。

“十一五”期间，水煤浆技术发展态势良好，具备了自主研发、设计、制造水煤浆设备及施工建设水煤浆厂的完整能力。水煤浆专用锅炉的研发制造及燃煤燃油锅炉改烧水煤浆技术也取得了突破。气化水煤浆的原料煤范围进一步扩展，涵盖各类烟煤及无烟煤，可有效提高气化效率，降低运行成本。

“十一五”期间，褐煤提质技术的研发取得了可喜的进展。褐煤干燥技术进入了工业示范阶段，已有几个示范工程在内蒙古褐煤主产区试运转。

“十一五”期间，我国煤炭气化技术取得了长足的进步。在引进国外先进技术的基础上，一批具有自主知识产权的煤气化技术应运而生。代表性技术有灰熔聚煤气化技术、多喷嘴对置式水煤浆气化炉、航天炉、两段式干煤粉加压气化技术等，目前已逐步在煤化工领域推广应用。

我国建成了100万t煤炭直接液化工业示范装置，并于2010年连续生产出油品67万t。开发成功具有自主知识产权煤直接液化纳米级高效催化剂。液化粗油加氢精制工艺和催化剂技术取得重大突破，形成具有中国特色的液化油加工技术，煤直接液化关键设备研究取得较大突破，提升了煤直接液化设备制造技术的国际竞争能力。成功开发出具有自主知识产权的煤炭间接液化技术并实现工业化示范，先后在山西、内蒙古等地建成2套年产16万t装置和一套年产18万t装置，均投入运行。研发成功高、低温煤间接液化成套技术，为实现煤、油、化、电多联产提供了技术保障。年产400万t的间接液化厂正在建设当中。

煤制天然气技术及产业化取得了较大进展。目前，国内有多个煤制天然气项目在建或拟建，其中年产40亿m^3煤制天然气项目中的第一条年产13亿m^3生产线预计在2012年全部建成。我国现已成为世界上最大的煤制化学品生产国,煤制合成氨、甲醇和电石产量位居世界第一。煤制烯烃、煤制乙二醇等技术已具备工业化应用条件,有望近几年实现商业化运行。

煤基多联产技术也取得了突破性进展。40MW级燃气发电与甲醇联产工业化示范研究取得成果,并已投入商业化运行,目前正在进行单元技术放大研究,国内多家企业提出了多种形式的多联产工艺路线,并开始进行系统集成研究。

5. 煤炭绿色开采与土地复垦技术得到广泛应用

在国家相关政策措施的指导下,煤炭企业结合矿区、煤种和经济地理特点,与大专院校和科研单位合作研究,开发的煤矿采煤工作面(巷道)矸石充填、膏体充填技术与装备趋于成熟,部分矿区开始了规模化生产应用。

采煤沉陷区充填复垦、疏排降法复垦以及塌陷区地基处理等矿区土地复垦技术得到了普遍应用。在矿区土地复垦方面,发展了多种复垦方法,如充填复垦、挖深垫浅、平整斜坡地、疏排降法复垦以及塌陷区地基处理与工程建设等。工程复垦技术的应用恢复了部分矿区的土地资源;在矿区生态复垦方面,已将景观生态学、恢复生态学等理论应用到采煤沉陷区治理中,取得了一些研究成果。在国家煤矿区循环经济示范工程支持下,主要产煤省份矿区环境保护和污染治理有了新的进展。部分缺水矿区开发了煤矿保水采煤技术和工艺,取得较好效果。

具有自主知识产权的"长通道、大断面、两阶段"有井式煤炭地下气化新工艺取得成功。2007年在内蒙古乌兰察布进行了"无井式煤炭地下气化技术"现场试验。通过研究获得了褐煤、烟煤、无烟煤空气连续气化煤气组分、热值、吨煤产气率等工艺参数,掌握了煤炭地下气化结构设计原则和施工技术,形成了气化炉点火及"正反向鼓风气化"、"脉动两阶段气化"等稳定控制技术。

低(劣)质煤大规模洁净利用取得了较大进展。全国新建总计2000万kW容量的大型煤矸石电厂,推动煤矸石、煤泥、洗中煤等低(劣)质燃料的综合利用走向规模化、大型化。目前,国产单机容量为135~300MW

的循环硫化床机组，已经实现大规模商业化运行，燃用低(劣)质燃料的机组最大单机容量为300MW，600MW超临界CFB机组正在研发过程中。

矿井瓦斯利用技术与装备也取得了较大进展。目前，中高浓度瓦斯发电最大机组装机容量达到3000kW，液态瓦斯制备正处于工业化实验阶段。低浓度瓦斯浓缩富集技术发展各异，其中低温精馏分离技术、变压吸附技术、膜分离技术均取得一定进展，矿井瓦斯乏风利用技术尚处于研发阶段。

6. 煤矿安全保障技术体系逐渐完善

“十一五”期间，通过开展“煤矿瓦斯、火灾与顶板重大灾害防治关键技术研究”、“矿井重大灾害应急救援关键技术研究”、“矿井深部开采安全保障技术及装备开发”、“煤矿安全生产监控及预警关键技术研究”等科技支撑计划项目和“深部煤层微观特征与瓦斯吸附规律研究”等973计划、863计划项目及课题研究，一大批煤矿安全技术攻关和装备研发取得突破。以矿用防爆千兆以太网交换机和光纤网信息传输为主的煤矿生产安全监测监控系统，在瓦斯防治、矿井通风、顶板管理、生产调度等方面发挥了重要作用。开发了地面煤层气开发理论、技术和装备，探索了典型条件下煤与煤层气协调开发模式。形成了以“四位一体”综合防突措施为代表的煤岩动力灾害防治技术体系；建立了基于流态色谱吸氧量的煤自燃倾向性鉴定方法；开发了涡流控尘、除尘设备，煤层注水预湿润煤体技术、采煤机尘源智能跟踪高压喷雾降尘技术等粉尘防治技术与装备；煤矿应急救援体系建设、救援技术和装备研发取得初步成效。

(1)煤岩动力灾害预测与防治取得了明显成效。“十一五”时期，我国煤矿开采强度不断加大，开采深度每年以15m至20m的速度延深，重点矿井平均开采深度已超过600m，开采深度超过1000m的矿井有20余对，矿井的高地应力、高地温、高瓦斯等“三高”问题严重，由此引起的煤岩动力灾害威胁日趋严重。煤矿深部围岩力学特性发生明显变化，岩体裂隙、节理增加，顶板管理更为困难，高地压使得冲击地压发生的危险不断增加。随着瓦斯压力、瓦斯含量的增加，煤与瓦斯突出事故数量也明显增加。

通过研究，我国已经形成了以“四位一体”综合防突措施为代表的煤岩动力灾害防治技术体系。近年来，利用 TSP 技术实现了对工作面前方 120m 范围与动力灾害有关的地质小构造探测，利用地质雷达实现了工作面前方 30m 范围的地质构造探测，研究开发了一些煤岩应力、瓦斯含量、瓦斯压力的快速测定技术和装备。钻屑法等冲击地压预测技术得到推广应用，地音、微震监测、电磁辐射、突出连续预测等监测预报技术及装备的应用越来越广泛。煤岩体注水、钻孔卸压、深孔松动爆破、卸载诱导爆破、煤岩体掏槽卸压、顶板预断裂、巷道切槽卸压、加固软煤层、加强采掘支护、开采保护层等防治煤与瓦斯突出与冲击地压技术措施得到不同程度的应用。

(2)煤矿热动力灾害预测与防治技术水平得到提高。煤矿热动力灾害主要包括煤矿火灾与瓦斯煤尘爆炸灾害，是煤矿安全的主要灾害之一。我国 70% 以上的大中型煤矿存在煤层自然发火危险，火灾事故时有发生。

“十一五”期间，我国攻克了煤最短自然发火期的快速测试技术，研究提出了火区封闭与启封的技术准则，开发了适用于大面积松散区域的复合惰泡防灭火装备，新型抑爆装置等，促进了我国煤矿热动力灾害防治技术水平的提高。

在火灾、瓦斯爆炸防治技术方面，建立了适合我国特点的基于流态色谱吸氧量的煤自燃倾向性鉴定方法，推广应用了煤自然发火预测预报的气体分析法及预测预报指标体系、均压防灭火、注浆防灭火、阻化防灭火、惰性气体防灭火等多项技术，研发了自动抑爆技术装备、被动式隔爆技术与装备，并在全国煤矿进行了广泛推广与应用。

在煤田火灾治理方面，我国通过开展国际合作，获得了遥感测量数据，基本掌握我国北方煤田火灾的分布范围和特点，实施了煤田灭火工程，在一定程度上控制了北方煤田火灾的蔓延。

(3)煤矿应急救援体系初步形成。“十一五”时期，我国在应急救援体系建设、救援技术和装备研发方面取得了较大进展。经过几年的努力，目前国家矿山应急救援体系框架已经初步形成。2009 年全国矿山应急救援队伍共参与事故救援 5222 起，出动矿山应急救援队伍 8128 队次，233859 人次，抢救遇险被困人员 15109 人，其中 13278 人生还。在救援指挥决策技术、井下灾区探测与灾害抑控技术装备、矿井重大灾害事故应急救援关键技术规范研究等方面进行了探索和研究，取得了初步成果。

（4）煤矿职业危害得到有效控制。由粉尘、高温等引起的煤矿职业危害在我国十分严重，其中粉尘危害尤为突出，构成了严重的社会问题。煤矿职业危害已经引起我国政府的高度重视，2010 年，国家安全生产监督管理总局、国家煤矿安全监察局颁布了《煤矿作业场所职业危害防治规定（试行）》，首次提出将呼吸性粉尘浓度严重超标按事故处理。

为了加强粉尘防治，我国先后研究出系列涡流控尘、除尘设备，煤层注水预湿润煤体技术、采煤机尘源智能跟踪高压喷雾降尘技术等粉尘防治技术与装备，有效降低了采掘工作面粉尘浓度，对遏制尘肺患病率上升起到了重要作用。

在矿井热害防治方面，我国先后进行了煤矿地湿梯度等基础测试，矿井风流热力状态预测分析，矿工个体热害防护服、矿井降温冷水机组、冷风机组等专用装备研发工作，为矿井热害防治提供了一定的技术手段与装备。

10.3 大型煤炭企业成为科技创新的主力军

随着我国煤炭行业以企业为主体、市场为导向、产学研结合的煤炭工业科技创新体系的逐步建立，以神华集团为代表的大型煤炭企业集团成为科技创新的主力军。“十一五”期间，我国大型煤炭企业科技总投入 1148.15 亿元，平均年增长 29.6%，科技投入占单位产值平均为 2.83%，比国家规定高出 0.83 个百分点；大型煤炭企业共承担科研项目 48291 个，其中国家项目 2101 个，年均增长 14.6%；大型煤炭企业获国家专利 5525 项，其中，发明专利 714 项，实用新型专利 4811 项，平均年增长 40.26%。

“十一五”期间，共评出的中国煤炭工业协会科技进步奖 972 项，其中以企业为主体的获奖项目占 72.12%。

神华集团

神华集团是我国唯一集煤矿、电力、铁路、港口、航运、煤制油和化工一体化开发，跨地区、跨行业、多元化经营的特大型能源企业。“十一五”

期间，神华集团主持或参与承担国家级项目和国际合作项目15个，获得外部科技资金超过1亿元，集团级项目313个，总的研发投入预算近40亿元，突破并掌握了一批国际先进乃至领先水平的重大关键技术。

（1）特大型矿区群资源与环境协调开采技术。研究形成了特大型矿区资源与环境协调开发控制技术和效果评价指标体系，仅在神东矿区应用三年来提高煤炭回采率多采出煤炭3000万t，使矿井水复用率、植被覆盖率均提高到60%以上。

（2）现代化露天矿建设与生产技术。采用国际先进的吊斗铲+抛掷爆破工艺，使准格尔露天矿生产能力增加70%，生产效率提高一倍，成为我国规模最大的露天矿，技术指标达到国际先进水平。

（3）煤炭采掘装备本土化研发。成功实现了2.4m～7m共8种采高类型液压支架的本土化生产，打破了国际垄断。仅2006～2008年三年间，神华采购国产化液压支架节省投资66亿元。

（4）煤直接液化工艺及催化剂关键技术。神华掌握了具有完全自主知识产权的煤直接液化核心关键技术，支撑建设了我国第一套煤直接液化中试装置和世界第一套百万吨级煤直接液化示范生产线，使我国成为世界上唯一掌握百万吨级煤直接液化关键技术的国家。

（5）节水发电技术。实现了滨海地区电厂淡水资源的“负消耗”，通过具有自主知识产权的低温多效海水淡化技术应用，使电厂具备每日生产3.23万t淡水能力。

（6）朔黄重载铁路建设与运营技术。首创企业控股建设运营重载运煤干线铁路模式，盐渍土路基施工技术等达到国际领先水平。

（7）黄骅港航道骤淤防治技术。成功解决具有世界级难度的黄骅港淤泥粉沙质海岸航道淤积难题，近三年创造直接经济效益50亿元。

2006～2010年，神华集团建设了“煤直接液化国家工程实验室”、“国家能源煤炭转化研发（实验）中心”2个国家级研发平台，申请设立集团公司、国华电厂、神华宁煤3个“院士专家工作站”以及集团公司、朔黄铁路、国华研究院3个“博士后工作站”。

“十一五”期间，神华集团申请专利836项，其中发明专利331项，累计拥有有效专利337项，其中发明专利52项，2010年申请专利350项，比

2005年申请数量51项增长了6倍。

"十一五"期间，神华集团获得国家科技进步奖8项，创中国企业新纪录202项，获得"中国工业大奖表彰奖"，成为我国首批"创新型企业"。

中煤集团

"十一五"期间，中煤集团加大科技创新力度，建成以1个国家能源研发中心、2个国家级企业技术中心、8个省级企业技术中心、3个省级工程研究中心、7个国家认可实验室、2个博士后科研工作站和1个国家级产业技术创新战略联盟为主体的自主、开放、集成的技术研发体系，成功进入国家级创新型试点企业行列。

"十一五"期间，中煤集团承担包括国家高技术研究发展计划(863)项目、国家科技支撑计划项目、国家科技攻关计划项目、国家创新能力建设项目等10余项。与多所大学、科研院所建立7项战略联盟，合作研究32个项目。派出500多人次赴西欧、美国、日本、俄罗斯、印度等领先的产品设计开发国开展技术服务，有力推动了我国煤机产业跨出国门、走向世界的步伐。

中煤集团"十一五"科技项目和成果奖

承担科技项目	重大成果
国家重大科技专项2项课题2项示范工程	4项国家科技进步奖
国家重大科技计划项目19项	4项"鲁班奖"
国家安全生产科技项目12项	82项省部级科技进步奖
煤炭行业科技项目92项	11项国家级工法
国家标准制修订项目27项行业标准51项	28项煤炭行业工法
集团重点科技项目160项	62项中国企业新纪录

开滦集团

有着133年开采历史的开滦集团，"十一五"期间以科学发展为主题，全力推进企业结构调整和经济转型，取得了明显的效果。2008～2010年，集团营业收入增长494%，利润总额增长295%，非煤产业收入比重已达到70%以上。

"十一五"期间,开滦集团有176项科技成果获市级以上奖励,其中国家级奖1项,省部级68项。共有58项技术向国家知识产权局申请了专利,获得专利授权49项。开滦集团多项成果荣获煤炭工业科技进步奖。2009年矿山大功率高性能电力传动关键技术与应用项目获得国家科技进步二等奖。2010年开滦集团荣获河北省"企业新纪录项目创造优秀单位"和"全国企业信息工作先进集体"称号。开滦股份荣获中国最佳自主创新企业称号。

冀中能源集团

冀中能源集团是以煤炭为主业,医药航空、化工、电力、机械装备、物流等多个产业综合发展的大型现代企业集团。"十一五"期间,集团累计投入科技研发经费超过50亿元,取得显著效果。

冀中能源集团拥有河北省煤炭科学研究院河北省充填采煤工程技术中心,博士后科研工作站,院士工作站等科技研发平台,拥有充填采煤风水源热能利用高低浓度瓦斯利用沿空留巷厚煤层综采,一次大断面巷道成型掘进等综合技术,机械研发制造拥有成套充填支架EBZ,EBH成套掘进机系列、综采成套系列、露天矿综采成套设备系列、异型轨运输露天成套钻机车等成熟研发制造技术,近三年,取得国家级、省部级科技进步奖83项,拥有专利上百项。

冀中能源集团率先提出"煤炭行业低碳运行生态矿山示范建设"项目,研究了开采过程对生态环境的影响,认为煤矿是多资源耦合体,在煤炭开采过程中,不能只把煤炭看做是资源,更要把空气、土地、地下水,周围环境等与煤相关,构成环境生态的各种因素,都当做重要资源,科学开发,综合利用,将矿区地貌人文环境生态环境,资源环境和技术经济环境相互联系起来,采用先进的充填采煤法,构建科学生态环保的煤矿生产系统。

2002年,冀中能源集团在国内首家成功实施巷道矸石充填采煤。开展了形式多样的充填采煤技术试验研究,攻克了充填介质选择配比输送捣固结支护等关键技术难题,成功研制了具有自主知识产权的充填液压支架及配套设备等一系列新型技术装备,并初步形成了以邢东矿巷道矸石充填邢台矿建筑物下综合机械化充填采煤技术,陶一矿"超高水材料采空区充填开采技术",小屯矿"矸石膏体充填综采技术",通顺公司"煤矸石似膏体自流充填技术”等为代表的具有集团公司典型特色的一系列充填采煤技术体系，每年成功充填采煤近200万t，充填介质超100万m^3，实现了规模化充填采煤与覆岩控制矿山废弃综合利用与地面建（构）筑物及环境保护并举的效果。

冀中能源在又好又快的发展中管理技术得到了大融合。其自主创新的矸石充填法急倾斜煤层开采矿井交流提升机双馈转子调速5m一次采全高等技术，达到了国际领先国内首创的水平。

山西大同煤矿集团

山西同煤集团坚持贯彻“科学技术是第一生产力”的指导思想，不断加大科技投入，完善创新体系，培养引进高端人才推进科技创新。目前拥有首批国家级技术中心和博士后科研工作站科研平台，近30000名各类专业技术人才，其中高级专业技术人员2000多名，正高级专业技术人员100多名。享受政府特殊津贴的专家、行业拔尖人才、山西省优秀专家近100名。依靠自主研发和“产学研”合作方式，获得多项国家及省部级科技进步奖150多项，获得国家专利近50项。

山西同煤集团塔山循环经济园区是我国首个以煤为主，集煤、电、化工、建材、矿物加工、矿井水资源等产业为一体，技术高度集成产业链完整的煤矿循环经济园区。区内包括年产1500万t塔山矿井，年产1000万t同忻矿井，1500万t塔山洗煤厂，1000万t同忻洗煤厂2×600MW坑口电厂，4×50MW综合利用电厂、甲醇厂、2个煤矸石砖厂、高岭土加工厂，日产4500t水泥厂及日处理4000m^3污水处理厂，2万t/列铁路专用线，共“两矿十厂一条路”13个项目的大规模产业经济体。形成了“资源—产品—废弃物—再生资源”的闭路循环及“煤—电，煤—建材，煤—化工”循环经济产业链，为煤炭行业的科学发展发挥着引领和示范作用。该项目获得2010年煤炭工业协会科学技术特等奖。

晋城煤业集团

晋城煤业集团是我国优质无烟煤生产基地，“十一五”期间科研开发投入连年增加，累计投入科技活动经费62.4亿元。其中国家、省财政拨款3.21亿元。科技投入从2006年的9.9亿元上升到2010年15亿元，每年技术开发经费投入占企业销售收入的3%以上。

晋城煤业集团“十一五”承担了省科技攻关项目、技术创新项目、国家重大科技专项技术、中心创新能力等项目共计43项，通过省部级科技成果鉴定项目达55项，获得省部级以上科技奖励项目49项，其中获国家二等奖2项，获省部级特等奖一项，一等奖6项，二等奖11项，三等奖301项。申请专利226件获得专利授权61件。

晋城煤业集团公司在国内率先走出了一条“采气、采煤一体化开发利用商业化节能减排低碳化”的新型发展道路，形成了全国最大的煤层气抽采井群。

集团的瓦斯发电技术在全国独占鳌头，总装机容量达189MW，占到集团公司电力总装机容量的近80%，相当于减排二氧化碳450万t，二氧化硫6700 t，烟尘1 465t氨氧化物2294t，灰渣80万t，被同行赞誉为“绿色的电力产业”。目前晋城煤业集团拥有世界最大的瓦斯发电厂寺河120MW瓦斯发电厂，同时胡底200MW瓦斯发电新建扩容项目，阳城晋煤能源有限责任公司2×135MW热电联厂等项目也相继启动。

中国平煤神马能源化工集团有限责任公司

中国平煤神马能源化工集团有限责任公司（以下简称中平能化集团）是由原平煤集团和神马集团两个中国500强企业联合重组创立的一家跨区域、跨行业跨所有制、跨国经营的特大型能源化工集团。为了加强科技创新，集团于2010年创立了能源化工研究院，形成了以两个国家级企业技术中心、能源化工研究院为创新主体，以国家人事部批准的两个“博士后科研工作站”，国家发展改革委验收的煤矿瓦斯灾害防治技术实验室和对位芳纶中试开发平台，5个省级技术中心，4个省级工程技术研究中心，6个集团技术中心分中心为基础的科技创新舞台。

中平能化集团以科学发展观为引领，不断加大科技投入和自主创新力，技术开发费都年都按销售收入的3%足额提取。中平能化集团“十一五”期间投入科研经费96.5亿元，通过共性关键性技术与装备的开发和应用，在瓦斯区域综合治理，综采综掘设备大型化、智能化，矿井废弃物综合利用，矿井降温，煤盐化工和尼龙化工产品开发等关键技术研发和科学管理方面取得突破。同时，承担了多项国家“863”、“973”等重大科技攻关项目，培育和发展了一批拥有自主知识产权和具备核心竞争力的高新技术。累计荣获国家、省部级、市级科技进步奖400余项,其中国家科技进步二等奖3项,国家技术发明奖二等奖1项,中国煤炭工业协会科学技术奖56项,为企业又好又快发展提供了强有力的技术支撑。

集团完成了煤矿千米深部岩巷稳定控制关键技术,在国内首次提出了深部岩巷围岩稳定性分级体系和稳定控制理论,设计了成套的支护技术措施和装备,获2010年度国家科技进步二等奖。

"矿井瓦斯抽采—发电—热害治理关键技术研究与工程示范"是中平能化集团承担的河南省重大科技攻关专项,项目对井下瓦斯抽采低浓度瓦斯发电余热制冷降温等进行了技术集成,在有效解决采掘工作面瓦斯防治难题的同时对抽采的瓦斯进行利用,进而将发电余热用于制冷降温,解决井下热害问题。项目的成功实施,为高突高温矿井安全高效生产提供了保障,实现了循环经济和节能减排,成果整体技术达到国际先进水平,在利用瓦斯发电余热制冷用于井下降温技术方面达到国际领先水平。

中平能化集团完成的"煤矿安全生产监控系统技术"项目,制定了11项中华人民共和国安全生产行业标准,为我国煤矿监控技术安全运行提供了一整套理论参数和技术依据,荣获2008年度国家科技进步二等奖。

中平能化集团承担的国家重大科技攻关项目

项目名称	项目类别
《预防煤矿瓦斯动力灾害的基础研究》	国家973计划项目
《深部煤炭开发十煤与瓦斯共采理论》	国家973计划项目
《对位纺纶项目研发》	国家863计划项目
《煤矿安全高可靠性监控系统关键技术研究》	国家科技支撑计划
《平顶山煤业集团煤矿瓦斯综合治理工程》	国家发展改革委煤矿安全改造计划项目
《煤炭采掘信息化示范项目》	国家发展改革委信息化建设项目
《技术中心创新能力建设》	国家发展改革委技术中心创新能力建设专项

兖州矿业集团

兖州矿业集团(简称兖矿集团)是以煤炭、煤化工、煤电铝和煤机装备制造为主,跨区域、跨行业经营的大型企业集团,2010年销售收入600

亿元,利税160亿元,资产总额1100亿元。拥有国家级企业技术中心、国家工程研究中心、国家重点实验室和博士后科研工作站,综采放顶煤和煤化工两大技术领域设有“泰山学者”岗位。“十一五”期间,兖矿集团6项重点课题列入国家“863”计划、1项列入国家“973”计划、1项列入国家科技支撑计划、6项列入国家高技术产业发展等计划,获得国家科技进步二等奖5项,省(部)级科技奖210项。2010年荣获国家创新型企业称号和国家“十一五”科技计划执行优秀团队奖。

兖矿集团承担的“十一五”国家重点课题

序号	项目名称	计划名称	计划年度
1	煤转化过程化学与工程基础研究	973计划	2010
2	两柱掩护式放顶煤液压支架	重大科技成果产业化计划	2010
3	多源遥感数据矿区环境与灾害信息精准检测技术	863计划	2009
4	数字矿山示范建设	高技术产业发展计划	2009
5	高灰熔点煤加压气流床气化	863计划	2008
6	粉煤加压气化高技术产业化示范工程	高技术产业发展计划	2007
7	煤间接液化油电联产系统优化集成与设计技术	863计划	2008
8	100万吨级低温费托合成油技术	863计划	2006
9	百万吨级煤间接液化及电联产系统工业试验与示范	863计划	2006
10	日处理2000吨煤新型水煤浆气化技术	863计划	2006
11	深厚冲积层冻结法凿井技术	科技支撑计划	2006

煤液化及煤化工国家重点实验室基于兖矿集团在煤炭液化领域取得的突出成就,经国家科技部批准,2007年7月,以上海兖矿能源科技开发中心为基础,规划建设煤液化及煤化工国家重点实验室,由谢克昌、倪维斗、金涌、谢和平等煤化工领域的院士、专家组成学术委员会。2008年11

月，实验室正式投入运行，立足煤化工发展，开展煤液化及煤化工基础与应用技术、工业放大及工程示范研究。承担煤液化领域的国家“863”课题3项，国家“973”课题1项，目前各项课题进展顺利，并取得重要阶段性成果，申请专利40余项，已获授权发明专利20项。

经原国家计委批准，兖矿集团联合华东理工大学、中国天辰化学工程公司、清华大学等多家科研院所和企业，筹建水煤浆及煤化工国家工程研究中心，立足煤化工发展，开展煤气化和碳—化学等煤化工关键工艺技术工程化研究，具有从实验室实验、中间试验直至工程化应用研究的能力，连续承担多项煤炭气化领域的国家“863”计划和国家科技支撑计划等国家重点研究课题。2008年，工程研究中心建设顺利通过国家验收，并被国家科技部列为首批国家技术转移示范机构。

兖矿集团承担完成了国家“863”课题——新型水煤浆气化技术研究，成功开发出多喷嘴对置式气流床气化炉、复合床高温合成气冷却洗涤系统、预膜式高效气化喷嘴、高效节能型合成气初步净化系统、直接换热式含渣水处理系统等设备及工艺，建成单炉日处理1150t煤的水煤浆气化工业系统，形成了具有我国独立自主知识产权的水煤浆气化技术和工艺，实现了我国大型煤气化技术的突破，打破了国外的技术垄断，为煤化工产业发展提供了强有力的技术支撑。

兖矿集团不断深化综放开采关键技术与装备研究，相继开发出两柱掩护式综放液压支架、综放工作面端头及顺槽超前液压支架支护系统、高压自动喷雾引射降尘及架间冲尘技术，利用电液控制技术，实现了放煤自动化，形成了集采煤机自动记忆截割、支架自动跟机移架、运输机及转载机自动推移、自动化放顶煤、煤流自动平衡监控、工况自动监控以及远程数据通信等技术于一体的综放开采自动化技术和工艺，并在澳大利亚成功应用，实现了我国采煤技术由引进到输出的突破。2009年荣获国家科技进步二等奖。

兖矿集团承担完成了国家“863”课题——煤制甲醇与联合循环发电技术研究，与中科院工程热物理研究所合作，开发出燃气发电系统及配套技术，技术成果填补了国内空白，打破了国外在中低热值燃料重型燃气轮机领域的技术垄断。优化融合驰放气高效利用、能量集成、燃料气稀释加热等技术,建成24万t甲醇/年联产60MW发电系统,实现能量梯级利用与物质高效转化,在IGCC技术领域迈入了国际先进行列,为我国煤炭高效洁净利用,特别是高硫煤的应用开辟了新途径,2009年荣获国家科技进步二等奖。

兖矿集团承担了“100万t级低温费托合成油技术”等3项煤液化领域国家“863”课题,开发出系列高效铁基费托合成催化剂,催化剂在线还原、补充与分离技术,三相浆态床、固定流化床反应器,形成了具有自主知识产权的煤间接液化制备油技术和工艺,相继建成万吨级低温和高温费托合成煤制油中试系统,并一次投料试车成功,各项技术指标处于国际先进水平。成功开发出大型煤间接液化模拟与优化平台、油电联产工业示范装置工艺设计包,为建设大型工业煤制油示范装置奠定了技术基础。

“十一五”期间,兖矿集团承担了国家“863”课题“高灰熔点煤加压气流床气化”、“日处理2000t煤新型水煤浆气化技术”和国家高技术产业发展计划课题“粉煤加压气化高技术产业化示范工程”等三项国家重点课题研究,进一步开展粉煤气化和水煤浆气化工业放大研究。研制的新型烧嘴创造了连续使用超过180天的世界纪录;开发的新型水冷壁气化炉通过了日投煤量30t的粉煤加压气化中试试验,各项工艺指标达到国际先进水平,形成了具有自主知识产权的水冷壁气化炉和粉煤加压气化技术,兖矿集团成为同时掌握水煤浆气化和粉煤加压气化两种煤炭气化技术的企业。

新汶矿业集团

新汶矿业集团“十一五”期间按照“自主创新、重点跨越、支撑发展、引领未来”的指导方针,实施“科技兴企”战略,共完成科研攻关和新技术推广项目1 760项,其中国家发改委重大示范项目2项、山东省重大技术创新项目10项、承担行业技术标准制定计划项目3项。有329项科技成果获得表彰奖励。其中:达到国际领先水平的16项;达到国际先进水平56项;达到国内领先水平95项。

《龙固主井(双井筒)近600m钻井法凿井井壁结构及工艺研究》、《矸石充填置换煤关键技术研究与应用》、《600m特厚表土层冻结法凿井关键技术》、《煤矿冲击地压预测与防治成套技术》等四项科技成果连续四年获得国家科技进步二等奖；有97项成果获省部级奖励、228项成果获地市(厅)级奖励,14项成果获得中国企业新纪录,企业拥有授权专利474件。其中:发明专利15件,实用新型专利459件,累计为企业创造经济效益16多亿元,科技贡献率和成果转化率分别达到46%和88%。

集团公司技术创新能力达到煤炭行业先进水平,巩固和发展了国家级技术中心、博士后科研工作站、泰山学者岗位等技术创新平台,培养和建立了深井开采、新井建设等多支技术创新团队,为集团公司的建设发展提供了坚实的技术支撑。

10.4 煤炭教育培训机制逐渐形成

"十一五"期间,针对煤炭行业人才短缺的矛盾,国家、煤炭行业和社会各方面对煤矿所需人才的培养给予了高度重视,采取了一系列政策措施,取得了积极成效。

一是煤矿主体专业培养规模进一步扩大。"十一五"期间,13所原煤炭高校每年主体专业人才招生数以平均18%的速度增长,平均每年招生达到15680人。2010年招收煤矿主体专业本科学生25800多人。目前,煤矿主体专业在校生人数已达成67400多人。煤炭职业院校和成人院校也加大了煤矿专门人才的培养力度。5年来,原煤炭职业院校共招收煤矿专业大中专学生10.4万多人,成人高校共招收17900人,分别比"十五"期间提高了26%和31%。

为解决煤矿主体专业技术人员不足的问题,自2003年,教育部先后批准中国矿业大学、辽宁工程技术大学、西安科技大学、太原理工大学、华北科技学院、山东科技大学等煤炭院校为煤炭企业对口单招院校,面向煤炭企业的优秀青年以及煤炭企业周边的优秀生实行对口单独招生。2010年招生规模已达4155人,在校生总数13647人,毕业人数4221人,并按协议全部到煤炭企业就业。

二是大专院校毕业生到煤炭企业就业人数大幅度增加。煤炭企业采取优惠措施吸引稳定人才,建立了有利于吸引人才、留住人才、用好人才的制度和机制,5年来,毕业生到煤炭企业就业人数大幅度增加。2005

年，原煤炭院校到煤炭企业就业人数36400多人，其中本科毕业生为6700多人。2010年，煤炭院校到煤炭行业就业人数达到85400多人，其中本科生达到18760人，分别增长了135%和180%。

三是奖、助学金支持力度逐步加大。教育部、财政部正在制定包括煤炭行业在内的艰苦行业奖学金管理办法，各院校奖、助学金也进一步向煤矿专业学生倾斜，其中华北科技学院拟免去到煤矿就业的主体专业学生全部学费；中国矿大徐州校区拟将主体专业本科学生人均1700元的拨款，全部用于设立"煤矿主体专业定向助学金"；中国矿大北京校区拟每月向主体专业学生发放100元生活费，每年按10个月发放，共1000元。另外，凡是毕业后到煤炭行业就业的学生，再一次性奖励3000元。

四是职业教育进一步加强。2005年启动了煤炭行业技能型紧缺人才培养培训工程，山西煤炭职业技术学校、石家庄工程技术学校、山西汾西煤化高级技工学校、内蒙古科技大学职业技术学院、吉林辽原职业技术学院、黑龙江鸡西大学、安徽淮南职业技术学院、广西第一工业学校、重庆工程职业技术学院、山西彬县职教中心等20所煤炭高职、中专学校被列为煤炭行业技能型紧缺人才培养培训基地，中央财政和地方财政分别投入5060万元。同时，为提高人才培养质量，教育部协同中国煤炭教育协会开发了煤矿开采技术、矿山机电、矿井通风与安全三个高职专业和采矿技术、矿山机电、矿井通风与安全三个中职专业的教学指导方案。

五是教育部、国家安监总局国家、国家发展改革委、财政部联合下发了《关于加强煤矿专业人才培养工作的意见》，明确今后一个时期煤矿人才培养的指导思想和目标任务，提出了扩大人才培养规模、提高人才培养质量、加大经费投入、吸引和稳定人才等一系列重要措施。

六是在有关部门的大力支持下，煤炭远程教育网实现了"四网合一"。"十一五"期间，投放教学网总课时累计达到7159课时，53家大型企业入网，每年网上培训百万人次；完成了国家确定煤炭行业"653工程"培训目标，累计实施了各类培训项目850个，培训21.1万人次。

七是培养锻炼了一大批专业技术领军人才。在开展国家“863”、“973”和科技支撑计划等重大科技项目研究,以及结合煤矿生产实践开展技术攻关的过程中,培养锻炼了一大批专业技术领军人才。

2006年度中国煤炭工业协会科学技术奖获奖项目

一等奖(16项)

序号	项目名称	主要完成单位	主要完成人
1	特大井田浅埋藏易自燃煤层防灭火关键技术研究	神华能源股份有限公司神东煤炭分公司 中国矿业大学	王　安　王德明　赵永峰 等16人
2	高压磨料射流割缝防突技术研究及工程应用	平顶山煤业(集团)有限责任公司 中国矿业大学	卫修君　林柏泉　张富有 等17人
4	峰峰集团特大溃水灾害治理技术	峰峰集团有限公司 煤科总院西安分院	张文学　张汝海　陈　宇 等15人
5	复杂地层条件下近1200米竖井施工技术创新研究	甘肃煤炭第一工程公司 西安科技大学	张亨和　高小明　温克珩 等17人
6	煤矿区煤层气采前地面预抽	山西晋城无烟煤矿业集团有限责任公司	袁宗本　朱晓明　苏清政 等17人
7	基于MG200/456-WD型采煤机的薄煤层高产高效成套设备和开采工艺	天地科技股份有限公司上海分公司 天地科技股份有限公司开采所事业部 四川华蓥山广能(集团)有限公司 大同煤矿集团有限责任公司 张家口煤矿机械有限公司	张　伟　王国法　韩保民 等17人
8	矿井动力系统数字化控制与信息集成的研究及应用	中国矿业大学 枣庄矿业(集团)公司	江　卫　史丽萍　王明南 等17人
9	立井提升安全保护技术与装备	中国矿业大学 淮南矿业(集团)有限责任公司顾桥矿井建设项目部 淮北矿业集团煤业有限责任公司祁南煤矿 徐州市工大三森科技有限公司	贾福音　储　路　韩晓东 等15人

续表

序号	项目名称	主要完成单位	主要完成人
3	煤炭生产综合管理信息系统	平顶山煤业(集团)有限责任公司 中国矿业大学	陈建生　常建华　于励民 等17人
10	适合"三下"及边角煤开采的短壁机械化采煤技术	山西潞安矿业集团有限责任公司 中国矿业大学 煤科总院太原分院	师文林　刘克功　缪协兴 等15人
11	工作面端头及顺槽超前液压支架与超前支护技术研究	兖矿集团有限公司 天地科技股份有限公司 山东天晟煤矿装备有限公司 郑州煤矿机械集团有限责任公司	王国法　韩纪志　孙希奎 等17人
12	特厚表土中冻结法凿井技术研究	新汶矿业集团有限责任公司 中国矿业大学 煤炭工业部济南设计研究院 兖矿集团东华建设有限公司新陆冻结安装分公司 中国科学院寒区旱区环境与工程研究所冻土工程国家重点实验室 中煤第七十一工程处 淄博翔宇勘探工程有限责任公司	郎庆田　杨维好　王元仁 等17人
13	煤与瓦斯突出区域预测的地质动力区划	辽宁工程技术大学 淮南矿业(集团)有限责任公司 煤炭科学研究总院抚顺分院 平顶山煤业(集团)公司 开滦(集团)有限责任公司	张宏伟　袁　亮　王继仁 等17人
14	煤直接液化高效催化剂	煤炭科学研究总院 神华集团有限责任公司	舒歌平　史士东　李文博 等13人
15	高炉喷吹贫煤、贫瘦煤燃烧技术研究	山西潞安矿业(集团)有限责任公司 北京科技大学 天津天铁冶炼集团公司	刘仁生　任润厚　刘应书 等17人

续表

序号	项目名称	主要完成单位	主要完成人
16	平朔矿区露井联采建设与生产技术研究	中国中煤能源集团公司 平朔煤炭工业公司 煤炭工业西安设计研究院 中国矿业大学(北京) 天地科技股份有限公司开采所事业部 中国煤矿工程机械装备集团公司 煤炭科学研究总院抚顺分院	张宝山　王家臣　洪　宇等17人

2007年度中国煤炭工业协会科学技术奖获奖项目

一等奖(21项)

序号	项目名称	主要完成单位	主要完成人
1	深部“三下”开采岩层移动与变形时空协调控制技术及其应用研究	峰峰集团有限公司 中国矿业大学(北京) 丰城矿务局 峰峰集团有限公司梧桐庄 煤炭科学研究总院北京开采研究所	张文学　戴华阳　胡炳南等17人
2	KJZ系列矿用隔爆兼本质安全型智能真空组合开关	常州联力自动化科技有限公司 中国神华能源股份有限公司神东煤炭分公司	宫一棣　翟桂武　尉际香等15人
3	提升机液压制动系统安全监护装置	河北金能邯郸矿业集团有限公司 中国矿业大学 徐州中矿科达机电有限公司 河北金能邯郸矿业集团云驾岭煤矿	贾明泉　肖兴明　刘希军等14人
4	淮北矿区整体结构顶板特大动力突水水害查治试验研究	淮北矿业(集团)有限责任公司 中国矿业大学	李　伟　程新明　李文平等17人

续表

序号	项目名称	主要完成单位	主要完成人
5	极软、突出、特厚、高瓦斯煤层安全高效开采技术研究	淮北矿业(集团)有限责任公司 中国矿业大学(北京) 煤炭科学研究总院重庆分院 煤炭科学研究总院北京开采所 安徽理工大学	张国建　王家臣　杨　军等17人
6	煤与瓦斯突出矿井瓦斯灾害综合治理技术体系及应用研究	淮北矿业(集团)有限责任公司 中国矿业大学	李　伟　周卫金　程远平等16人
7	煤矿安全监控技术研究与标准研究制定	中国矿业大学(北京) 煤炭科学研究总院常州自动化研究院 平顶山煤业(集团)有限责任公司	孙继平　彭　霞　于励民等9人
8	矿山地层冻结技术在地铁隧道关键节点施工中的应用研究	北京中煤矿山工程有限公司 上海申通集团有限公司 中国矿业大学 煤炭科学研究总院北京建井研究所	楼根达　白廷辉　周兴旺等17人
9	深部与复杂困难巷道强力支护理论与技术研究	煤炭科学研究总院 新汶矿业集团有限责任公司 金川集团有限公司 潞安矿业集团有限责任公司 晋城无烟煤矿业集团有限责任公司 山东石横特殊钢有限公司 天津高力预—预应力钢绞线有限公司	康红普　林　健　王金华等17人
10	钢丝绳牵引带式输送机防爆四象限变频拖动及控制系统的研制与应用	河南省平顶山煤业(集团)有限责任公司 唐山开诚电器有限责任公司	于励民　向　阳　陶建平等17人

续表

序号	项目名称	主要完成单位	主要完成人
11	煤矿矸石山自燃爆炸机理及综合治理技术研究	平顶山煤业(集团)有限责任公司 中国矿业大学 河南理工大学 煤科总院杭州环境保护研究所	常建华 卫修君 张铁岗等17人
12	中国北方地下煤火探测与监测关键技术研究	中国煤炭地质总局 神华(北京)遥感勘查有限责任公司 中国煤炭地质总局航测遥感局 中国矿业大学(北京) 宁夏煤炭工业局灭火处 北京师范大学 河南理工大学 煤炭信息研究院 神华宁煤集团公司 神华集团乌达矿业公司	徐水师 张建民 谭克龙等17人
13	矸石置换煤关键技术研究与应用	新汶矿业集团公司 中国矿业大学 淄博矿业集团公司许厂煤矿 煤炭科学研究总院 山东盛泉矿业有限公司 新汶矿业集团公司翟镇矿 新汶矿业集团公司孙村矿	缪协兴 郎庆田 王元仁等17人
14	一米以下含坚硬夹矸薄煤层安全高效开采关键技术与装备研究	兖矿集团有限公司 天地科技股份有限公司开采所事业部	樊玉泉 徐长德 高振伟等17人
15	702米深井冻结关键技术研究	中煤第一建设公司 中国矿业大学 中煤第一建设公司特殊凿井处	耿聚昌 杨维好 梁洪振等17人

续表

序号	项目名称	主要完成单位	主要完成人
16	矿井特大功率提升机全数字控制系统的开发与应用	中国矿业大学 开滦(集团)有限责任公司 江苏省电力传动与自动控制工程技术研究中心	何晓群　谭国俊　刘向昕等17人
17	面向创新型国家的矿业高级专门人才培养的国家支撑体系研究	中国矿业大学 中国煤炭教育协会	罗承选　朱德仁　丁三青等8人
18	隔爆型大功率开关磁阻电动机调速系统开发研制	山西潞安矿业(集团)有限责任公司 山西潞安环保能源开发股份有限公司五阳煤矿 北京摩迪通调速电机开发有限公司	师文林　高　超　李建宏等16人
19	ZY9400/28/62电液控制液压支架研制	山西晋城无烟煤矿业集团有限责任公司 郑州煤矿机械集团有限责任公司 天地科技股份有限公司	高玉斌　焦承尧　高有进等15人
20	煤炭自燃理论及其应用基础研究	辽宁工程技术大学 大同煤矿集团有限责任公司 中国神华神东煤炭分公司	王继仁　金智新　邓存宝等17人
21	山西能源建设专项研究	国家发展和改革委员会能源局 山西省发展和改革委员会 中国煤炭工业发展研究中心	贺佑国　杨国栋　吴　吟等17人

2008年度中国煤炭工业协会科学技术奖获奖项目

特等奖(2项)

序号	项目名称	主要完成单位	主要完成人
1	低透气性煤层群无煤柱煤与瓦斯共采关键技术	煤矿瓦斯治理国家工程中心 淮南矿业(集团)有限责任公司 安徽建筑工业学院 中国矿业大学 安徽理工大学 沈阳天安机械科技有限公司	袁　亮　方良才　程　桦等21人

续表

序号	项目名称	主要完成单位	主要完成人
2	年产600万吨大采高综采成套技术与装备	煤炭科学研究总院 中国神华能源股份有限公司 天地科技股份有限公司 郑州煤矿机械集团公司 中煤张家口煤矿机械有限公司 中煤北京煤矿机械有限责任公司	宁　宇　王金力　王国法 等21人

一等奖(24项)

序号	项目名称	主要完成单位	主要完成人
1	难选、极难选稀缺煤种高效分选综合技术的研究	开滦(集团)有限责任公司 中煤国际工程集团北京华宇工程有限公司	殷作如　李建光　李建民 等17人
2	盘式制动器及其制动性能智能检测系统开发与应用	中国矿业大学 中信重工机械股份有限公司 中信重型机械公司实业总公司工程塑料厂	朱真才　陈光柱　江晓红 等17人
3	深井突出煤层竖井安全揭穿煤层与区域性瓦斯治理技术研究	淮北矿业(集团)有限责任公司 中国矿业大学	李　伟　程远平　周茂春 等16人
4	坚硬顶板与煤岩层动力灾害条件下安全开采技术	大同煤矿集团有限责任公司 太原理工大学 焦作煤业(集团)有限责任公司 河南理工大学 山西汾西矿业集团公司 天地科技股份有限公司	吴永平　康立勋　苗河根 等17人
5	高瓦斯、易自燃厚煤层群适用放顶煤开采的瓦斯综合防治技术	鹤岗矿业集团有限责任公司 辽宁工程技术大学 煤炭科学研究总院抚顺分院 中国矿业大学 黑龙江科技学院 黑龙江龙煤集团公司	张振龙　王继仁　严如令 等17人
6	赵固二矿深井冻结经济快速施工综合技术研究与应用	焦作煤业集团有限责任公司 煤科总院北京建井研究所 中煤第五建设公司第三工程处 中煤国际工程集团武汉设计研究院	杜工会　李功洲　盛天宝 等17人

续表

序号	项目名称	主要完成单位	主要完成人
7	煤矿导含水地质体超前 80m 实时预测技术	煤炭科学研究总院西安研究院	王信文　冯　宏　王继矿等 17 人
8	劣质煤综合利用技术—以富含腐植酸的劣质煤生产可降解液态地膜技术	山东科技大学	田原宇　乔英云　王立英等 13 人
9	大采高自动化综放工作面安全高效综合配套技术研究	山西潞安环保能源开发股份有限公司王庄煤矿 中国矿业大学 山西潞安机电修造公司	刘克功　周志利　刘长友等 17 人
10	煤矿井下地应力及多参数测量与围岩稳定性研究	天地科技股份有限公司 煤炭科学研究总院 中国地震局地壳应力研究所 潞安矿业集团有限责任公司 晋城无烟煤矿业集团公司有限责任公司 汾西矿业集团有限责任公司	康红普　王金华　林　健等 17 人
11	综采放顶煤技术在澳大利亚的创新研究与实践	兖矿集团有限公司 兖州煤业股份有限公司 中国矿业大学	金　太　耿加怀　王　信等 17 人
12	安全高效矿井辅助运输系统关键技术研究与应用	兖州煤业股份有限公司 常州科研试制中心有限公司 煤炭科学研究总院太原研究院	黄福昌　倪兴华　张法启等 12 人
13	高效矿井 SGZ1000/3 × 700 型工作面刮板输送机成套设备	中煤张家口煤矿机械有限责任公司	高建炯　濮　津　刘占胜等 16 人

续表

序号	项目名称	主要完成单位	主要完成人
14	WC40Y 支架搬运车的研制	煤炭科学研究总院太原研究院 中国神华能源有限公司神东煤炭分公司	王步康　王　安　雷　煌 等17人
15	矿井无线传输与人员位置监测技术及标准	中国矿业大学(北京) 煤炭科学研究总院常州自动化研究院 平顶山煤业(集团)有限责任公司	孙继平　彭　霞　卫修君 等10人
16	隐伏岩溶陷落柱预测及突水快速封堵综合治理技术研究	河北金牛能源股份有限公司 煤炭科学研究总院西安研究院 华北科技学院	刘建功　赵庆彪　白忠胜 等15人
17	大型地表水体下采煤防治水技术研究	义马煤业集团有限责任公司 中国矿业大学	翟源涛　孙亚军　李建新 等16人
18	矿井交流提升机双馈转子变频调速系统	邯郸矿业集团有限公司 中国矿业大学 徐州中矿大传动与自动化有限公司 邯郸矿业集团有限公司云驾岭煤矿	谭国俊　刘建功　何凤有 等16人
19	神东矿区水资源保护性采煤技术研究与应用	中国神华能源股份有限公司神东煤炭分公司 中国矿业大学	王　安　缪协兴　赵永峰 等17人
20	煤矿灾害防治的技术与对策	煤炭科学研究总院 煤炭科学研究总院抚顺分院 煤炭科学研究总院西安研究院 煤炭科学研究总院重庆研究院 中国矿业大学(北京)	申宝宏　胡千庭　宁　宇 等17人
21	热-电-乙二醇低温制冷降温技术的研究与应用	平顶山煤业(集团)有限责任公司 中煤国际工程集团武汉设计研究院 武汉星田热环境控制技术有限公司	卫修君　张建国　万　昌 等17人
22	煤炭采掘业信息化示范项目研究与实施	平顶山煤业(集团)有限责任公司	陈建生　常建华　于励民 等17人

续表

序号	项目名称	主要完成单位	主要完成人
23	煤炭工业发展"十一五"规划重大课题研究	国家发展和改革委员会能源局 中国煤炭工业发展研究中心	贺佑国　李瑞峰　吴　吟 等17人
24	高瓦斯矿区千万吨级矿井建设	山西晋城无烟煤矿业集团有限责任公司	袁宗本　朱晓明　苏清政 等17人

2009年度中国煤炭工业协会科学技术奖获奖项目

一等奖(24项)

序号	项目名称	主要完成单位	主要完成人
1	矿井水控制处理利用回灌与生态环保五位一体优化结合综合技术研究	冀中能源峰峰集团有限公司梧桐庄矿 中国矿业大学(北京)	郭周克　武　强　张党育 等17人
2	中国煤炭地质综合勘查理论与技术新体系	中国煤炭地质总局 山东科技大学 中国矿业大学(北京) 中国煤炭地质总局航测遥感局	徐水师　王　佟　孙升林 等17人
3	新型高水速凝材料巷旁充填沿空留巷技术研究	冀中能源邯郸矿业集团有限公司 中国矿业大学 邯郸矿业集团陶一煤矿	孙春东　张建公　冯光明 等15人
4	潞安矿区深部巷道及井筒硐室群支护加固技术研究	山西潞安环保能源开发股份有限公司 山西潞安集团余吾煤业有限责任公司 天地科技股份有限公司	曹晨明　李晋平　康红普 等17人
5	大跨度复合泥岩顶板煤巷预应力桁架锚索联合支护技术研究	中国矿业大学(北京) 霍州煤电集团有限责任公司 平顶山天安煤业股份有限公司八矿 北京科技大学	何富连　曹耀丰　杜　波 等17人
6	厚煤层高效全厚开采新技术开发——错层位巷道布置无煤柱综放技术研究	山西西山煤电股份有限公司 中国矿业大学(北京) 山西西山煤电股份有限公司镇城底矿	李建胜　赵景礼　徐忠和 等21人

续表

序号	项目名称	主要完成单位	主要完成人
7	建筑物下综合机械化充填采煤技术	河北金牛能源股份有限公司 中国矿业大学 冀中能源峰峰集团有限公司	刘建功　缪协兴　郭周克等17人
8	特大型复杂矿床露天煤矿端帮靠帮开采方法及开拓运输系统优化设置	中国矿业大学 平朔煤炭工业公司 准格尔能源有限公司 霍林河露天煤业股份有限公司	才庆祥　徐志远　车兆学等17人
9	大倾角复杂特厚易燃煤层6.2m大采高开采集成技术研究	神华宁夏煤业集团有限责任公司 西安科技大学	王　俭　严永胜　崔洪明等17人
10	京山铁路煤柱注浆减沉综放安全高效开采技术研究与应用	开滦(集团)有限责任公司 中国矿业大学(北京) 山东科技大学	钟亚平　殷作如　高延法等17人
11	煤巷掘锚一体自动化快速掘进关键技术研究与实践	山西潞安环保能源开发股份有限公司王庄煤矿 山西潞安环保能源开发股份有限公司漳村煤矿 中国矿业大学 IMM国际煤机集团佳木斯煤矿机械股份有限公司 沈阳三一重型装备有限公司 潞安环保能源开发股份有限公司租赁站 约翰芬雷工程技术(北京)有限公司	刘克功　肖亚宁　赵学雷等17人
12	带式输送机新型可控启动与制动系统的研发与应用	山东科技大学	于　岩　包继华　张　媛等17人
13	MST大功率机械软启动传动系统研制	北京华丰达系统技术有限公司 淄博矿业集团有限责任公司许厂煤矿 中国矿业大学(北京)	孟国营　张以都　侯宇刚等13人

续表

序号	项目名称	主要完成单位	主要完成人
14	薄煤层综采自动化技术研究应用	冀中能源峰峰集团有限公司	陈亚杰　郭周克　邵太升等17人
15	矿井移动与应急通信技术与系统	中国矿业大学(北京) 中电广通股份有限公司 江苏三恒科技集团有限公司 煤炭科学研究总院常州自动化研究院	孙继平　田子建　张　锋等17人
16	沿空巷道喷涂隔风的复合浆体材料、制备系统及应用研究	河北金牛能源股份有限公司 中国矿业大学	杨绿刚　周福宝　白兰永等15人
17	煤矿井下瓦斯含量直接测定方法	煤炭科学研究总院重庆研究院	胡千庭　邹银辉　张庆华等17人
18	煤矿井下近水平千米瓦斯抽采孔随钻测量定向钻进技术与装备	煤炭科学研究总院西安研究院 陕西长武亭南煤业有限公司 陕西彬长大佛寺矿业有限公司 北京合康科技发展有限责任公司	石智军　董书宁　赵庆民等17人
19	阜新矿区高瓦斯煤层冲击地压研究	辽宁工程技术大学 阜新矿业集团有限责任公司	潘一山　宋景春　李忠华等17人
20	煤矿安全生产风险预控体系及控制技术	神华集团有限责任公司 中国矿业大学 中国矿业大学(北京) 国家安全生产监督管理总局研究中心 中国职业安全健康协会 中国安全生产科学研究院	张喜武　郝　贵　宋学锋等17人
21	兖州矿区高硫煤洁净利用创新技术集成及工业化示范	兖矿集团有限公司 煤炭科学研究总院北京煤化工研究分院 水煤浆气化及煤化工国家工程研究中心 煤液化及煤化工国家重点实验室	耿加怀　韩　梅　陈贵锋等17人
22	矿井回风源热泵系统及配套技术研究	河北金牛能源股份有限公司 中关村能源与安全科技园	王社平　王建学　毕锦明等17人

续表

序号	项目名称	主要完成单位	主要完成人
23	开滦集团公司自动化建设总体规划及实施应用	开滦(集团)有限责任公司 北京中矿信电科技股份有限公司	殷作如　张瑞玺　何晓群 等17人
24	煤炭产业政策研究	中国煤炭工业协会 中国矿业大学(北京)	王立杰　吴　吟　姜智敏 等15人

2010年度中国煤炭工业协会科学技术奖获奖项目(待审定)

特等奖(2项)

序号	项目名称	主要完成单位	主要完成人
1	无烟煤煤层气开发利用关键技术与产业化示范	山西晋城无烟煤矿业集团有限责任公司 煤炭科学研究总院西安研究院 中国石油大学(北京) 河南理工大学	李国彪　贺天才　武华太 等21人
2	现代煤矿资源开发模式研究与实践——同煤塔山循环经济园区建设	大同煤矿集团有限责任公司 山东工商学院 北京交通大学	吴永平　张有喜　于　斌 等21人

一等奖(25项)

序号	项目名称	主要完成单位	主要完成人
1	一米以下含坚硬夹矸薄煤层安全高效综采成套装备与技术	兖矿集团有限公司 兖州煤业股份有限公司 辽源煤矿机械制造有限责任公司 宁夏天地奔牛公司 山东科技大学 辽宁工程技术大学 北京天地玛珂电液控制系统有限公司	曲天智　李　政　张崇宏 等17人
2	超高水材料矿山充填开采技术研究与应用	冀中能源邯郸矿业集团有限公司 中国矿业大学 冀中能源邯郸矿业集团陶一煤矿	孙春东　冯光明　刘尚林 等17人

续表

序号	项目名称	主要完成单位	主要完成人
3	煤矿瓦斯地质规律与应用研究	河南理工大学 中国平煤神马能源化工集团有限公司 郑州煤炭工业(集团)有限责任公司 河南煤业化工集团有限责任公司 皖北煤电集团有限责任公司 山西晋城无烟煤矿业集团有限责任公司	张子敏　高建良　张铁岗 等 17 人
4	高效矿井 SGZ1000(1250)/3×1000(855)型刮板输送机成套设备	中煤张家口煤矿机械有限责任公司 宁夏天地奔牛实业集团有限公司	李国平　陈保宗　高建炯 等 17 人
5	近距离煤层群开采围岩活动机理与巷道支护对策研究	山西汾西矿业(集团)有限责任公司 天地科技股份有限公司 山西汾西新峪煤业有限责任公司 山西汾西新柳煤业有限责任公司	贺志宏　康红普　张　剑 等 17 人
6	煤炭采掘会计问题研究	中国煤炭工业协会 中国矿业大学 淮南矿业(集团)有限责任公司 中国煤炭经济研究会	黄国良　姜智敏　王　源 等 17 人
7	薄煤层刨煤机全自动化无人工作面安全高效开采模式研究与应用	铁法煤业(集团)有限责任公司 中煤北京煤矿机械有限责任公司 煤炭科学研究总院 中国矿业大学 中国矿业大学(北京)	韩有波　宁　宇　王　建 等 17 人
8	煤矿岩巷机械化高效掘进的关键应用集成技术研究	河北金牛能源股份有限公司 中国矿业大学(北京)	杨仁树　白忠胜　赵兵文 等 14 人
9	松软煤层瓦斯抽采钻进关键技术研究	山西潞安环保能源开发股份有限公司 河南理工大学	郭金刚　孙玉宁　李晋平 等 17 人

续表

序号	项目名称	主要完成单位	主要完成人
10	露井联合开采关键技术研究与应用	中煤平朔煤业有限责任公司 中国矿业大学 北京航空航天大学 中国矿业大学(北京)	吴吉南　冯学武　朱建明 等12人
11	榆神府区煤炭资源开采与生态水位保护研究	西安科技大学 长安大学 陕西省煤炭地质测量技术中心 榆林市杨伙盘煤矿 榆阳区煤炭工业局 榆阳区金牛煤矿 榆阳区榆卜界煤矿 榆阳区三台界煤矿	王双明　黄庆享　范立民 等17人
12	厚煤层开采理论与应用研究	中国矿业大学(北京) 山西潞安矿业集团有限责任公司 淮北矿业集团有限责任公司 中煤平朔煤业有限责任公司 大同煤矿集团有限责任公司	王家臣　陈忠辉　刘克功 等17人
13	黄土基底排土场破坏机理与稳定控制技术研究	煤炭科学研究总院沈阳研究院 中煤平朔煤业有限责任公司 神华准格尔能源有限责任公司 辽宁工程技术大学	王建国　洪　宇　郭昭华 等17人
14	煤矿井下定向压裂增透消突成套技术	河南省煤层气开发利用有限公司 中国平煤神马能源化工集团有限责任公司 义马煤业集团有限责任公司 中国矿业大学 河南煤业化工集团有限责任公司 河南理工大学 郑州煤业集团有限责任公司 煤炭科学研究总院	姜光杰　卫修君　吴　吟 等17人
15	承压水体上带压开采煤层突水灾害形成的动力学过程与预测预报方法	中国矿业大学(北京) 冀中能源股份有限公司 中国煤炭科工集团有限公司 太原东山煤矿有限责任公司	武　强　赵庆彪　王金华 等17人

续表

序号	项目名称	主要完成单位	主要完成人
16	青海省木里煤田天然气水合物与多能源研究及资源潜力评价	中国煤炭地质总局 中国矿业大学(北京) 中国煤炭地质总局青海煤炭地质局 青海煤炭地质105勘探队	徐水师　王　佟　刘天绩等17人
17	地面钻井抽采高瓦斯突出煤层群保护层开采卸压瓦斯关键技术	神华宁夏煤业集团有限责任公司 中国矿业大学	严永胜　周福宝　李玉民等17人
18	井下超前150米地质构造探测技术装备及其应用	煤炭科学研究总院重庆研究院 冀中能源峰峰集团有限公司 中南大学	吴燕清　张党育　胡运兵等17人
19	高端液压支架及其先进制造关键技术研究与产业化	天地科技股份有限公司 神华集团有限责任公司 中煤北京煤矿机械有限责任公司 北京天地玛珂电液控制系统有限公司 平顶山煤矿机械有限责任公司 宝山钢铁股份有限公司 昆山华恒焊接股份有限公司	王国法　顾大钊　杨汉宏等17人
20	煤炭产量远程监测技术与系统	中国矿业大学(北京) 北京工业职业技术学院 北京市煤炭矿用机电设备技术开发公司 镇江台电电气有限公司	孙继平　王文清　田子建等17人
21	液压支架电液控制系统研制与应用	北京天地玛珂电液控制系统有限公司 神华宁夏煤业集团有限责任公司	张　良　刘晋冀　李首滨等16人
22	置换解吸和抑制解吸技术防治瓦斯突出试验研究	山西国阳新能股份有限公司 河南理工大学	王兆丰　张庆恒　杨宏民等17人
23	特大型矿区群资源与环境协调开发技术	神华集团有限责任公司 中国神华能源股份公司 中国神华神东煤炭集团公司 神华准格尔能源有限责任公司 中国矿业大学(北京) 煤科总院西安院 内蒙古水利科学研究院	张喜武　凌　文　顾大钊等17人

续表

序号	项目名称	主要完成单位	主要完成人
24	ZFY3.5/400电控型反井钻机技术及应用	北京中煤矿山工程有限公司 山西晋城无烟煤矿业集团有限责任公司寺河煤矿 沧州海岳矿山机电设备有限公司	刘志强　刘日辉　王平虎等17人
25	MW级同步和鼠笼交流提升机三电平变频调速控制系统研究	开滦(集团)有限责任公司 中国矿业大学 徐州中矿大传动与自动化有限公司	谭国俊　何晓群　刘向昕等17人

第11章 煤矿企业兼并重组

“十一五”时期，我国主要产煤省（区）努力践行科学发展观，为实现煤炭工业的安全发展和持续稳定发展，积极推进煤矿企业兼并重组。2011年3月21日，山东能源集团有限公司在济南正式成立，标志着我国煤矿企业兼并重组开始向“强强联合”方向发展。

2010年8月25日，国务院总理温家宝主持召开国务院常务会议，研究部署推进煤矿企业兼并重组工作。会议指出，煤炭是我国的主要能源，煤炭工业健康发展关系国家能源安全和经济安全。改革开放以来，我国煤炭工业发展取得显著成就，但产业集中度低、资源浪费和环境污染严重、勘查开发秩序混乱、生产安全事故多发等问题仍然突出。会议指出，必须按照安全、节约、清洁和可持续发展的原则，坚持政府引导与市场机制相结合，充分调动各个方面积极性，推进煤矿企业兼并重组，淘汰落后产能，优化产业结构，提高煤炭生产集约化程度、安全生产和科技水平，有序开发利用煤炭资源，推动现代煤炭产业发展。

会议提出，要积极探索煤矿企业兼并重组的有效方式，支持符合条件的国有和民营煤矿企业成为兼并主体，鼓励各种所有制煤矿企业和电力、冶金、化工等行业企业以产权为纽带，以股份制为主要形式参与兼并重组。兼并重组主体企业要担负起被兼并企业的安全生产责任，确保煤矿安全、平稳进行。要加强政策引导，出台财税、金融等方面的配套措施，支持被兼并企业的煤矿安全改造和技术改造。要坚持依法办事，切实维护煤矿企业职工和投资者合法权益，保证煤矿企业兼并重组工作有序开展。

按照国务院常务会议的精神，国家发展改革委拟定了《关于加快推进煤矿企业兼并重组的若干意见》,2010年10月16日,国务院办公厅发出通知,转发了《关于加快推进煤矿企业兼并重组的若干意见》,要求各省、自治区、直辖市人民政府和国务院各部委、各直属机关结合实际情况,认真贯彻执行,煤矿企业兼并重组上升为国家能源发展战略。

11.1 煤矿企业兼并重组取得重大进展

近年来,在国家加快推进煤炭大企业集团建设的方针政策指引下,在地方政府的强力主导推动下,全国煤矿企业组建大集团的工作进展顺利,主要产煤省(区)绝大多数已完成煤矿企业重组工作,煤矿企业的经济规模扩大,产业结构优化,竞争实力增强。神华集团、中煤集团、山西焦煤集团、大同煤矿集团、陕西煤业化工集团、冀中能源、平煤神马、河南煤化、兖矿集团、龙煤集团等大型煤矿企业通过兼并重组,已经建成或正在建成亿吨级的企业集团。江西、四川、湖南、重庆、云南、吉林等产煤省(市)也都在企业重组的基础上,成立了省级煤矿企业集团。"十一五"期间,我国煤炭产业集中度有了较大提高,煤炭开采秩序明显好转,安全生产创历史最好成绩。2010年,我国矿井数量减至1.4万个左右,比2005年的2.48万个减少了1.4万个左右,减少幅度达到了121%,百万吨死亡率降至0.749,比2005年百万吨死亡率2.811降低了206%。

我国是一个以煤炭为主要能源的国家。大陆地区除海南、上海等少数地区以外,全国各地区都有煤炭资源。由于各地资源禀赋差别较大,加之各地经济发展对煤炭资源的依赖度较强,我国煤炭资源开采长期处于散乱状态,管理难度大,资源回收率低,安全状况差,环境破坏严重。"十五"期间,我国采取依法取缔非法开采和关闭布局不合理的小煤矿的措施,淘汰了一批落后生产能力。小煤矿随意布点、越层越界、乱采滥挖现象得到初步遏制,办矿秩序和生产经营秩序趋于好转。但是,与世界产煤国家相比,我国煤炭产业的集中度和安全生产状况依然十分落后。以2004年世界产煤大国大型煤矿企业占国内市场份额的比例来看,美国皮博迪公司占国内总产量的 19%，澳大利亚必和必拓公司占 24%，南非萨索尔公司占 33%，印度煤炭公司占 89%，俄罗斯煤炭公司占 96%，德国硬煤公司占 100%。2005 年，我国煤炭产量排名前四位的神华集团、中煤能源集团、山西焦煤集团和大同煤矿集团产量之和，不足国内总产量的 20%。

据国家发展改革委《全国煤矿核定生产能力》报告统计，2005 年，我国共有生产煤矿（矿井）个数 24813 处。按矿井井型规模划分，其中井型规模在 120 万 t/a 以上的大型矿井 285 处，占全国煤矿（矿井）总数的 1.2%，矿井核定生产能力 84317 万 t，占全国矿井核定总生产能力的 37.3%；井型规模在 30～120 万 t/a（含 120 万 t/a）的中型矿井 473 处，占矿井总数的 1.9%，矿井核定能力 31649 万 t/a，占全国总核定生产能力的 13.9%；井型规模在 9 万～30 万 t/a（含 30 万 t/a）的矿井 1986 处，占全国矿井总数的 8%，矿井核定生产能力 34921 万 t，占总核定能力的 15.4%；井型规模在 3 万～9 万 t/a（含 9 万 t/a）的矿井 6340 处，占全国矿井总数的 25.6%，矿井核定能力 38934 万 t，占总核定能力的 17.2%；井型规模小于 3 万 t（含 3 万 t/a）的矿井 15729 处，占矿井总数的 63.4%，核定能力 36610 万 t，占总核定能力的 16.1%。

表 11－1　2005 年全国煤矿数量与井型规模统计表

按规模分类（万 t/a）	矿（井）个数	占全国总数比例（%）	2005 年核定能力（万 t）	占全国能力比例（%）
>120	285	1.2	84317	37.3
30～120	473	1.9	31649	13.9
9～30	1986	8	34921	15.4
3～9	6340	25.5	38934	17.2
<3	15729	63.4	36610	16.2
合计	24813	100.0	226431	100.0

矿井数量多，井型小，不仅给管理带来了难度，也无法提高企业的技术装备和生产效率，导致煤矿安全事故居高不下。2005 年，我国发生各类煤矿事故 3306 起，死亡人数高达 5938 人，百万吨死亡率为 2.75。

为了改变煤炭工业的落后面貌，“十一五”期间，我国把煤炭整合、有序开发作为发展重点，把建设大型煤炭基地，培育大型煤矿企业集团，整合改造中小型煤矿，淘汰资源回收率低、安全隐患大的小煤矿作为发展的主要任务。为了实现“十一五”发展目标和任务，加快煤矿企业兼并重组成为了大多数产煤省(区)的首选。

为了推进煤矿企业兼并重组，“十一五”期间，我国相继出台了一系列产业政策，鼓励以大企业为核心整合小煤矿，提高产业集中度。

2005年6月，国务院下发了《关于促进煤炭工业健康发展的若干意见》，明确提出了煤炭行业发展应“以建设大型煤炭基地、培育大型煤矿企业和企业集团为主线”的发展思路。“加快中小型煤矿的整顿、改造和提高，整合煤炭资源，实行集约化开发经营。鼓励大型煤矿企业兼并改造中小型煤矿，鼓励资源储量可靠的中小型煤矿，通过资产重组实行联合改造”。

2005年12月，国家发展改革委公布了《产业结构调整指导目录》，鼓励建立年产120万t以上的高产高效矿井和洗煤厂，淘汰年产3万t以下的小煤矿。

2006年3月，国务院下发的《关于加强煤矿安全生产工作规范煤炭资源整合若干意见》指出，“煤炭资源整合是指合法矿井之间对煤炭资源、资金、资产、技术、管理、人才等生产要素的优化重组，以及合法矿井对已关闭煤矿尚有开采价值资源的整合”。并明确规定“应以规模大、技术、管理和装备水平高的矿井作为主体整合其他矿井。鼓励大型煤矿企业采取兼并、收购等方式整合小煤矿”。指出煤炭资源整合是提高产业集中度、提高安全生产水平、保障资源合理开发利用、实现煤炭产业可持续发展的重要手段和途径，各地应该将煤炭资源整合工作纳入重要日程，统一部署，规范动作，积极推进。

2007年1月发布的《煤炭工业发展“十一五”规划》，明确了“十一五”期间，要以煤炭整合、有序开发为重点，对中小煤矿实施整合改造，实现资源、资产、技术、人力等生产要素的整合和重组。并提出在大型煤炭基地内，一个矿区原则上由一个主体开发，推进企业整合。同时鼓励大型煤矿企业整合重组和上下游产业融合，提高产业集中度。至此，煤矿企业兼并重组除了“大型煤矿企业对中小型煤矿的整合”之外，更包含了“大型煤矿企业之间的整合重组和上下游产业的融合”。

2007年11月，国家发展改革委发布了我国第一部《煤炭工业产业政策》。这部产业政策对大型煤矿企业实施强强联合和兼并、重组中小型煤矿提出了鼓励性政策，提出鼓励大型煤矿企业涉足冶金、化工、建材、交通运输等相关产业，鼓励发展煤炭、电力、铁路、港口等一体化经营的大型企业集团。在产业布局方面提出在13个大型煤炭基地内，一个矿区原则上由一个主体开发，一个主体可以开发多个矿区，推进煤炭、煤层气等资源的协调开发和基础设施的高效利用；在产业准入方面，设定了新建、改扩建煤矿最低建设规模和技术标准，对煤矿资源回收率提出规定性要求；在产业组织方面，提出鼓励发展大型煤矿企业集团，鼓励中小型煤矿整合改造，引导资源枯竭矿区经济转型，并明确提出“深化煤矿企业改革，推进煤矿企业的股份制改造、兼并和重组，提高产业集中度，形成以大型煤矿企业集团为主体、中小型煤矿协调发展的产业组织结构”。

在这些政策的指导下，我国主要产煤省的煤矿企业兼并重组全面展开。

表11－2 国家鼓励、支持煤矿企业并购重组的主要政策

	发布时间	文件名称	主要内容
1	2004	煤炭工业中长期发展规划（2004～2020年）	《规划》提出大型煤炭基地建设的初步规划，在建设中要与煤炭骨干企业同时并举，与电力、冶金、建材、化工的联营同时并举。
2	2005	国务院关于促进煤炭工业健康发展的若干意见（国发［2005］18号文件）	用3～5年时间形成若干个亿吨级生产能力的大型煤矿企业和企业集团；再用5年左右的时间形成以大型煤炭基地和大型煤矿企业集团为主体的煤炭供给系统。
3	2005	国务院办公厅关于坚决整顿关闭不具备安全生产条件和非法煤矿的紧急通知	要求立即停产整顿不具备安全生产条件的煤矿；坚决关闭取缔“停而不整”、经整顿仍不达标以及非法生产的矿井；实行联合执法，依法查处违法违规单位和人员；加强领导，建立和落实煤矿整顿关闭工作责任制；加强对整顿关闭工作的社会监督和舆论监督。
4	2006	关于加强煤矿安全生产工作规范煤炭资源整合的若干意见	要求2007年末全国淘汰年生产能力在3万t以下的矿井。

续表

	发布时间	文件名称	主要内容
5	2006	国务院办公厅转发安全监管总局等部门关于进一步做好煤矿整顿关闭工作意见的通知	关闭不符合矿产资源规划和矿业权设置方案的、不符合经批准的煤炭工业发展规划和矿区总体规划的、未依法取得采矿许可证、安全生产许可证、煤炭生产许可证、营业执照和矿长资格证、矿长安全资格证，擅自从事生产的等十六种情形的小煤矿。
6	2007	煤炭工业发展“十一五”规划	提出煤炭工业发展的主要任务：即优化煤炭布局，调控煤炭总量，建设大型煤炭基地，培育大型煤矿企业集团，整合改造中小型煤矿，淘汰资源回收率低、安全隐患大的小煤矿，加快煤炭科技创新，提高煤矿安全生产水平，建设资源节约型和环境友好型矿区。要促进以煤为基础，煤电、煤化、煤路等多元化发展，形成 6 ~ 8 个亿吨级和 8 ~ 10 个 5000 万吨级大型煤矿企业集团，其产量占全国总产量的 50% 以上。
7	2007	煤炭产业政策	提出对大型煤矿企业实施强强联合和兼并、重组中小型煤矿提出了鼓励性政策以外，还提出鼓励大型煤矿企业涉足冶金、化工、建材、交通运输等相关产业，鼓励发展煤炭、电力、铁路、港口等一体化经营的大型企业集团。
8	2007	关于进一步规范煤炭资源整合工作的通知	积极推进煤炭资源整合工作；严格把握煤炭资源整合的矿井范围；严格遵循煤炭资源整合原则；严格履行建设程序；加强资源整合工作的监督管理。
9	2008	关于下达“十一五”后三年关闭小煤矿计划的通知	按照“提高门槛、严格准入，打击非法、淘汰落后，资源整合、提高档次，大矿托管、提升水平，明确责任、加强监管”的总体要求，将各地现有小煤矿通过淘汰落后关闭一批，扩能改造提高一批，大矿托管（包括兼并、收购、租赁）提升一批，提出了到 2010 年底确保完成保留小煤矿数量目标。
10	2009	关于深化煤矿整顿关闭工作的指导意见	通过深化煤矿整顿关闭工作，将现有小煤矿淘汰关闭一批、资源整合扩能改造一批、大集团兼并重组一批，力争到“十一五”期末把小煤矿数量控制在 1 万处以内。

2005年9月,国务院做出了整顿关闭不具备安全生产条件和非法煤矿的决策,提出用3年的时间解决小煤矿的问题。在这项政策的指导下,“十一五”期间,我国产煤地区政府因势利导,鼓励大型煤矿企业兼并重组中小煤矿,截至2010年底,全国累计关闭小煤矿9240处,淘汰落后产能5.3亿t,我国煤炭产业结构发生了较大变化。

(1)内蒙古关闭小煤矿877个,淘汰落后产能5000万t。内蒙古自治区政府在国家部署整顿关闭不具备安全生产条件和非法煤矿的攻坚战中,抓住机遇主动对煤炭产业结构进行调整。2005年,自治区人民政府出台了《加快煤炭产业结构调整的指导意见》,提出煤炭产业结构调整要坚持“保大压小”和“转化增值”的原则,运用资源整合、运力调整、优化资源配置等手段,鼓励建设亿吨级煤炭基地、千万吨级煤炭集团和年产120万t以上矿井,并依法淘汰年产10万t以下的小煤矿。

2007年,内蒙古提前一年半时间关闭了812处规模小、生产力落后、不具备安全条件的小煤矿,包头市、乌海市乌达区、兴安盟、呼和浩特市等瓦斯灾害严重地区的井工矿全部退出,煤矿整顿关闭工作基本结束。

到2010年底,内蒙古全区共有551处煤矿,生产煤炭7.86亿t,培养发展了一批大型煤炭企业集团。神华集团在内蒙古境内煤炭产销量超过2亿t。内蒙古伊泰集团煤炭产销量达到6000多万吨;伊东集团和汇能集团超过了3000万t;乌兰集团和满世集团也都超过了1000万t。另外华能电力集团、大唐电力集团和国电集团等大型电力央企的产能也都超过了千万吨。

2010年,内蒙古全区120万吨以上煤矿产能占总产能70%,比2005年提高了40个百分点。“十一五”期间,全区共整合关闭小煤矿877个,关闭率达60%以上,淘汰落后产能5000万t,矿井资源回收率提高20个百分点,5年内多回收煤炭资源1亿t。

(2)山西煤矿企业主体由2200多家减少到130家。2008年,山西省抓住国家整顿关闭小煤矿和规范煤炭资源整合的时机,通过大型煤矿企业兼并重组中小煤矿,形成大型煤矿企业为主的办矿体制这一指导方针,开展了以资源为基础,以资产为纽带的煤矿企业兼并重组。截至2010年底，山西省保留矿井1053座，比2005年的4278个减少了3225个，压减比例高达75%；全省煤矿企业主体由2200多家减少到130家，减少比例高达220%。全省30万t/a以下的矿井全部淘汰，培养形成了4个年生产能力亿吨级的特大型煤炭集团，3个年生产能力5000万吨级以上的大型煤炭集团，煤矿百万吨死亡率由2005年的0.902下降到2010年0.1876，下降了79.2%。

（3）河南6家骨干企业产量占全省总产量80%以上。河南省在整顿关闭小煤矿和煤炭资源整合过程中，强力推进煤矿企业兼并重组。2008年底，河南省小煤矿由1569个减少至550个，省内6家骨干煤矿企业的矿井数由65个增加到了151个，合计生产能力达到了1亿t。

2008年底，河南省将永城煤业集团、焦作煤业集团、鹤壁煤业集团、中原大化集团和河南省煤气集团5家企业进行战略重组，成立了河南煤业化工集团，将平顶山煤业集团公司和神马集团公司重组成立了中国平煤神马能源化工集团，使河南省煤炭资源向优势企业集中得到进一步加强。

2010年伊始，河南煤矿企业兼并重组全面提速。2月2日，河南省政府下发了《关于加强煤矿安全生产若干规定》的通知，提出坚持政府引导和市场运作相结合，推动生产规模15万~30万t/a煤矿实施兼并重组。

3月2日，河南省政府正式公布《河南省煤矿企业兼并重组实施意见》，大力支持中平能化集团、河南煤化集团、义煤集团、郑煤集团、神火集团、河南省煤层气开发利用有限公司6家大型煤炭骨干企业作为兼并重组主体，兼并重组中小煤矿，实现规模化经营。

5月4日，河南省煤矿企业兼并重组领导小组办公室下发《第一批兼并重组小煤矿名单的通知》，将计划重组的646家小煤矿筛选至466家，由6家国有煤炭骨干企业兼并重组。7月27日，全省466家小煤矿已有456处全部签订了兼并重组正式协议，小煤矿整合工作基本完成。2010年底，河南省6家煤炭骨干企业占有及控制的资源达到90%以上，产量占全省总产量的80%以上。

（4）河北形成“南有冀中能源，北有开滦集团”的新格局。河北省按照“整顿关闭一批、整合重组一批、技改提高一批”的思路，积极推动煤炭资源整合和煤矿企业兼并重组。2007年底,河北省煤矿企业由917家减少到532家,产业集中度明显提高。

为了培育大型煤矿企业集团,2005年底,河北省政府将邢台矿业(集团)、邯郸矿业集团、张家口盛源(集团)、宣东矿业公司合并组建成立了河北金牛能源集团。2008年底,金牛能源集团又与峰峰矿业集团进行重组,成立了冀中能源集团,形成了“南有冀中能源,北有开滦集团”的新格局。

(5)山东打造亿吨级煤矿企业集团。山东省为了打造亿吨级煤矿企业集团,于2010年7月公布了《省管煤矿企业重组方案》,将枣庄矿业集团、淄博矿业集团、新汶矿业集团、龙口矿业集团、肥城矿业集团、临沂矿业集团6家进行重组,成立了山东能源集团有限公司,形成了年产原煤8300多万t的大型企业集团。2011年3月山东能源集团有限公司正式挂牌运营,重组后,山东省形成了兖矿集团和山东能源集团两大煤矿企业集团的格局。

11.2 煤矿企业兼并重组的模式与路径

我国大规模的煤矿企业兼并重组从“十五”开始,取得了阶段性的成果。

11.2.1 区域内国有煤矿企业的资产重组

“九五”期间,我国政府机构进行改革,国家撤销了煤炭工业部,原来由煤炭工业部管理的中央企业大都下放到地方。在行业管理弱化的背景下,地方政府通过组建省级国有煤矿企业集团来管理区域内的煤矿,以加强安全生产,避免同业竞争。

2000年6月,江西省煤炭工业厅转制成立了江西省煤炭集团,授权经营全省国有煤炭资产。

2001年初,北京矿务局和北京市煤炭总公司合并重组成立北京京煤集团有限责任公司,兼有对区域内煤矿的管理职能。

2002年底,宁夏回族自治区政府整合石炭井、石嘴山、宁武和宁夏煤炭进出口公司，组建了集人财物、产供销一体化的宁夏煤业集团公司。2006年并入神华集团。

2003年10月9日，云南省政府将省属国有煤矿进行整合组建了云南东源煤业集团有限公司。2005年8月，云南东源煤电股份有限公司与云南云维集团有限公司、云南解化清洁能源开发有限公司等10余家企事业单位进行重组，成立了云南煤化工集团有限公司。

2004年2月，陕西省政府将省属10个大型煤矿企业、3个骨干煤化工企业、2个机械制造企业组建陕西煤业集团公司。2006年6月，又将陕西煤业集团有限责任公司、陕西渭河煤化工集团有限责任公司、陕西华山化工集团有限公司、陕西陕焦化工有限责任公司的国有股权合并，按照现代企业制度组建了陕西煤业化工集团有限责任公司。

2004年9月，重庆煤业集团以原重庆市煤炭工业局为主体，整合南桐矿业公司、天府矿业公司、松藻煤电公司、永荣矿业公司、中梁山煤电气公司、巨能建设(集团)、重庆八四五化工公司等26户国有煤矿企业组建成立。2006年底与重庆能源投资集团合并。

2004年12月，黑龙江省政府将原鸡西、双鸭山、鹤岗和七台河煤炭工业公司合并，组建了龙煤集团。

2005年8月，四川省政府将攀枝花、芙蓉、广能、达竹、广旺、川南、威远煤矿等七家省属国有重点煤矿企业和省煤炭工业供销公司重组，成立川煤集团。

2006年6月19日，湖南省政府将涟邵矿业集团有限公司、白沙煤电集团有限公司、资兴矿业集团有限公司、长沙矿业集团有限公司、湘潭矿业集团有限公司和辰溪煤矿组建成湖南省煤业集团有限公司。

2009年1月，吉林省政府将辽源、通化、珲春、舒兰、杉松岗五个矿业集团有限责任公司，蛟河煤机制造有限责任公司，吉林东北煤炭工业环保研究有限公司等国有煤矿企业组建成立了吉林省煤业集团。

2009年12月，福建省政府将福建省煤炭工业(集团)有限责任公司和福建省建材(控股)有限责任公司整合重组成立了福建省能源集团有限责任公司。

11.2.2 跨地区、跨行业的企业兼并重组

“十五”后期，随着煤炭市场需求上升，煤矿企业盈利能力提高，煤矿企业兼并重组与大型化建设进入了快速发展时期。以中国神华集团为代表的大型煤矿企业，以其技术、管理、人才和资金优势，通过企业兼并重组实现了企业扩张。

2003 年，中国神华集团在接收兼并内蒙古“西五局”（乌达、海勃湾、金峰、万利和包头矿务局）的基础上，提出了原煤产量超亿吨的规划目标，并开始探索通过兼并重组、实施煤—电—化—路—港—航一体化的发展战略。2005 年 8 月至 2006 年，神华集团成功对宁夏回族自治区宁煤集团、内蒙古宝日希勒煤炭公司和新疆乌鲁木齐矿务局，实施了并购重组，同时在内蒙古乌海地区对两家民营企业进行了并购。到 2010 年底，中国神华集团与原煤产能达到 3.6 亿 t，商品煤销售 4.2 亿 t，在全国煤炭产量比重中超过了 10%，跃升为世界最大的煤炭生产供应商。

2002 年 12 月，兖矿集团成立兖矿贵州能化有限公司，进入贵州参与实施矿井开发。成立了五轮山煤业有限公司，发耳煤业有限公司和大方煤业有限公司。2003 年 1 月，兖矿集团出资 6 亿元成立了山西能化有限公司，主要产品有甲醇、热电、硫磺、液氧、液氮、液氩等。2004 年 12 月，兖煤澳大利亚有限公司、澳思达煤矿有限公司成功收购澳大利亚南田煤矿。2004 年设立榆林能化有限公司，负责陕西的能源开发工作。榆林能化公司 60 万 t 甲醇项目于 2005 年 4 月举行奠基仪式。

2007 年 7 月 12 日，兖矿集团与新疆自治区政府签订了《关于实施新疆煤电化综合开发框架协议》，并于同年 8 月成立了兖矿新疆能化有限公司，注册资本金 10 亿元，为兖矿集团控股子公司，负责兖矿集团在新疆的项目开发建设、投资、安全监督及环保等管理工作。同年 11 月，重组了哈密煤业集团的力拓矿业公司和硫磺沟公司两家煤矿企业。

2009 年 12 月 18 日，兖矿集团下属的上市公司兖州煤业股份公司出资 5 亿元，在内蒙古自治区鄂尔多斯市设立了全资子公司。

2010 年 1 月 6 日，兖矿集团成功收购澳大利亚菲利克斯公司。同月 8 日，与澳大利亚铝土矿资源公司（BRL）签订合作协议，获得 10 亿 t 铝矾

土资源开采权。通过兼并重组,兖矿集团实现了跨越式发展,2010年实现煤炭产量6839万t(其中海外产量2000多万t),销售收入600亿元,利润总额80亿元,总资产突破1000亿元,分别比2005年增长64.39%,130.59%,93.05%,124.68%。

2004年12月5日,开滦(集团)有限责任公司与大唐国际发电股份有限公司合资组建"河北蔚州能源开发有限公司筹备处"。蔚县煤田是河北省唯一没有大规模开发的整装煤田,保有储量14.93亿t,主要由开滦集团蔚州矿业公司开发经营。蔚州矿区煤电路综合开发项目符合国家能源开发产业政策,是河北省实施煤电联营、一体化开发模式的一次尝试。2006年,陕西煤业集团与省内三家大型煤化工企业重组,成立了特大型能源化工企业——陕西煤业化工集团。"十一五"期间,陕煤化集团产值"每两年翻一番",实现了跨越式发展。2010年,陕煤化集团煤炭产量达到10039万t,比2005年的3082万t增长了227%;销售收入增长了450%;资产总额增长了748%;利税总额增长了1011%。在全国煤矿企业100强中排名17位。

11.2.3 以产权制度改革为特征的企业兼并重组

"十一五"期间,以山西省为代表的重点产煤省区开展了以产权制度改革为特征的煤矿企业兼并重组。2008年9月2日,山西省颁布了《山西省人民政府关于加快推进煤矿企业兼并重组的实施意见》,支持中煤集团、阳煤集团、晋煤集团、同煤集团、潞安集团、焦煤集团、山西省运销集团、山西省煤炭进出口集团作为企业兼并重组的主体企业,以资源为基础,以资产为纽带,通过企业并购、协议转让、联合重组、控股参股等多种方式,对山西境内中小煤矿进行兼并重组。具体的目标是:到2010年底,省内煤矿企业规模不低于300万t/a,在全省形成2~3个年生产能力亿吨级的特大型煤炭集团,3~5个年生产能力5000万吨级以上的大型煤矿企业集团,使大集团控股经营的煤炭产量达到全省总产量的75%以上。

截至2010年,山西30万t/a以下的矿井全部淘汰,共关闭煤矿863处;山西省境内国有大型煤矿企业的矿井数由136个增加到540个,形成了4个年生产能力亿吨级的特大型煤炭集团,3个年生产能力5000万吨级以上的大型煤炭集团。通过煤矿企业兼并重组,山西省已经形成了以股份制为主要形式,国有、民营并存的办矿格局,国有企业办矿占20%,民营企业办矿占30%,股份制企业办矿占50%,煤矿产权结构明显优化。

山西省煤矿企业兼并重组的做法提供了以下借鉴:一是目的明确。2008年9月2日,山西省颁布了《山西省人民政府关于加快推进煤矿企业兼并重组的实施意见》,明确煤矿企业兼并重组的目的是着力提高煤炭产业集中度、产业水平和安全生产水平,建设新型能源和工业基地,保障国家能源安全,促进全省煤炭工业健康发展。

二是主体明确。山西省《关于进一步加快推进煤矿企业兼并重组整合有关问题的通知》指出:各市人民政府负责本行政区域内煤矿企业兼并重组整合,是这次兼并重组整合工作的责任主体,是完成这次兼并重组整合任务的领导者、责任者,负责本行政区域内煤矿企业兼并重组整合;兼并重组的主体企业是中煤集团、阳煤集团、晋煤集团、同煤集团、潞安集团、焦煤集团、山西省运销集团、山西省煤炭进出口集团。

三是步骤明确。第一步的目标是:到2010年初完成兼并重组,使签约率、主体到位率和矿井换证率达到100%;第二步的目标是:到2010年上半年实现规模化、集约化、机械化和信息化生产,重组整合后的矿井该复产的复产,该关闭的关闭,该扩建的扩建;第三步的目标是:用5年的时间,将重组后的保留矿井建成高产高效符合安全质量标准化的矿井,使山西由产煤大省变成煤炭强省。2009年4月山西省出台《山西省煤炭产业调整和振兴规划》,启动了中国规模最大的企业重组行动。

四是政府作用明确。为了有效推进煤矿企业兼并重组整合工作,山西省政府成立了“煤矿企业兼并重组整合工作领导组”,省长任组长,副省长任副组长,成员单位有省煤炭工业厅、国资委、国土厅等。并明确各市、县人民政府是这次兼并重组整合工作的责任主体,是完成这次兼并重组整合任务的领导者、责任者,负责本行政区域内煤矿企业兼并重组整合。政府在煤矿企业兼并重组中扮演的是推动者的角色,主要作用体现在四个方面:一是制定政策;二是编制和审批规划;三是按照国家政策和已经批复的规划,牵线搭桥,协调解决疑难问题;四是提供证照办理等服务。

在山西成功经验的引导下,2010 年 2 月 26 日,河南省人民政府批转了《河南省煤矿企业兼并重组实施意见》,提出以“省内骨干煤矿企业为主体,以资源为基础,以资产为纽带,通过企业并购、转让、联合重组、控股等多种方式,由大型煤矿企业兼并重组中小煤矿”。兼并重组的目标是:通过兼并重组,充分利用大型煤矿企业在管理、技术、资金和人才等方面优势,逐步形成以大型煤矿企业为主的办矿体制,提高煤矿安全保障能力,提升煤炭整体开发水平。到 2010 年年底,全省要力争建成 3 个年产 5000 万 t 的特大型煤矿企业;省骨干煤矿企业控制的煤炭资源量占全省占用煤炭资源量的 85% 以上,产量占全省总产量的 75% 以上;单个矿井生产规模不低于 15 万 t/a。

2011 年 3 月 15 日,内蒙古自治区人民政府印发了《内蒙古自治区煤矿企业兼并重组工作方案的通知》,明确“以资产为纽带,以股份制为主要方式,鼓励和支持煤矿企业兼并重组”。具体目标是,到 2013 年底,生产规模在 120 万吨以下的煤炭生产企业全部退出市场;全区地方煤炭生产企业数量控制在 80 ~ 100 家;通过兼并重组,在地方煤炭生产企业中形成 1 ~ 2 家亿吨级、5 ~ 6 家 5000 万吨级、15 ~ 16 家千万吨级的煤矿企业,形成营业收入超百亿元的煤矿企业 20 家,其中 2011 年底达到 8 ~ 10 家、2012 年底达到 15 ~ 18 家。到“十二五”末期,全区煤炭生产全部实现机械化开采。

11.3 煤矿企业兼并重组的发展趋势

2010 年 8 月 25 日,国务院总理温家宝主持召开国务院常务会议,研究部署推进煤矿企业兼并重组工作,2010 年 10 月 16 日,国务院办公厅转发了国家发展改革委《关于加快推进煤矿企业兼并重组若干意见》,明确煤矿企业兼并重组的主要目标是:全国煤矿企业的数量特别是小煤矿数量明显减少,形成一批年产 5000 万 t 以上的特大型煤矿企业集团,煤矿企业年均产能提高到 80 万 t 以上,特大型煤矿企业集团煤炭产量占全国总产量的比例达到 50% 以上,形成以股份制为主要形式、多种所有制并存的办矿格局。

要求各产煤省（区、市）人民政府要按照尽量减少开发主体的要求，统筹协调关闭整顿、资源整合与兼并重组的关系，根据当地煤炭资源条件和经济社会发展情况，科学编制本省（区、市）煤矿企业兼并重组总体规划，在与矿区规划衔接的基础上制定矿区兼并重组方案，确定兼并重组主体企业，认真抓好组织实施。山西、内蒙古、河南、陕西等重点产煤省（区）要坚决淘汰落后小煤矿，大力提高煤炭产业集中度，促进煤炭资源连片开发。黑龙江、湖南、四川、贵州、云南等省，要加大兼并重组力度，切实减少煤矿企业数量。要积极探索煤矿企业兼并重组的有效方式，按照充分发挥市场机制作用、依法整合资源、尽量减少不必要的行政干预的原则，支持符合条件的国有和民营煤矿企业成为兼并重组主体，鼓励各种所有制煤矿企业以及电力、冶金、化工等行业企业以产权为纽带、以股份制为主要形式参与兼并重组，鼓励在被兼并煤矿企业注册地设立子公司。支持具有经济、技术和管理优势的企业兼并重组落后企业，支持优势企业开展跨地区、跨行业、跨所有制兼并重组，鼓励优势企业强强联合，鼓励煤、电、运一体化经营，实现规模化、集约化发展，努力培育一批具有较强国际竞争力的大型企业集团。要维护企业与社会和谐稳定。地方各级人民政府要加强对职工安置工作的组织领导，兼并重组主体企业要认真落实相关法律法规及政策规定，严格履行企业改组改制民主程序，制定切实可行的职工安置方案，落实安置资金，积极稳妥解决职工劳动关系、社会保险关系接续以及企业拖欠职工工资、欠缴社会保险费等问题，切实维护职工合法权益。要妥善安置被兼并煤矿企业分流人员，严格依照有关法律法规和政策规定妥善处置债权债务关系，落实清偿责任，确保债权人、投资者的合法权益。

《关于加快推进煤矿企业兼并重组若干意见》对推进煤矿企业兼并重组的政策措施也加以明确。一是科学配置煤炭资源。对未开发的煤田，要按照一个矿区原则上由一个主体开发的要求，科学、合理划分矿区和井田范围，制定矿区总体规划和矿业权设置方案，依法向具备开办煤矿条件的企业出让矿区的矿业权。对已设置矿业权的矿区，鼓励优势企业对毗邻区域进行矿产资源整合，符合规定的相关矿业权经国土资源管理部门批准可以协议方式出让。二是加强财税政策扶持。对被兼并重组企业的煤矿安全改造、技术改造等项目优先安排财政投资或贴息资金。对企业兼并重组涉及的资产评估增资、债务重组收益、土地房屋权属转移等给予税收优惠,具体按照财政部、税务总局《关于企业重组业务企业所得税处理若干问题的通知》(财税[2009]59号)、《关于企业改制重组若干契税政策的通知》(财税[2008]175号)等规定执行。在不违背国家有关法律和政策规定的前提下,地区间可根据企业资产规模和盈利能力等因素,签订企业兼并重组后的财税利益分成协议,促进煤矿企业兼并重组成果共享。三是拓宽融资渠道,支持符合条件的兼并重组主体企业上市融资和再融资,支持兼并重组主体企业通过发行债券、股权转让等融资方式筹集发展资金。四是支持企业提高生产力水平。对兼并重组小煤矿达到一定数量和规模的大中型煤矿企业,优先规划、核准其新建煤矿、改扩建煤矿、坑口电站和综合利用电站以及煤炭加工转化项目,支持对被兼并重组煤矿实施采掘机械化改造。按被兼并重组煤矿企业2007~2009年铁路煤炭年均外运量,为被兼并重组主体企业增加年度铁路运力,优先保障兼并重组企业的煤炭运输。五是加快分离企业办社会职能,力争在2012年底前完成分离国有煤矿企业办社会职能工作。六是落实安全生产责任,有效防范、坚决遏制重特大事故发生,为兼并重组创造安全、稳定的环境。

《关于加快推进煤矿企业兼并重组若干意见》的推出,给"十二五"期间的煤矿企业兼并重组指明了方向,对于转变发展方式,促进煤炭工业健康发展具有重要意义。在《关于加快推进煤矿企业兼并重组若干意见》的指导下,煤矿企业兼并重组发展趋势将体现在以下几个方面:

一是矿产资源向优势企业集中。国家支持具有经济、技术和管理优势的企业兼并重组落后企业,有利于矿产资源向优势企业集中。神华集团、中煤集团、山西焦煤集团、大同煤矿集团、冀中能源、平煤神马、河南煤化、兖矿集团、潞安矿业集团、阳泉矿业集团等大型煤矿企业,凭借着技术、人才、管理、资金等优势在前几轮企业重组中占得先机。神华集团通过兼并重组,资源储量增加了110多亿t;大同煤矿集团通过重组获得工业储量800多亿t。冀中能源和开滦煤业集团占有河北省资源总量80%;

河南省国有骨干企业占有全省资源总量的85%。国家鼓励优势企业开展跨地区、跨行业、跨所有制的兼并重组,这有利于资源配置继续向这些优势企业集中。

二是矿权向大企业集中。尽管我国目前基本形成了以大型企业为主的煤炭资源开发格局,但仍有很多探矿权掌握在实力不强、管理经验不足的企业手中。国家强调一个矿区原则上由一个主体开发或一个主体可开发多个矿区,这有利于减少开发主体。国家要求统筹协调关闭整顿、资源整合与兼并重组的关系,根据当地煤炭资源条件和经济社会发展情况,科学编制本省(区、市)煤矿企业兼并重组总体规划,在与矿区总体规划衔接的基础上制定矿区兼并重组方案,确定兼并重组主体企业,依法向具备开办煤矿条件的企业出让矿区的矿业权。对已设置矿业权的矿区,鼓励优势企业对毗邻区域进行矿产资源整合。这些措施有利于矿权向大型企业聚集。

三是企业将从做大向做强迈进。我国的大型煤矿企业,特别是一些区域内通过国有资产重组建成的大型煤矿企业,一般都存在大而不强的问题。为了加快煤矿企业兼并重组,提高产业集中度,国家鼓励优势企业强强联合,鼓励煤、电、运一体化经营,实现规模化、集约化发展。这个政策有利于煤矿企业由纵向的兼并重组向横向发展,由业内的兼并重组向业外发展,形成多个像神华集团那样的大型企业集团。

第12章 煤炭经济运行

"十一五"期间，煤炭行业整体效益稳步提升，大型煤炭企业的行业主导地位明显增强，资产总额由"十一五"末的8812.0945亿元增加到2010年的31794.21亿元；原煤产量占全国原煤产量的比重保持在50%以上；主营业务收入大幅增加；利润增幅同比上升；职工工资平稳增长，以大型企业为代表的全国煤炭经济运行状况保持良好态势。

12.1 煤炭企业资产总额

"十一五"期间，煤炭企业资产总额增长迅速，2006～2010年煤炭工业大型企业资产分别为10673.61亿元，13637.05亿元，18622.43亿元，25023.4亿元，31794.21亿元。五年间翻了两番。

12.2 煤炭价格与收入

12.2.1 煤炭市场价格及变化

1999年，国家开始实行重点合同煤炭订货制度，电煤执行政府指导价；2004年，在福州订货会上首次出台了煤电价格联动的政策；2005年，在秦皇岛召开的全国煤炭订货会上，首次将订货会改为全国煤炭产运需衔接会；2006年，在济南市召开的全国煤炭产运需衔接会上，提出重点合同电煤价格在2005年的基础上，上调5%左右；2007年，国家发展改革委正式宣布取消了延续了几十年的由政府主导的全国年度煤炭订货制度，改为年度煤炭产运需衔接视频会议；提出无论新老矿井、新老机组、新老用户，一律公平参加煤炭产运需衔接；2008年，在福州召开煤炭产运需合同汇总会；2009年，取消年度煤炭重点合同汇总会，煤炭订货合同改为网上汇总；2010年度完成网上合同总量18.17亿t，价格上涨30～50元/t；2010年，国家发展改革委2880号文件要求煤炭产运需衔接合同，继续采取网上订货方式。

在国家积极推进煤炭订货制度改革的基础上，煤炭市场价格改革也取得了突破性进展。特别是"十一五"期间，在国家相关政策引导、煤炭需求持续大幅增加拉动、我国煤炭进口量持续增长等多重因素影响下，我国煤炭市场价格逐渐与国际煤炭价格接轨，反映资源稀缺程度、市场供需关系、矿区环境和煤矿安全成本的价格机制基本形成。2008年以来，我国市场煤炭价格与国际煤炭价格变化基本接轨，并呈现同步变化趋势。

2010年，随着世界经济的复苏，国际煤炭价格呈现上涨态势，同时，随着煤炭生产成本的增长，全年煤炭价格同比上涨10%～15%，沿海地区和中西部地区的价格涨幅高于全国平均水平。国内优质动力煤均价上涨12%以上，全年均价在680元/t左右；炼焦精煤均价为1350～1450元/t，同比上涨25%左右；喷吹煤均价在930元/t，同比上涨15%。从整体看，2010年煤价呈现"W"形走势。煤炭集散地、生产区和消费区煤炭价格走势也印证了这点。以秦皇岛港5500大卡市场动力煤平仓价格为例，2006年初价格约在420元/t左右，之后价格平稳上涨，进入2008年，煤炭价格在上半年出现大幅度上涨，7月中旬达到870元/t的历史高位，之后受金融危机影响，价格出现快速下跌，进入2009年上半年价格相对平稳，下半年呈现出小幅上涨的态势，2010年，价格随市场供需呈现出浅"W"型波动，年末价格基本在800元/t左右。（图12－1）

从煤炭生产地价格和煤炭主要消费地价格变动情况看，2009年价格总体保持了上涨态势，分别由年初的430元/t和685元/t上涨到年末的585元/t和860元/t，2010年末价格分别在650元/t和900元/t左右。（图12－2、图12－3）

"十一五"时期国际煤价走势与国内煤价的波动较为一致。澳大利

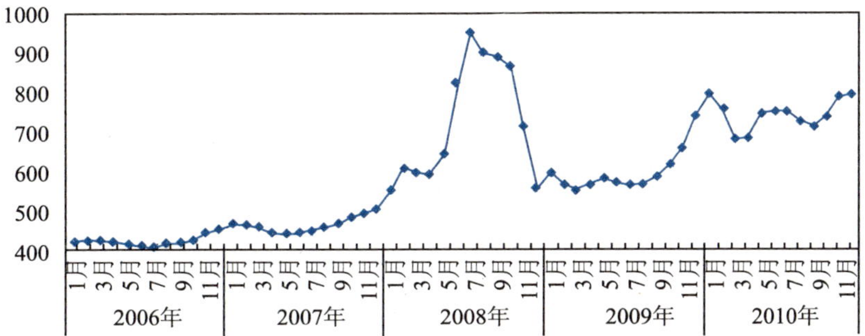

图 12-1 "十一五"期间秦皇岛港 5500 大卡市场动力煤平仓价格变动情况

（单位：元/t）

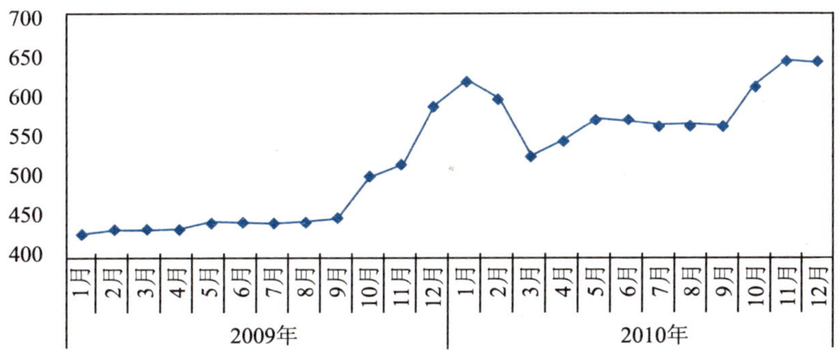

图 12-2 大同地区 5500 大卡市场动力煤上站价格变动情况 （单位：元/t）

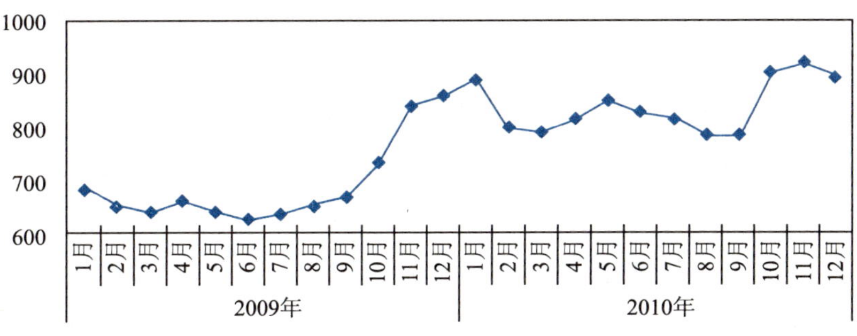

图 12-3 广州港 5500 大卡市场动力煤提货价格变动情况 （单位：元/t）

亚 BJ 动力煤价格 2006 年年初约在 40 美元/t，随后波动上涨，至 2008 年 7 月初达到最高值 190.95 美元/t，随后至 2009 年 3 月中旬下跌至 61.1 美元/t，之后平稳上涨，至 2010 年年末价格在 124.75 美元/t 左右。

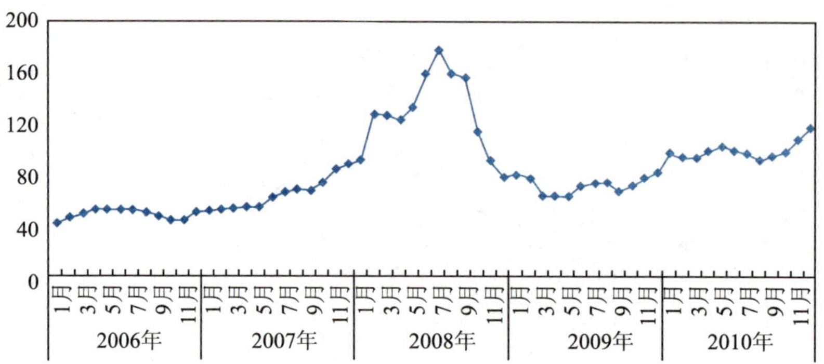

图12-4 澳大利亚BJ动力煤价格指数变动情况

单位：美元/t

数据来源：中国煤炭市场网

南非理查德RB动力煤价格在2006年年初约在44美元/t，随后波动上涨，至2008年7月初达到最高值175.9美元/t，2009年3月中旬下跌至55.4美元/t，之后平稳上涨，至2010年年末价格在126.85美元/t左右。（图12-4）。

12.2.2 主营业务收入大幅增加

"十一五"期间，煤炭价格和产量大幅增加，带动煤炭企业主营业务收入大幅增长。其中，大型煤炭企业主营业务收入由2006年的5306.37亿元增加到2010年的12073.13亿元，增长了2倍多。

12.3 行业盈利能力

2006~2010年大型煤炭企业利润分别为512.6亿元，718.16亿元，1225.72亿元，1208.29亿元，1657.96亿元。其中，神华集团利润总额始终处于全国大型煤炭企业首位。

从一些主要产煤大省的大型煤炭企业情况看，除2009年外，"十一五"其余4年大型煤炭企业的利润总额增幅较大，特别是2010年，多数大型煤炭企业利润增长幅度较大。

表 12－1 主要产煤大省(含神华、中煤)大型煤炭企业利润总额

单位:亿元

	2006	2007	2008	2009	2010
全国大型煤炭企业	512.60	718.16	1225.72	1208.29	1657.96
神华集团	250.97	277.90	420.62	464.95	575.18
中煤集团	39.81	77.12	107.86	103.07	121.02
山西	62.06	61.33	176.53	178.83	218.24
内蒙古	14.54	20.21	25.93	23.37	42.86
河南	45.06	69.30	120.88	92.23	145.32
陕西	9.52	11.95	18.77	25.40	72.80
山东	90.02	76.18	157.93	129.42	240.76
河北	10.80	10.94	26.00	31.16	52.78
安徽	10.97	16.44	32.90	29.56	54.23

“十一五”期间,大型煤炭企业成本费用利润率分别为:11.04%,10.57%,12.65%,10.82%,10.75%。

12.4 煤炭企业应收账款

2006～2010 年大型煤炭企业应收账款分别为 421.25 亿元,407.62 亿元;743.01 亿元,783.57 亿元,1215.50 亿元,年均增长约 30.3%。

12.5 煤炭行业纳税总额

“十一五”期间,煤炭行业纳税总额逐年提高,2006～2010 年大型煤炭企业缴纳的主营业务税金及附加分别为 80.83 亿元,132.89 亿元,153.83 亿元,191.91 亿元,216.08 亿元。

12.6 煤炭职工收入

随着煤炭企业效益的逐年提升,2006～2010 年,除 2008 年以外,原国有重点煤矿在岗职工收入逐年增加,月平均工资分别为 2071.24 元,

2419.38 元,2933 元,3466.67 元,3500 元。

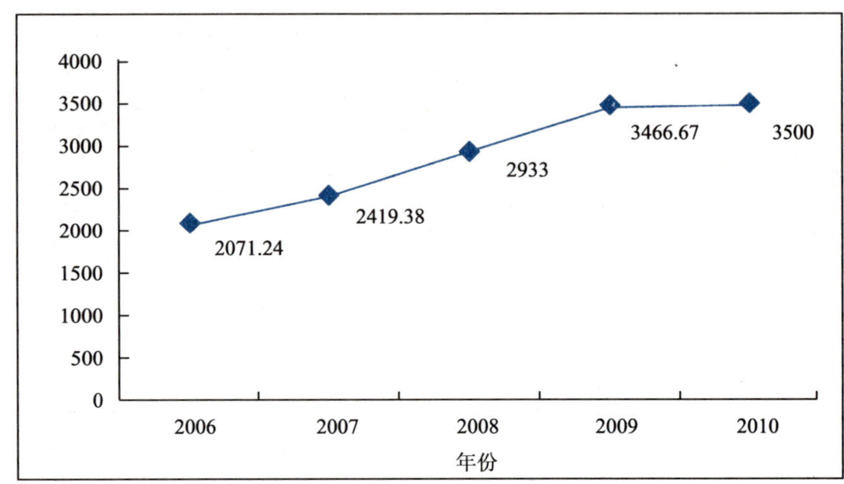

图 12－5 "十一五"期间原国有重点煤矿在岗职工月均工资 （单位:元）

表 12－2 大型企业主要经济指标

年份	主营收入（亿元）	主营成本（亿元）	吨煤成本（元）	资产总额（亿元）	利润总额（亿元）	纳税总额（亿元）	应收账款（亿元）	职工收入（元/月）
2006	5306.37	3731.57	317	10673.61	512.6	80.83	421.25	2071.24
2007	7022.63	4907.52	383	13637.05	718.16	132.89	407.62	2419.38
2008	10712.25	7511.52	507	18622.43	1225.72	153.83	743.01	2933
2009	12073.13	9151.12	545	25023.4	1208.29	191.91	783.57	3466.67
2010	17085.64	13073.91	660	31794.21	1657.96	216.08	1215.50	3500

注:表中所列职工收入为原国有重点煤矿在岗职工

第13章 煤炭市场

13.1 煤炭市场格局及变化

我国煤炭产需呈逆向分布，煤炭跨省区调出、调入规模较大。2009年全国各省（市、区）合计煤炭调出量达13.2亿t，调入量达12.9亿t。

重点煤炭调出省区主要集中在山西、内蒙古、陕西、宁夏、河南、安徽、黑龙江、贵州、云南等省份。2009年，山西省净调出量达到4.08亿t，内蒙古为3.52亿t，陕西省为1.6亿t，宁夏的净调出量也达到了3000多万t，贵州、云南的净调出量在1000万t以上；河南省2009年调出量6500万t，调入量6100万t，平衡后净调出量仅有400万t；安徽省2009年调出量3640万t，调入量2260万t，平衡后净调出量1380万t；黑龙江省2009年调出量2500万t，调入量1600万t，平衡后净调出量仅有900万t。

与主要煤炭调出省份相比，煤炭调入省份相对比较分散，主要有华东地区的江苏、浙江、上海、山东、福建和江西；华北地区的河北、天津和北京；东北地区的辽宁和吉林；西南地区的四川；中南地区的湖北、广东、广西、湖南等。2009年，河北和江苏的调入量分别为1.59亿t和1.47亿t，是我国调入量最大的两个省份，之后则是山东，2009年的调入量达到1.3亿t。

13.2 区域煤炭流向及变化

我国煤炭资源具有“西多东少，北多南少”的特点，这一特点自然形成了我国煤炭供应“西煤东运,北煤南调”的市场格局。

13.2.1 东部地区

我国东部地区经济社会较发达,是新中国重要的工业发源地,也是早期煤炭主要产区。随着煤炭资源的枯竭和东部地区对生态环境保护的重视程度不断增加,“十一五”期间,东部地区煤炭产量占全国煤炭产量比重继续下滑,2010年,东部煤炭产量为4.95亿t。在东部各主要产煤省(市)中,广东省、浙江省、北京市的产量下滑速度较大,2006年,广东省关闭了省内所有煤矿,全部退出了煤炭产业。浙江省煤炭产量继续保持下降态势,由2005年的37万t,到2010年,全省煤炭产量只有13万t。2004年,北京市的煤炭产量在达到了历史最高的1108.5万t之后,煤炭产量逐年下滑。2010年,北京市煤炭产量为600万t,较2005年下降了50%。

“十一五”期间,东部地区除黑龙江省外,均为调入省。自2007年以来,东部地区煤炭调入量逐年增加,调出量则逐年下降。2006~2010年,东部地区累计净调入煤炭约41.26亿t。

表13-1 “十一五”期间东部地区煤炭调出、调入统计 单位:万t

2006年			2007年			2008年			2009年			2010年
调出	调入	净调入	调出	调入	净调入	调出	调入	净调入	调出	调入	净调入	净调入
11740	77347	65607	11650	90315	78665	11572	11572	84957	10571	98395	87824	95500

13.2.2 中部地区

中部区域是我国重要的煤炭调出区。“十一五”期间,随着大规模的煤炭基本建设投入,中部地区煤炭生产能力加速释放,煤炭产量大幅增长。煤炭产量在2005年8.51亿t的基础上,发展到2010年的11.3亿t。中部的山西、河南、安徽三省为调出省,净调出量分别为4亿t、0.03亿t、0.22亿t。由于中部区域煤炭主要调出省份山西省在“十一五”期间加大了小煤窑的治理关闭力度,煤炭产量增速趋缓。受其影响,自2007年以来,中部区域煤炭调出量在2009年出现了较为明显的下降,调入量则显著增长，其中河南、湖北的调入量增长最为明显。“十一五”期间，中部地区累计净调出煤炭21.7亿t。

表13－2 “十一五”期间中部地区煤炭调出、调入统计 单位：万t

2006年			2007年			2008年			2009年			2010年
调出	调入	净调出	调出	调入	净调出	调出	调入	净调出	调出	调入	净调出	净调出
62136	11392	50744	66216	16658	49558	65866	16216	49650	57875	24857	33018	34100

13.2.3 西部地区

我国西部地区地域广阔，煤炭资源十分丰富，是我国重要的煤炭供应和调出地区。西部区域中除广西、四川外，其他均为煤炭调出省份，“十一五”期间西部地区煤炭产量占全国煤炭总产量比重持续增长，由2005年的38%快速增加到2010年的50.69%，其中西南地区产量占全国的比重为11.68%，西北地区产量占39.01%。随着煤炭产量占全国煤炭产量的比重不断增加，西部地区煤炭调出数量逐年增加，2007年以来调出量增长较为明显，调入量则略有下降。“十一五”期间，西部地区累计净调出煤炭约22.24亿t。

表13－3 “十一五”期间西部地区煤炭调出、调入统计 单位：万t

2006年			2007年			2008年			2009年			2010年
调出	调入	净调出	调出	调入	净调出	调出	调入	净调出	调出	调入	净调出	净调出
29121	4866	24255	19472	8522	10950	20103	8215	11888	28520	7964	20556	58000

13.3 四大行业耗煤情况

13.3.1 电力行业发展及煤炭消费

电力行业是我国最主要的耗煤行业，电力行业的煤炭消费量占全部煤炭消费量的50%以上。“十一五”期间，电力消费需求总体保持旺盛，全国全社会用电量由2005年的24848亿kW·h增长到2010年的41923

亿 kW·h,"十一五"期间年均增长11.09%。

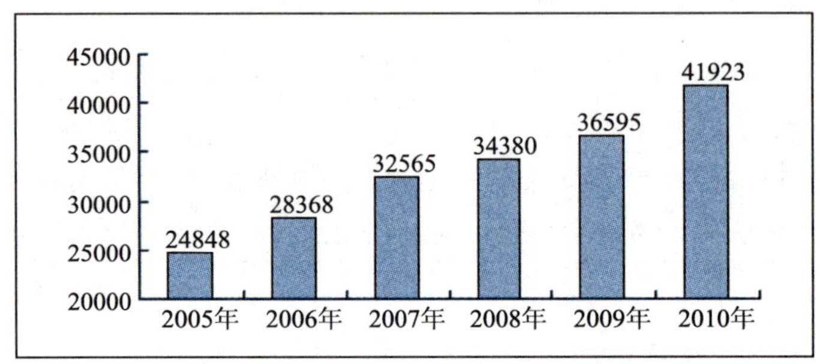

图13-1 "十一五"时期我国全社会用电量变动情况(单位:亿 KW·h)

数据来源:中国电力联合会

受用电需求增长的拉动,"十一五"期间,全国电力装机规模快速扩张,连续跨越6亿 kW、7亿 kW、8亿 kW、9亿 kW 大关,由2005年的51718万 kW 增长到2010年的96219万 kW,"十一五"期间年均增长13.2%。在此期间,电源结构调整效果明显,风电装机容量年均增长96.68%,火电装机容量增速逐年下降,火电装机在总装机容量中所占的比重下降,由2006年的77.6%下降到2010年的73.4%。但火电依然在发电结构中占据主要地位,火电装机规模从2005年的39138万 kW 增长到2010年的70663万 kW,"十一五"期间年均增长12.5%。

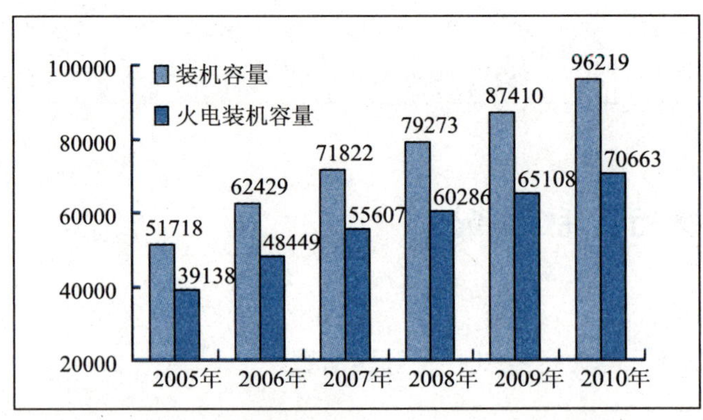

图13-2 "十一五"时期我国装机容量及火电装机容量变动情况(单位:万 KW)

发电量在"十一五"期间保持较快增长,水电、核电和风电等清洁能源发电量比重明显提升,其中风电发电量所占比重从2005年的0.07%上升到2010年的1.18%,火力发电所占比重略有下降,从2006年的83%下降到2010年的78.7%。

"十一五"期间,我国建成了1000KV特高压交流试验示范工程和±800KV特高压直流示范工程,电力工业正从大机组、超高压、西电东送、全国联网的发展阶段,向绿色发电、特高压、智能电网的发展新阶段转变。

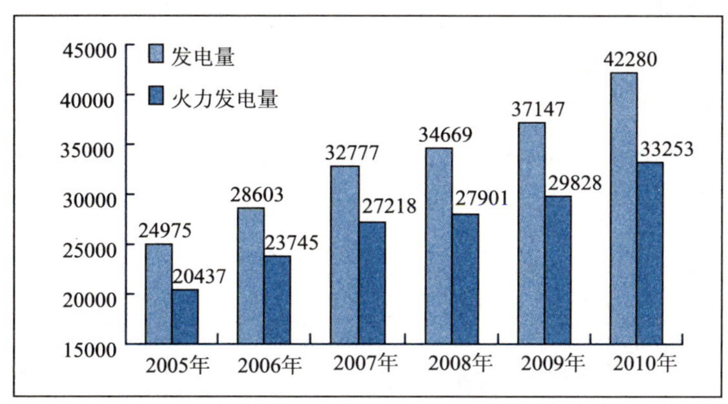

图13-3 "十一五"时期我国发电量及火力发电量变动情况(单位:亿KW·h)

目前,我国电网规模已经超过美国跃居世界第一位、发电装机容量继续位列世界第二位,除局部地区受电煤供应紧张、水库来水偏枯等随机性因素影响,出现个别时段电力供应偏紧外,全国电力供需总体平衡,个别省区略有富余。发电设备利用小时由2005年的5425h下降到2009年的4546h,火电设备利用小时由2005年的5865h下降到2009年的4865h,长期困扰我国的电力供应不足矛盾得到缓解,电力系统的安全性、可靠性、经济性和资源配置能力得到全面提高,基本满足了经济社会发展的用电需要。

"十一五"期间,我国累计关停小火电机组超过7000万kW,提前一年半完成国家"十一五"关停小火电机组5000万kW任务。

"十一五"前四年,依靠电源结构调整和能效提高,累计节约3.91亿tce,减少二氧化碳排放9.69亿t,减少二氧化硫排放837万t。

"十一五"前四年我国新增绿色能源发电量累计达5337亿KW·h,

相应减少煤炭消耗 1.85 亿 tce，减少二氧化碳排放 4.59 亿 t，减少二氧化硫排放 396 万 t。（"十一五"前四年因全国供电煤耗下降累计节约标煤 1.92 亿 t，减排二氧化碳 4.76 亿 t，减排二氧化硫 411 万 t。）

由于技术进步等因素影响，预计 2010 年平均供电煤耗较 2005 年下降 32g/kW·h，达到 338g/kW·h，低于美国（356g/kW·h）、澳大利亚（360g/kW·h），达到世界先进水平。

总的来看，"十一五"期间，电力行业煤炭消费量保持平稳增长，根据中国电力联合会统计数据，"十一五"期间，电力行业煤炭消费量分别为 13.1 亿 t、14.8 亿 t、15.1 亿 t、15.6 亿 t，四年间年均增长 8.24%，2010 年电力行业煤炭消费量继续保持较快增长，全年煤炭消费量达 17 亿 t 左右。

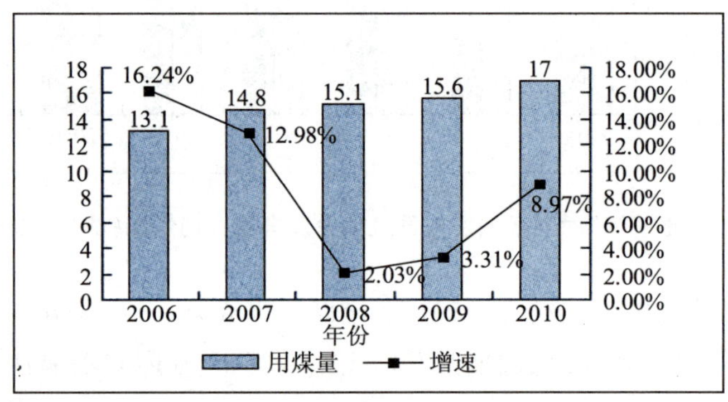

图 13-4 "十一五"期间电力行业煤炭消费量及其增速（单位：亿 t）

13.3.2 冶金行业发展及煤炭消费

"十一五"是我国钢铁工业发展史上战胜前所未有的挑战、取得积极发展的 5 年。具体来看，钢铁行业取得了四大成就。

一是满足持续增长的需求，产品结构不断优化。粗钢产量达到 6.3 亿 t，占世界钢产量的 45% 左右；板材比迅速提高，钢材品种质量不断优化，国内自给率已超过 96%。

二是自主创新能力不断增强，技术装备水平显著提高。大中型钢铁企业主体设备基本实现大型化、自动化，千万吨级钢铁厂的自主集成创新取得重要进展,建成了首钢曹妃甸、鞍钢鲅鱼圈、马钢新区等一批具有当今国际先进水平的钢铁基地。

三是产业布局积极调整,组织结构得到改善。钢铁行业布局调整初步实施,完成了首钢搬迁,启动南方湛江、防城钢铁基地项目前期工作。前10家钢铁企业的集中度由2005年的35.4%提高到2010年的48%(据2010年前11个月统计数据)。

四是淘汰落后加快推进,节能减排取得显著成效。钢铁行业超额完成"十一五"淘汰落后任务,其中淘汰落后炼铁产能1.1亿t、炼钢产能6860万t。节能减排方面,钢铁行业大力推广干熄焦、干法除尘、煤气余热余压回收利用等循环经济和节能减排新技术新工艺,重点钢铁企业吨钢综合能耗、吨钢耗新水分别降至619kg标煤和4.5t新水,分别下降10.7%和47.7%。

"十一五"期间,在国民经济及投资加快增长的带动下,粗钢产量持续快速增长,除2008年受金融危机影响,增速明显放缓外,其他年份增幅都在较高水平,2010年产量6.27亿t,达到历史新高位,"十一五"期间年均增长12.2%,五年间累计增长78.5%。

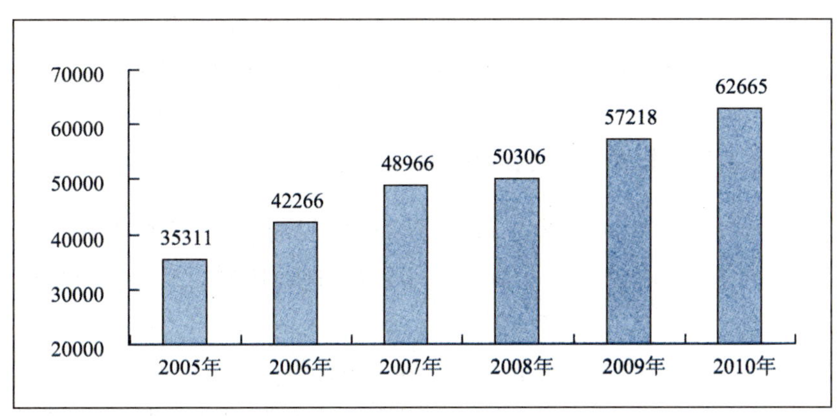

图13-5 "十一五"时期我国粗钢产量变动情况(单位:亿t)

数据来源:国家统计局

与此同时,钢铁行业加快结构调整,"十一五"期间全国累计淘汰炼铁落后产能11170万t、炼钢落后产能6860万t;钢铁行业节能减排取得显著进展，重点钢铁企业吨钢综合能耗从2005年的741kg标煤下降到2010年的619kg标煤，五年间下降了122kg标煤。

总的来看，“十一五”期间，在钢铁产量增长的带动下钢铁行业煤炭消费量仍然保持了平稳增长，“十一五”期间，冶金行业煤炭消费量分别为3.8亿t、4.2亿t、4.2亿t、5.02亿t、5.45亿t，年均增长9.8%。

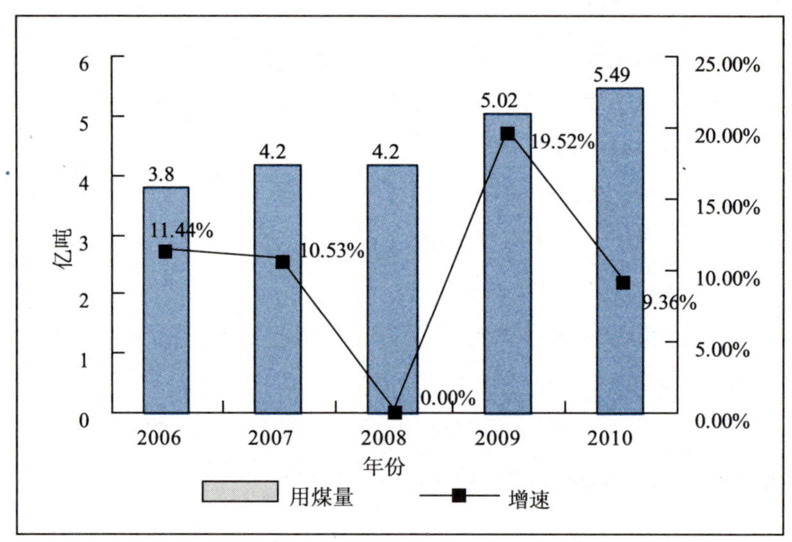

图13－6 “十一五”期间冶金行业煤炭消费量及其增速

13.3.3 建材行业发展及煤炭消费

“十一五”期间，受国民经济持续快速发展的拉动，建材工业在产业结构、生产技术和工艺装备方面取得了长足进步，产品的品种、质量、档次有了较大提高，为国民经济发展、城乡建设和人民生活水平的提高做出了重大贡献。目前，我国已经是世界上最大的建筑材料生产国和消费国，主要建材产品水泥、平板玻璃、建筑卫生陶瓷、石材和墙体材料等产量多年居世界首位。全球近一半的水泥、平板玻璃和建筑陶瓷都在中国生产，水泥的生产和消费量则达到全球生产和消费量的50%左右。

建材主要产品品种结构不断优化，新型干法水泥比重超过70%，浮法玻璃比重超过80%，玻纤池窑拉丝比重超过80%，新型墙材比重已超过50%;产业集中度不断提高,一批大型建材企业和企业集团迅速成长;市场资源配置得以优化,区域市场竞争更趋有序。

近年来,我国建材工业科技创新取得了一批具有显著经济效益和社会影响的重大成果。建材主要行业技术装备水平接近或达到国际先进水平,基本完成了追赶世界先进水平的任务,我国已全面掌握了大型新型干法、大型浮法玻璃、大型玻纤池窑拉丝等生产工艺技术,并具备了成套装备的生产制造能力。新型干法水泥在预分解窑节能煅烧工艺、大型原料均化、节能磨粉、自动控制和环境保护等方面,从设计到装备制造都迅速赶上了世界先进水平。超大超薄陶瓷板、多晶硅石英陶瓷坩埚研发成功并实现产业化。新型建筑材料、树脂基玻纤增强复合材料、混凝土及制品、非金属矿材料和无机非金属材料及制品等行业,在工艺、技术和装备领域都取得了显著进步。我国2.0兆瓦级风力发电机玻璃钢叶片、年产千吨级的碳纤维项目均已投产。水泥、玻璃、建筑陶瓷等行业在全国制造业中率先实现了从产品出口向大型成套技术装备出口的跨越,其先进性、可靠性和优异的性价比得到国际业界的好评。

近几年建材工业在推广循环经济发展模式方面取得可喜成果。2009年,建材行业粉煤灰的综合利用量占全国的30%以上,煤矸石的利用量占全国的50%以上,利用固体废弃物达到7亿t。水泥工业已建成纯低温余热发电机组204台,总装机容量3316MW。目前建材工业已被国家列为发展循环经济的重点行业,成为国民经济体系中资源综合利用的关键环节和消纳固体废弃物的主要工业部门之一。建材工业正在朝着资源消耗低、环境污染少的资源节约型、环境友好型产业的绿色发展方向迈进。

"十一五"期间,在投资增长的带动下,水泥产量快速增长,从2005年的10.7亿t增长到2010年的18.7亿t,"十一五"期间年均增长11.8%,五年间累计增长75%。

"十一五"期间,建材行业加快结构调整,先进产能比重显著提高,日产4000t及以上水泥熟料生产线能力占新型干法能力的比重在2010年达到57%,比2005年提高19个百分点,新型干法工艺比例达到80%,比2005年提高41个百分点。

与此同时,我国建材工业加大了淘汰落后产能力度,截至2009年,淘

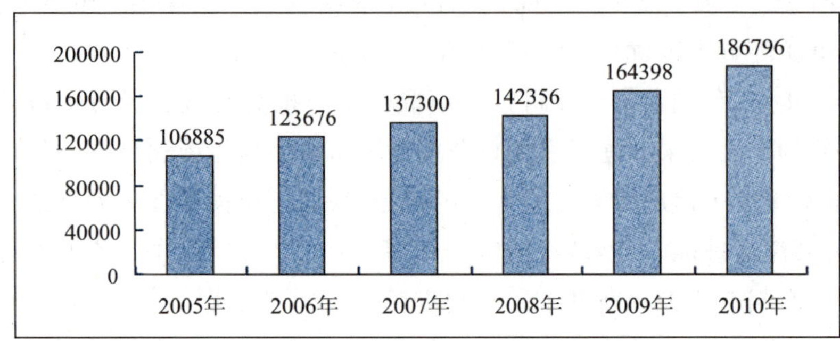

图 13－7 “十一五”时期我国水泥产量变动情况（单位：万 t）

数据来源：国家统计局

汰落后水泥产能 2.4 亿 t，淘汰落后玻璃产能 2500 万重量箱。

在建材行业多个子行业中，煤炭消费量主要集中在水泥行业，约占整个建材行业煤炭消费量的 60% 左右。虽然工艺结构调整和淘汰落后产能促使建材行业煤炭单耗指标有所下降，但在产量增长的带动下，建材行业煤炭消费量依然保持了较快增长，“十一五”期间，建材行业煤炭消费量分别为 3.4 亿 t、3.5 亿 t、3.5 亿 t、4.45 亿 t、4.81 亿 t。年均增长 7.3%。

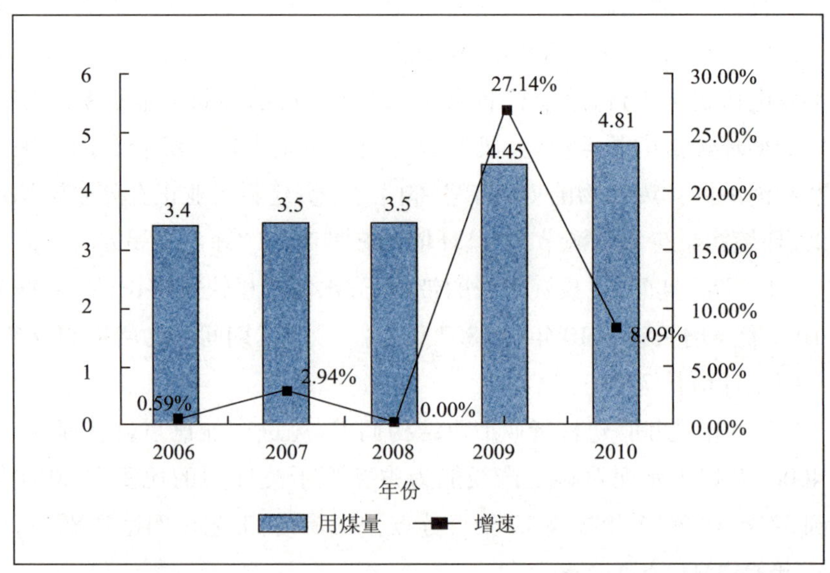

图 13－8 “十一五”期间建材行业煤炭消费量及其增速（单位：万 t）

13.3.4 化工行业发展及煤炭消费

“十一五”期间，石油和化工行业经济虽然经受国际金融危机、汶川地震以及旱灾、水灾、雨雪冰冻等自然灾害的空前挑战，但总体仍呈现出持续快速增长态势，全行业提前或超额完成“十一五”目标任务，实现了新的历史性跨越。

中国石油和化学工业联合会的数据显示，2006～2010年（2010年均为预计值），全行业总产值年均增长率约为21.5%；主营业务收入年均增长率约为21.6%；利润年均增长率约为13.5%；行业资产年均增长率约为24%；投资年均增长率为23.8%；进出口贸易总额年均增长约20%。

“十一五”期间，我国石油和化工行业总产值增势总体良好，即使国际金融危机影响最为严重的2009年，仍有0.5%的增长率。2010年预计总产值为8.72万亿元，同比增长31.3%，比2005年增加5.36万亿元，增长1.6倍。

在石油天然气开采、炼油、化工三大行业中，化工行业产值增幅较高，表现突出。

“十一五”以来，化工行业产值在我国GDP中的比重稳步上升。2008年在国际金融危机的影响下，化工行业产值增长仍呈上升趋势，同比增长24.1%。2010年前10月，化工行业产值增速明显领先于其他行业，实现产值4.19万亿元，同比增长32.2%。

“十一五”期间，我国石油和化学工业规模迅速扩大，经济总量已位居世界第二位，形成了门类比较齐全、品种较为配套、基本可以满足国民经济和人民生活需要的强大工业体系。从一些行业重点监测品种看，“十一五”期间都取得了长足发展，特别是一些重点产品产量持续快速增长，20多种大宗产品的产量位居世界前列。

数据显示，2010年，我国乙烯、硫酸、纯碱、合成树脂和化肥产量预计分别为1358.7万t、6782万t、2061.9万t、4317万t和6837.1万t，分别比2005年增长75.45%、52%、48.3%、100%和38.5%。2006～2010年，我国原油、原油加工、天然气、乙烯、纯碱、合成树脂、化肥等产品产量年均增幅分别为2.43%、7.95%、14.07%、12.6%、7.78%、15.27%和7.03%。2010年前三季度，国内主要石化产品产量持续快速增长，特别是石油、有机化工原料、合成树脂、涂料、轮胎等类产品，增长势头强劲。中国石油和化学工业联合会跟踪的78种重点石化及相关产品产量显示，同比增长的产品有73种，占93.6%；下降仅5种，占6.4%。其中，增幅在20%以上的产品占37.2%，增幅超过30%的产品占19.2%，饲料添加剂和化学试剂增幅分别达125.1%和70.9%。

"十一五"期间，石化行业投资增长总体特点是从高速转向平稳较快。2010年，石油和化工行业预计完成投资1.16万亿元，同比增长15%，比2005年增长188%。2006~2010年，行业实际投资年均增幅为23.8%；"十一五"期间累计投资达4.3万亿元，是历史上投资规模最大、增速最快的5年。

表13-4 "十一五"末我国石化主要产品产量变化情况

指标名称	单位	2010年产量	累计增长(%)	年均递增(%)
原　油	万吨	20349.40	10.70	2.43
天然气	亿立方米	930.00	97.30	14.07
原油加工	万吨	41768.00	42.10	7.95
乙　烯	万吨	1358.70	77.90	12.60
合成树脂	万吨	4317.00	105.70	15.27
合成橡胶	万吨	307.60	86.10	13.59
合成纤维	万吨	2840.00	109.40	13.86
化　肥	万吨	6837.10	49.10	7.03
化学农药	万吨	268.00	130.10	21.11
烧　碱	万吨	2077.00	89.40	11.10
纯　碱	万吨	2061.90	63.00	7.78
甲　醇	万吨	1537.00	232.90	24.88
轮　胎	万条	77720.00	185.50	20.27

从投资趋势看，"十一五"前4年化工行业投资平均增幅在30%以上。其中，基础化学原料、专用化学品投资合计占化工行业的50%以上，专用化学品投资回报率居化工各分行业之首。2010年1~11月，化工行业实际完成投资6573.26亿元，同比增长14.2%。

"十一五"时期，石油化工行业跨国公司投资步伐加快。2007年，在我国投资的石油化工外资企达2055家，埃克森美孚、壳牌、BP、道达尔、巴斯夫、杜邦、拜耳、陶氏化学等大公司在我国建设的大型装置拔地而起，大型跨国公司都制定了在华中长期发展目标。2008 年,外商投资增长 24%,台港澳投资增长 6%,尤其是第四季度,外商和台港澳投资呈现明显上升趋势。到 2009 年底,外资企业突破 3000 家。2010 年前 10 个月,外商投资 592.36 亿元,同比增长 12.2%;台港澳商投资 266.06 亿元,同比增长 25.3%。

"十一五"时期,由于国际油价居于高位,我国具有资源优势的煤化工产业获得迅猛发展。山西、内蒙古、宁夏、四川、新疆、陕西等能源大省(区)均纷纷兴建大型煤化工基地,上马或扩产煤化工项目的热情高涨。这些煤炭资源相对丰富的地区,不但规划了一批传统煤化工项目,而且纷纷规划建设现代煤化工项目。据国家有关部门统计,截至 2009 年末,各地上报的项目中,煤制油总规模已超过 4000 万 t,煤制烯烃总产能 2000 万 t,煤制天然气达到 250 亿 m^3。这些项目总投资按照示范工程的投资测算,已经超过 1 万亿元。

"十一五"期间,为集中力量建设、避免投资风险,国家发展改革委先后布局了 9 个现代煤化工示范项目,分别是神华集团鄂尔多斯直接煤制油项目、内蒙古伊泰集团间接煤制油项目、神华集团包头煤制烯烃项目、内蒙古金煤化工有限公司煤制乙二醇项目,还有中天合创能源公司和内蒙古新奥集团的 2 个煤制二甲醚项目,大唐集团内蒙古克旗、大唐集团阜新、内蒙古汇能公司的 3 个煤制天然气项目。其中,神华集团 108 万 t/a 煤直接液化示范工程是世界上首套现代煤直接液化技术工业规模装置,是我国具有完全自主知识产权的工业化示范工程。该工程从 2005 年开工建设,2008 年 12 月 30 日首次投料试车成功。截至 2010 年 12 月 31 日,生产成品油 67 万 t。伊泰集团 16 万 t/a 煤基合成油项目、潞安矿业集团 16 万 t/a 铁基浆态床 F-T 合成油项目为代表的间接液化项目试车投产成功。神华包头煤制烯烃项目、大唐多伦煤制烯烃项目进展顺利,并成功生产出部分合格产品。

化工行业煤炭消费主要集中在化肥制造业和基本化学原料业,两个行业的煤炭消费量约占化工行业煤炭消费总量的 70% 左右,其中化肥制造业占比在 40% 以上。

"十一五"期间,化肥产量从 2005 年的 5178 万 t 增长到 2010 年的

6620 万 t,保持平稳增长,但主要耗煤的合成氨产量仅从 2005 年的 4596 万 t 增长到 2010 年的 4963 万 t,"十一五"期间年均增长 1.5%,特别是在 2008 年以来,受金融危机影响,产量有所下滑。

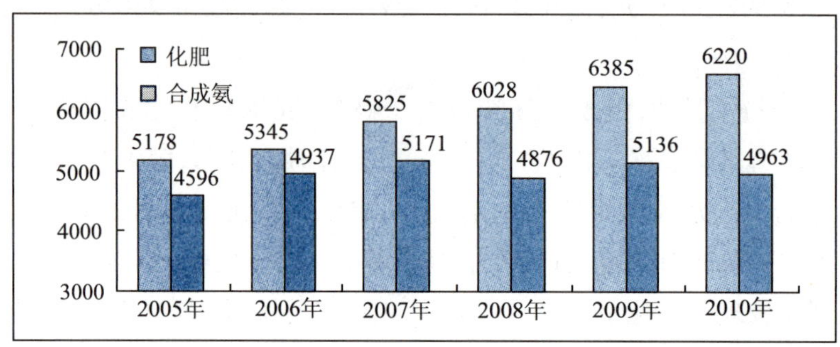

图 13－9 "十一五"期间我国化肥及合成氨产量变动情况(单位:万 t)

基本化学原料业消耗的煤炭,主要发生在烧碱、纯碱等基本化学原料生产工艺的辅助工序即供热工序环节,"十一五"期间处于小幅增长态势。

近几年来,煤制甲醇、二甲醚等化工产品产量迅速增长,成为拉动化工行业煤炭消费量增长的主要因素。"十一五"期间,精甲醇产量从 2005 年的 536 万 t 增长到 2010 年的 1574 万 t,五年间年均增长 24.1%,累计将近翻了两番,除 2008 年和 2009 年受金融危机影响产量相对低迷之外,其他三年增幅均在 40% 左右。

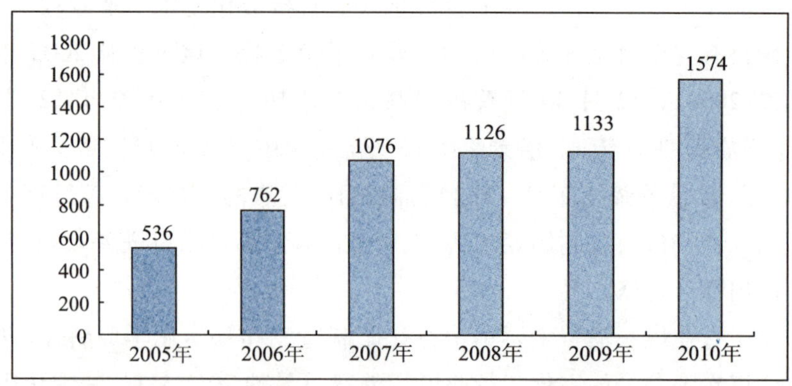

图 13－10 "十一五"期间我国精甲醇产量变动情况(单位:万 t)

数据来源:国家统计局

总的来看，"十一五"期间化工行业煤炭消费保持相对平稳的增长，5年间，化工行业煤炭消费量分别为 1.2 亿 t、1.3 亿 t、1.3 亿 t、1.4 亿 t、1.41 亿 t。年均增长 4.9%。

表 13－5 "十一五"期间全国煤炭消费情况

行业		项目	2006	2007	2008	2009	2010
全国		数量(亿吨)	25.70	27.90	28.70	30.20	31.80
其中	电力行业	数量(亿吨)	13.10	14.80	15.10	15.60	17.00
		比例(%)	50.97	53.05	52.61	51.66	53.50
	建材行业	数量(亿吨)	3.80	4.20	4.20	4.45	4.80
		比例(%)	14.79	15.05	14.63	14.74	15.09
	冶金行业	数量(亿吨)	3.40	3.50	3.50	5.02	5.45
		比例(%)	13.23	12.54	12.20	16.62	17.14
	化工行业	数量(亿吨)	1.20	1.30	1.30	1.40	1.41
		比例(%)	4.67	4.70	4.53	4.64	4.43

第14章 煤矿安全

14.1 全国煤矿安全形势及变化

党的十七大报告指出,“要坚持安全发展,强化安全生产管理和监督,有效遏制重特大安全事故”。

“十一五”期间,党和国家把安全发展作为重要理念纳入现代化建设的总体战略,采取一系列重大决策部署加强煤矿安全生产工作,把加强煤矿安全生产作为促进经济社会协调发展的重要工作来抓。国务院多次召开会议研究部署安全生产工作,制定了一系列强有力的政策措施,保障了煤矿安全生产“十一五”规划各项任务顺利实施。经过各方面的共同努力,全国煤矿安全生产状况明显好转。“国家监察、地方监管、企业负责”安全生产监管监察能力进一步提升、煤矿安全生产法律法规体系初步形成、煤矿安全生产的经济政策不断完善、煤矿安全基础管理工作进一步加强,煤矿安全生产形势持续稳定好转,重特大事故多发的势头初步得到遏制,事故起数和死亡人数大幅下降,职业健康得到重视。与2005年相比,2010年全国煤矿事故死亡总人数由5938人减少到2433人,下降59%;重大以上事故起数由58起减少到29起,下降50%;煤炭生产百万吨死亡率由2.81历史性地降到了0.749,下降73%,煤矿安全生产总体水平显著提高。

14.1.1 事故总量分析

1. 事故总量下降

2010年,全国煤矿共发生死亡事故1403起,死亡2433人,与2005年相比,减少1903起,死亡人数减少3505人,分别下降58%和59%。

“十一五”时期与“十五”时期相比,同比减少8177起,少死亡14253人,分别下降44.2%和84.8%,详见表14-1和图14-1。

表14-1　2010年煤矿事故基本情况

类　别	本　期			同期对比增减				
	事故起数	死亡人数	百万吨死亡率	事故起数		死亡人数		百万吨死亡率
				±	±%	±	±%	±
事故总量	1403	2433	0.749	-213	-13.2	-198	-7.5	-0.143
一次死亡3~9人	110	517	—	4	3.8	42	8.8	—
一次死亡10人以上	24	532	—	-4	-0.2	-23	-4.5	—
其中:10~29人	18	294	—	-2	-12.5	-77	-35.5	—
30人以上	6	238	—	-2	-0.5	54	18.5	—

2. 较大事故下降

“十一五”时期发生一次死亡3~9人事故106起,死亡475人,同比减少12起,少死亡60人,分别下降10.2%和11.2%。

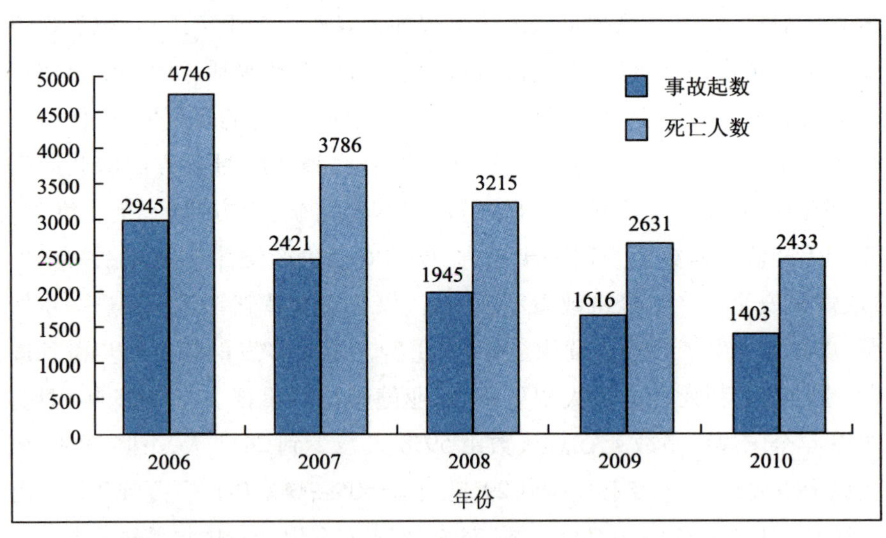

图14-1　2006~2010年煤矿事故基本情况统计

3. 重特大事故下降

“十一五”期间,发生一次死亡10人以上事故149起,死亡3065人,同比减少115起,少死亡3298人,分别下降43.6%和51.8%。特别是近几年来，煤矿重特大事故呈下降趋势。见表 14－2。

表 14－2 2005～2010 年煤矿事故基本情况

年份	煤矿事故总体情况						其中：重大以上事故情况					
	事故起数	同比增减		死亡人数	同比增减		事故起数	同比增减		死亡人数	同比增减	
		±	±%		±	±%		±	±%		±	±%
2005	3306	－335	－9.2	5938	－89	－1.5	58	15	35.7	1739	695	68.9
2006	2945	－361	－10.9	4746	－1192	－20.1	39	－19	－32.8	744	－995	－57.2
2007	2421	－524	－17.8	3786	－960	－20.2	28	－11	－28.2	573	－171	－23.0
2008	1954	－467	－19.3	3215	－571	－15.1	38	10	35.7	707	134	23.4
2009	1616	－338	－17.3	2631	－584	－18.2	20	－18	－47.4	509	－198	－28.0
2010	1403	－213	－13.2	2433	－198	－7.5	24	4	20	532	23	4.5

数据来源：中国煤炭工业协会

14.1.2 煤矿百万吨死亡率情况

2010 年全国煤矿百万吨死亡率 0.749，同比减少 0.143，下降 16.1%。其中：国有重点煤矿百万吨死亡率 0.289，同比减少 0.093；国有地方煤矿百万吨死亡率 0.624，同比减少 0.180；乡镇煤矿百万吨死亡率 1.417，同比减少 0.090。“十一五”期间，煤矿百万吨死亡率变化情况详见图 14－2。

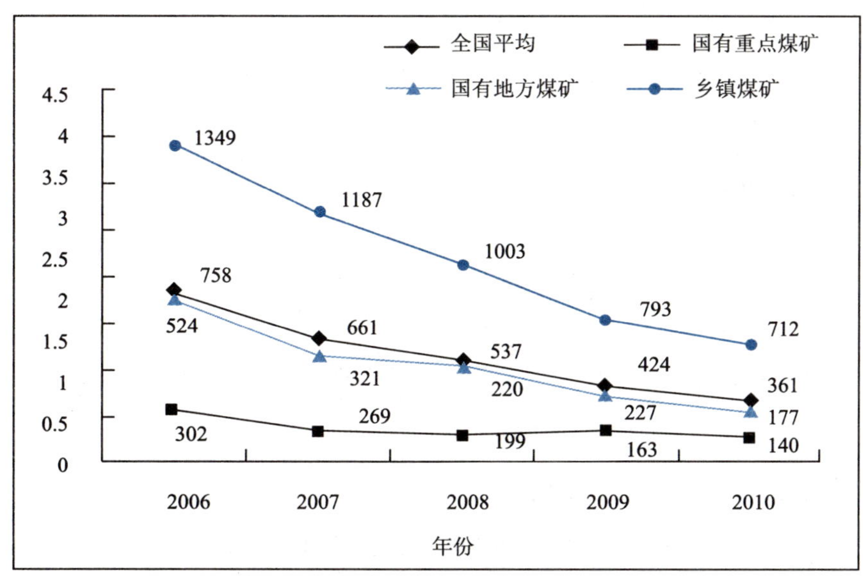

图 14－2 “十一五”期间各类煤矿百万吨死亡率变化曲线

"十一五"期间,虽然原煤产量不断增加,各类煤矿百万吨死亡率仍呈明显下降趋势,2010年全国平均煤矿百万吨死亡率创历史最低水平。

14.1.3 "十一五"期间特别重大事故情况

在"十一五"期间共发生了21起特别重大事故,"十一五"期间,在煤炭产量不断增长的情况下,在2006年以来事故总量连续大幅度下降的基础上,全国煤矿事故总量、较大事故、重特大事故、百万吨死亡率继续明显下降,煤矿安全生产保持了稳定好转的态势。但煤矿重特大事故时有发生,安全生产形势依然严峻。

14.1.4 "十一五"期间区域煤矿安全生产情况

分区域看,各区域煤矿事故总量总体保持下降趋势。西南地区在全国煤矿事故的发生起数和死亡人数方面均最多,其次依次为中部、西南和西北地区。其中吉林、黑龙江、福建、山东、山西、湖南、重庆、贵州、云南、甘肃十省事故起数五年来连续下降;辽宁、福建、山西、重庆、贵州、云南、新疆七省事故死亡人数连续下降;而贵州、四川、湖南、重庆、云南、山西等六省(市)事故起数和死亡人数始终排在全国前列,但下降趋势还是较为明显。

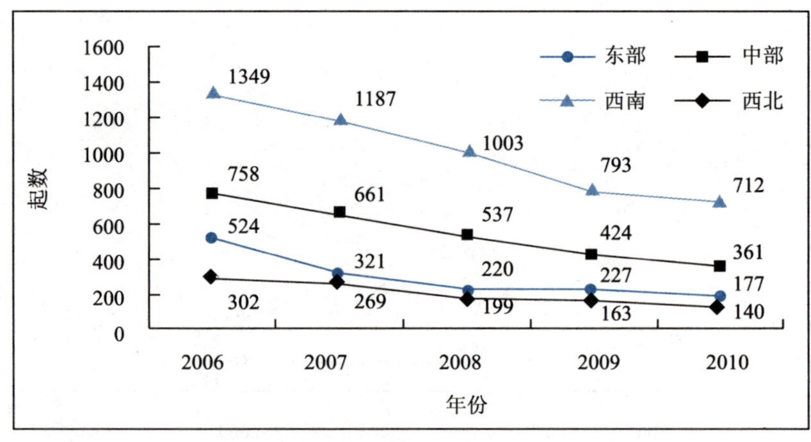

图14-3 2006~2010年各区域事故基本情况统计

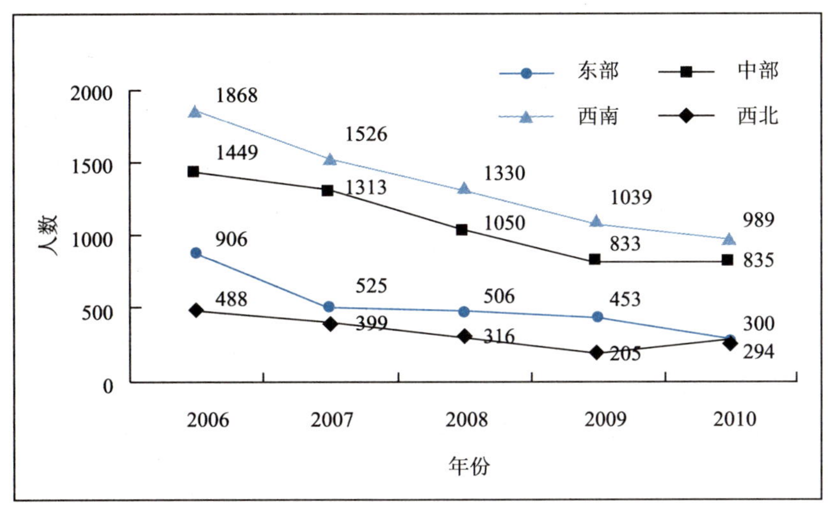

图 14－4　2006～2010 年各区域事故基本情况统计

14.2　煤炭资源整合与煤矿治理整顿

煤炭是我国最主要的一次性能源，也是我国战略上最安全和最可靠的能源，它的重要战略资源地位无法动摇。然而长期以来煤炭行业存在“多、小、散、乱、差”的局面，随之带来资源浪费、生态环境破坏和安全事故频发等问题严重制约着煤炭经济的健康发展。煤炭资源整合和治理整顿是煤炭经济健康发展的必然选择，对于提高煤炭产业集中度，加快煤炭企业的现代化建设具有重要意义，是实现煤炭企业安全生产根本好转和煤炭产业可持续发展的必由之路。

14.2.1　煤矿治理整顿深入开展

党中央、国务院历来高度重视煤矿安全生产和煤炭工业健康发展。胡锦涛总书记在中央政治局第 30 次集体学习会上强调指出，煤矿安全是全国安全生产的重点，要继续打好治理瓦斯事故多发和整顿关闭非法违法、不具备安全生产条件的小煤矿两个攻坚战。通过瓦斯治理排查瓦斯事故隐患，有效地降低了重特大事故总量；通过整顿关闭，减少小煤矿数量，促进了煤矿事故总量的大幅度下降。

1. 煤矿瓦斯治理扎实推进

瓦斯灾害是煤矿安全的"第一杀手"，瓦斯治理是煤矿安全的重中之重，按照2005年8月全国人大常委会提出的、国务院确定的"力争用两年左右的时间，使煤矿重特大瓦斯事故有较大幅度下降"的阶段性目标要求，"十一五"期间，国家安全生产监督管理总局、国家煤矿安监局集中精力全面贯彻落实煤矿瓦斯治理的各项措施，积极协调、密切配合各有关部门全力推进瓦斯治理攻坚。组织专家组对全国重点煤矿企业和瓦斯灾害严重的煤矿进行"会诊"。自2005年起，每年安排30亿元国债资金支持煤矿安全改造；先后在安徽淮南、山西晋城、重庆中梁山、辽宁沈阳和江西南昌召开煤矿瓦斯防治现场会，提出了"多措并举、应抽尽抽、抽采平衡"的瓦斯先抽后采工作基本准则和构建"通风可靠、抽采达标、监控有效、管理到位"的瓦斯综合治理工作体系要求；监督各地落实《煤矿瓦斯抽采基本指标》和国家鼓励瓦斯抽采利用各项政策，制定并实施"十一五"后三年瓦斯治理和抽采利用规划及相关措施；组织开展瓦斯治理工作体系建设"千人培训工程"，大力推进煤矿瓦斯治理示范矿井、示范县（区）"双百工程"建设，及时修订《煤矿安全规程》的相关条款，重新修订了《防治煤与瓦斯突出规定》等。

（1）基本情况。2010年与2005年相比，瓦斯事故减少269起，少死亡1548人，分别下降64.98%和71.30%。

表14-3　2005~2010年煤矿瓦斯事故总体情况

	事故起数（起）	同比增减		死亡人数（人）	同比增减	
		±	±%		±	±%
2005年	414	—	—	2171	—	—
2006年	327	-87	-21.01	1319	-852	-39.24
2007年	272	-55	-63.22	1084	-235	-17.82
2008年	182	-90	-33.09	778	-306	-28.23
2009年	157	-25	-13.74	755	-23	-2.96
2010年	145	-12	-7.64	623	-132	-17.48

截至2010年12月底，全国煤矿开展瓦斯抽采的矿井1475处（其中高瓦斯和煤与瓦斯突出矿井1365处），抽采瓦斯69.63亿m^3，同比增长

12.8%。瓦斯利用量21.94亿m^3,利用率为31.5%,同比增长23.8%;其中发电用13.87亿m^3,民用8.07亿m^3。

表14-4 2010年全国煤矿瓦斯抽采与利用情况

省区	抽采矿井处	其中高突矿井处	瓦斯抽采		瓦斯利用			其中	
			抽采量(万m^3)	同比±%	利用量(万m^3)	同比±%	利用率%	发电	民用
河北	21	14	11168.4	19.4	5013.8	11.0	44.9	2685.0	2328.7
山西	40	36	184186.9	25.4	59625.7	37.3	32.4	42103.6	17522.1
内蒙	8	4	3496.0	11.0	397.5	260.1	11.4	397.5	—
辽宁	27	19	34841.3	6.8	16000.3	-2.0	45.9	8132.5	7867.9
吉林	15	11	8662.1	31.8	322.6	25.5	3.7	322.6	—
黑龙江	47	34	29651.7	-4.9	7468.1	57.7	25.2	6762.1	706.0
江苏	3	3	852.4	-52.4	33.4	-92.0	3.9	33.4	—
安徽	34	32	54323.3	29.7	10743.7	51.0	19.8	8003.9	2739.8
江西	13	13	8472.4	9.5	3028.8	23.8	35.7	2029.4	999.4
山东	4	1	501.8	104.1	273.7	—	54.5	273.7	—
河南	73	59	33760.6	20.0	7104.3	38.4	21.0	5757.7	1346.6
湖南	19	19	1420.4	21.2	414.1	58.7	29.2	414.1	—
四川	20	16	12925.2	38.0	7148.1	49.1	55.3	3419.2	3728.9
贵州	15	15	38247.7	7.8	10570.9	37.2	27.6	8289.5	2281.4
云南	3	2	561.6	-55.0	—	—	—	—	—
重庆	23	23	40036.5	9.1	30360.7	19.8	75.8	5671.6	24689.1
陕西	9	9	17902.0	55.8	5305.0	433.4	29.6	5305.0	—
甘肃	8	8	12097.2	16.3	3321.0	18.6	27.5	3321.0	—
宁夏	5	4	14395.4	-8.2	8880.3	-2.8	61.7	4055.4	4824.9
新疆	3	3	1006.6	171.2	—	—	—	—	—
合计	390	325	508509.3	17.9	176011.9	29.9	34.6	106977.1	69034.7

瓦斯抽采量超过2亿m^3的有山西(149处,25.97亿m^3)、贵州(387处,9.91亿m^3)、安徽(51处,6.56亿m^3)、重庆(86处,4.20亿m^3)、辽宁(45处,3.86亿m^3)、河南(74处,3.38亿m^3)、黑龙江(64处,3.01亿m^3)、四川(137处,2.39亿m^3)、陕西(15处,2.09亿m^3)9个省(市)。

煤矿瓦斯利用量居前五位(超过1亿m^3)的分别是:山西8.67亿m^3、重庆3.11亿m^3、辽宁1.88亿m^3、贵州1.61亿m^3、安徽1.27亿m^3、四川1.10亿m^3。

(2)重要成果。煤矿瓦斯治理攻坚战取得明显成效。这主要表现在以下四个方面:一是强力推进瓦斯先抽后采工作。截至2009年底,全国共建成示范矿井271个,示范县(区)21个,分别占全国"煤矿瓦斯治理工作体系示范工程"年度规划的69.5%和72.4%。2009年,全国共抽采煤矿瓦斯$64.5\times10^8m^3$,利用$19.3\times10^8m^3$,完成了全年煤矿瓦斯抽采利用目标,同比上升21.7%和20.6%;地面煤层气产量达到$10.1\times10^8m^3$,利用量为$5.8\times10^8m^3$,同比分别增加$5.1\times10^8m^3$和$2.1\times10^8m^3$,增幅分别为102%和57%。

二是加大了瓦斯治理的投入。提高了煤矿生产安全费用提取标准,2006年原国有重点煤矿企业提取安全费用171亿元,平均吨煤提取19.5元,2007年平均吨煤提取20.2元。2005~2007年国家连续三年共安排国债资金90亿元,带动和引导煤矿企业投入安全改造资金621亿元,治理了一大批事故隐患,国有重点煤矿安全历史欠账基本得到解决。2009年全国大型煤炭企业平均吨煤提取煤矿安全生产费用27.2元,共提取449.3亿元,大型煤炭企业安全投入开始进入"扭亏为盈"的阶段。安徽省财政设立专项资金,支持煤矿企业瓦斯抽采和利用,每年带动煤矿投资25亿元。

三是深入开展瓦斯隐患排查治理。2005年4~6月,国家有关部门组织开展了煤矿安全专家技术会诊,共会诊54户煤矿企业的461处煤矿,查处各类隐患和问题5886个,提出整改措施和建议5711项。2007年6月~12月,在全国煤矿开展了以瓦斯为重点的隐患排查治理。2007年10月,各省级煤矿安全监察机构开展为期一个月的瓦斯治理专项监察,共抽查矿井15302处,查出隐患15302条,责令停产整顿或停止生产矿井283处,停止采掘工作面213个。

四是加强瓦斯监测监控。目前,全国煤矿所有生产矿井都安装了监测监控系统,国有煤矿中的高瓦斯和煤与瓦斯突出矿井基本建立了瓦斯抽采系统。

2. 煤矿整顿关闭成效显著

"十一五"期间,国家先后实施了关井压产战略,组织开展小煤矿整顿关闭工作。特别是2005年以来,针对我国小煤矿过多过滥、非法违法现象严重等问题，按照全国人大常委会提出、国务院确定的“争取用三年左右时间，解决小煤矿问题”的部署要求，集中组织开展了煤矿整顿关闭攻坚战。确立了“整顿关闭、整合技改、管理强矿”三步走的战略，研究新情况新问题，及时采取新的对策措施；深入开展联合执法，积极发挥有关职能部门的作用；抓重点抓关键，总结推广各地经验做法，促进煤矿整顿关闭工作向纵深发展。着力关闭非法和不具备安全生产条件、破坏资源、污染环境、不符合产业政策的小煤矿，开展煤炭资源整合、技术改造，煤矿安全基础管理逐步加强。

基本情况。2010 年与 2005 年相比，乡镇煤矿事故减少 1510 起，少死亡 453 人，分别下降 60.89% 和 89.67%。乡镇煤矿一次死亡 10 人以上事故减少 33 起，少死亡 956 人，分别下降 70.21% 和 21.80%。

表 14－5　2005～2010 年全国乡镇煤矿事故情况

年份	总计		10－29 人事故		30 人以上事故	
	起数/起	死亡人数/人	起数/起	死亡人数/人	起数/起	死亡人数/人
2005	2480	4384	47	1187	8	542
2006	2149	3431	25	458	4	154
2007	1760	2900	21	454	3	171
2008	1460	2360	22	338	4	138
2009	1129	1757	12	351	1	76
2010	970	1700	14	231		

2005～2009 年，全国累计关闭 1.3 万余处小煤矿、淘汰落后生产能力 350Mt 以上，小煤矿事故死亡人数下降了 60%，小煤矿百万吨死亡率由 5.530 下降到 1.694，约下降 70%。同时，国家规划建设 13 个大型煤炭基地，提高煤炭产业集中度。2009 年，13 个大型煤炭基地实现煤炭产量 2.45Gt，约占全国煤炭总产量的 80%。煤矿资源整合、整顿关闭工作取得了重要成果。主要表现在以下几个方面：

一是取缔了一批非法开采矿井。2005 年以来，加强了对非法开采、盗采煤炭资源活动的打击力度。

二是关闭了不具备安全生产条件的小煤矿，小煤矿事故有较大幅度下降，2010 年小煤矿事故死亡 453 人，比 2005 年下降 89.67%。小煤矿百万吨死亡率由 2005 年的 5.533 下降到 2010 年的 1.417，下降了74.39%。

三是乡镇煤矿安全基础管理得到加强。截至2007年底,全国60%的小煤矿采用了正规开采方法,48%的矿井取消了木支护,971处小煤矿实现了机械化开采。全国11223处乡镇煤矿安装了瓦斯监控系统,安装率83.9%,248个产煤县(市)实现区域联网,联网矿井达到9712处。部分煤矿安装了井下人员位置管理系统和产量监控系统。

14.2.2 煤矿资源整合工作

关闭不符合产业政策、浪费资源、污染环境的小煤矿,加大煤炭资源整合力度,是煤炭工业"十一五"时期的一项重要任务。随着煤炭工业的快速发展,煤炭资源开发强度加大,国家从调整煤炭生产结构,加快建设新型煤炭供应体系出发,出台了一系列政策、法规促进了煤炭工业健康发展。

1. 煤炭资源整合的目标

2006年3月,国家安全生产监督管理总局等11部委联合下发了《关于加强煤矿安全生产工作规范煤炭资源整合的若干意见》,对煤炭资源整合工作进行了清晰的定义:煤炭资源整合是指合法矿井之间对煤炭资源、资金、资产、技术、管理、人才等生产要素的优化重组,以及合法矿井对已关闭煤矿尚有开采价值资源的整合;是淘汰落后、优化布局,提高产业集中度的重要手段;是提高矿井安全保障能力的有效途径;是提高小煤矿本质安全水平、确保煤炭资源合理开发的必然选择;是煤炭工业节约发展、安全发展、实现可持续发展的重大举措。通过资源整合,可大幅度减少小煤矿数量,提高办矿规模和安全、装备、技术管理水平,从源头上减少和控制煤矿事故。

2. 结合实际,制定办法

2006年9月,中央财政为推动地方压缩过剩和淘汰落后生产能力、促进安全生产和环境保护,进一步调整经济结构,制定了《中央财政关闭小企业专项补助资金管理办法》。该办法明确规定,对依照国家有关法律法规规定、经济结构调整政策和安全生产环境保护需要,地方各级政府对小煤矿、小化工、小水泥、小冶炼等小企业实施的行政性关闭措施给予专项资金补助。地方政府可以根据当地产业结构调整与优化升级的具体安排,向中央财政提出对小煤矿、小化工、小水泥等淘汰产能给予财政补助申请,对关闭企业补助。

3. 推进矿产资源开发整合

2009 年 10 月 27 日,国土资源部、国家发展改革委等 12 部委联合下发了《关于进一步推进矿产资源开发整合工作的通知》。该通知指出,矿产资源开发整合的目标任务是:矿产资源勘查布局进一步优化,矿产资源勘查开发规模化、集约化程度进一步提高,矿山安全生产状况、生态环境进一步改善,矿产资源合理开发利用长效机制初步建立。矿产资源开发整合的基本原则是:进一步推进整合与产业结构调整相协调;矿产资源勘查与开发相衔接;资源效益与环境效益、安全生产相统一;政府引导与市场运作相结合。2010 年年底前完成煤、铁、锰、铜、铝、铅、锌、钼、金、钨、锡、锑、稀土、磷、钾盐等 15 种重要矿产整合,以及其他对各地经济发展具有较大影响的矿种,从而使我国矿业的无序状态得到有效控制。

在主要产煤省(区、市)中,开展煤炭资源整合工作较早的主要是河南省、山西省和内蒙古自治区。这些省区结合当地煤炭资源赋存状况与小煤矿开采情况,出台了一系列地方性煤炭资源整合政策与措施,取得了较好的成效。

河南省。河南省是对煤炭资源进行整合较早的省区之一。经过资源整合,全省 1569 个煤矿,直接关闭 111 个,有 161 个整合为 103 个,并入国有煤矿。剩余 1297 个小煤矿整合为 622 个煤矿,其中 30 万 t/a 以上 31 个;30 万 t/a 以下 591 个,其生产规模全部达到了 15 万 t/a 以上。截至 2008 年底,河南省共保留煤矿 508 处,产量 20900 万 t。

山西省。2005 年 6 月,山西省出台了《山西省人民政府关于煤矿企业资源整合和有偿使用的意见》(晋政发[2005]20 号),提出了全面推进煤炭资源整合和有偿使用;8 月 1 日,山西省国土资源厅、省煤炭工业局、山西煤矿安全监察局联合下发了《山西省煤矿企业资源整合和有偿使用实施方案》,进一步细化了资源整合和有偿使用的工作目标及推进措施等。2009 年 4 月,山西省政府下发《关于进一步加快推进煤矿企业兼并重组整合有关问题的通知》，确定了到2010年全省矿井只保留1000座的目标。确定山西省将形成3个亿吨级的特大型煤炭企业集团，4个5000万吨级以上的大型煤炭企业集团，10个1000万吨级以上的地方煤炭企业集团。截至2006年底，山西省共关闭矿井1445个，全省煤矿数量减少到3225处，60个主要产煤县全部淘汰了9万t/a以下的矿井。同时，山西省在2007年3～4月间，对2006年下半年公布的500处矿井进行全部关闭（目前已关闭289处，剩余211处），并于2007年下半年、2008年上半年又关闭500～600处矿井。2008年底，山西省共有生产煤矿2598处，产量65600万t。

内蒙古自治区。2005年8月20日，内蒙古自治区政府下发了《关于进一步推进煤炭资源整合有偿使用的实施办法》，制定了煤炭资源整合与有偿使用的具体目标。截至2006年底，内蒙古自治区通过大力推进煤矿整顿和煤炭资源整合工作，关闭了812处小煤矿，仅保留了498处生产矿井，保留煤矿的矿井生产规模全部在30万t/a以上。在大幅增加煤矿安全投入的同时，内蒙古煤矿企业已完成了重组、改制工作。按照自治区政府统一规划和要求，2007年，全区有50处煤矿达到一级标准，有50处煤矿达到二级标准，其余煤矿中的30%达到三级标准；完成建设和技术改造煤矿82处，增加设计生产能力3116万t。截至2008年底，内蒙古自治区共保留煤矿501处，产量47300万t。

贵州省。2007年8月，贵州省人民政府办公厅印发《关于加快推进煤矿整顿关闭和煤炭资源整合工作的通知》（黔府办发〔2007〕78号），提出贵州省第三阶段煤炭资源整合的总体目标是关闭243个煤矿。其中，贵阳市25个、遵义市23个、六盘水市58个、安顺市16个、黔南自治州57个、黔西南自治州17个、黔东南自治州11个、毕节地区27个、铜仁地区9个。截至2008年底，贵州省通过煤炭资源整合和小煤矿关闭工作，全省煤矿数量由2005年底的2076个，减少到1423个；全省煤炭产量由8507万t增加到11798万t，煤矿数量减少了31.46%，产量提高了38.69%。

4. 煤炭资源整合促进了煤矿安全工作

“十一五”期间，继河南省、山西省和内蒙古自治区全面推进煤炭资源整合工作，并取得了阶段性成果的同时，其他主要产煤省也在积极推进煤炭资源整合工作。2006～2010年,资源整合、整顿关闭工作取得了明显成效。同时,在资源条件较好的地区,煤炭资源整合后重新组建的大型煤矿,需要彻底改变小煤矿原始的管理和生产模式,需要引进先进的管理理念和现代化的煤矿生产、安全和信息化管理技术,确保了矿井的安全、高效生产。实践证明,煤炭资源整合促进了煤矿事故总量大幅度下降。

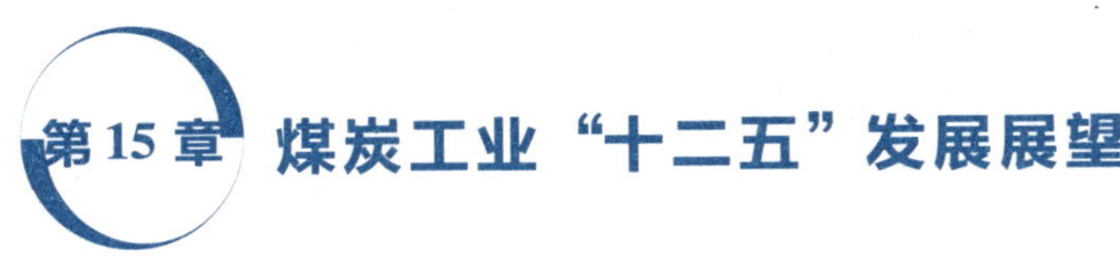

第15章 煤炭工业"十二五"发展展望

15.1 "十二五"煤炭工业发展的外部环境

15.1.1 后金融危机时代的世界经济走势

自2007年初美国爆发次级贷款危机引发全球金融风暴至今，已进入了第四个年头。2009年，经济危机态势得到初步的控制和缓解，世界经济逐步走向复苏的轨道，但仍存在较大的不确定性。

对于"后金融危机时代"的提法，是针对世界经济重新恢复了增长的事实而言的。由于此次金融危机为百年来最为深入最为严重的经济危机，其发展趋势和各阶段特点尚待摸索与总结，因此，所谓的"后金融危机时代"不过是经济发展轨迹最低点以后的时期的总称。"后金融危机时代"概念的提出体现了人们对于未来的美好愿景和预期。

1. 世界经济格局演变前景乐观

一是亚洲率先走向崛起。亚洲地域面积约占世界陆地面积的三分之一，人口约占世界总人口的五分之三，堪称世界第一大洲，在世界经济发展史上有过自己的辉煌。20世纪60年代和70年代，中国台湾、韩国、中国香港和新加坡大力发展外向型经济，相继起飞成"龙"，被国际社会誉为亚洲"新兴工业经济体"（NIES）；80年代至90年代，马来西亚、泰国"准新兴工业经济体"以及印度尼西亚和菲律宾等也都在加速经济发展，以争取早日成为新兴工业国。而中国在20世纪70年代末、越南在80年代中、印度在90年代初开始的经济变革则促进了各自经济的腾飞，为东亚乃至亚洲的持续高速增长发挥了“拉动效应”。在1997~2007年的10年里，亚洲国家和地区克服了金融危机的负面影响，跃居为全球经济发展最快和最具活力的地区，亚洲新兴经济体的GDP年均增速超过9%，对世界经济增长的贡献率日益增大。约翰·奈斯比特在《亚洲大趋势》中指出，150年来，西方享受了进步与繁荣，而亚洲却遭受贫困与饥饿。现在，亚洲正走上经济复兴的道路，这将使他们重新得到他们以前文明所拥有的辉煌和荣耀。

二是大国的腾飞和“超高速”发展。美国高盛集团全球经济研究部主管、首席经济学家奥尼尔在2003年发表的《与“金砖四国”一起梦想——2050年之路》研究报告中提出了“金砖四国”(BRICs)概念。“金砖四国”都是大国，尽管在这场历史罕见的金融危机中，俄罗斯经济严重衰退，巴西经济陷入零增长，但由于中印经济的拉动，“金砖四国”经济总和占全球GDP的比重还是由2007年的13%上升为2009年的15%，成为一支不可忽视的国际力量，加速了南北经济格局的变化。继“金砖四国”之后，美国高盛集团于2007年推出了所谓“钻石十一国”概念(菲律宾、孟加拉国、埃及、印尼、伊朗、韩国、墨西哥、尼日利亚、巴基斯坦、土耳其和越南)，指出在2004~2007年4年间，上述十一国的经济增长率平均约为5.9%，是欧洲国家平均增长率的两倍以上。可以肯定的是新兴市场或新兴经济体现已遍布于亚洲、非洲、南美洲、东欧及中东各个角落，形成了“新兴经济群体”。新兴经济体属于发展中国家，因而发展中国家兴起与腾飞已经是一个不争的事实。

三是经济体和发展中国家仍具备持续发展的基础。从各方面的预测，2009年世界经济陷入二战后以来最为严重的经济衰退。尽管第二季度和第三季度，发达经济体的经济收缩幅度变小，但世界经济和发达经济体衰退的总趋势已成定局，不会出现逆转。在经济全球化作用下，发达国家金融危机和经济衰退迅速蔓延到发展中国家，使发展中国家受到拖累和影响，俄罗斯、巴西、墨西哥和南非等大型新兴经济体出现了不同程度的经济萎缩。

在世界经济逆境中，发展中国家作为一个整体，其经济表现依然好于发达国家。从整体看,新兴经济体和发展中国家以高于发达国家经济增速向前发展的态势并没有改变,其发展前景仍具有持续性。支持这一判断的主要依据有以下几点:一是新兴经济体和发展中国家的消费市场需求庞大;二是新兴经济体和发展中国家拥有雄厚的外汇储备和国内储蓄;三是新兴经济体和发展中国家研发支出显著增长,高新技术产业正在逐步兴起;四是新兴经济体和发展中国家组建的新兴跨国公司,在世界500强中所占数目及市值日趋增加;五是新兴经济体和发展中国家积极推动签署双边和多边自由贸易协定,全球现有209个自由贸易区和自由贸易协定,区内贸易已占世界贸易额的50%;六是新兴经济体和发展中国家的贸易发展指数,亦即将贸易盈余转变为本国社会经济发展的能力正在逐步增强;七是新兴经济体和发展中国家在全球贸易保护力度增强的形势下,相互之间的贸易激增。由此可见,新兴经济体追赶发达经济体的空间依然十分巨大,在全球经济中将发挥越来越重要的作用,这一趋势必将有助于世界经济格局及世界经济政治秩序的变革。

2. 世界经济发展存在的悲观隐患

尽管当前世界经济确实出现复苏的乐观前景,如美国自2009年第三季度开始实现GDP增长2.8%,为金融危机以来的首次正增长。欧盟和欧元区经济自2009年第三季度正式走出衰退,日本也自第三季度GDP环比增长1.2%。但世界经济仍存在十大悲观隐患。一是发达国家经济增长乏力。发达经济体的复苏主要是靠政府拉动,内生动力不足。二是银行破产增加。数百家金融机构身处困境,濒临破产的边缘。据IMF推算,全球不良资产高达3.4万亿美元。三是政府负债过大。四是贸易保护日趋强烈。世界金融危机爆发以来,全球范围实施的贸易保护措施高达150项,反倾销案件437起,还有数百项贸易保护主义措施正在讨论形成当中。五是能源价格震荡。2009年10月以来,国际油价连续持续波动攀升,原油价格一度突破每桶120美元,非洲地区社会出现动荡,利比亚武装冲突已引发局部战争,进而会对国际石油价格产生较大影响。六是粮食问题加重。目前全球缺粮人口总数已超过10亿,其中约有1.5亿人因近期粮价飞涨和全球金融危机而陷入饥饿。七是失业率居高不下。八是产能过剩突出。九是提振消费困难。十是创新风险犹存。2007年末,全球金融衍生品名义本金高达630万亿美元,为同年全球GDP总量的11.81倍。其中有些品种风险高、额度大,相当部分仍未消化。

后金融危机时代世界经济发展的新态势,必然导致国际经济关系、世界格局变化以及国际经济政治秩序调整的连锁反应。

15.1.2 世界主要经济体发展趋势

总体来看,2011年世界经济将呈“双速式”复苏,新兴经济体复苏较快,发达经济体复苏缓慢。全球财政、货币政策明显分歧,国际合作难度加大。经济增长没有带动就业市场,主要国家失业率居高不下。全球个人消费支出增长缓慢,消费者和企业家信心普遍低迷。外部市场争夺激烈,贸易摩擦加剧。

对于2011年的世界经济走势,联合国经济与社会事务部在其发布的《2011年世界经济形势与展望》报告认为,自2010年起,受发达国家拖累,世界经济增长出现明显减速。尽管发达国家在过去两年采取的财政和货币政策遏制了国际金融危机的恶化势头,刺激了经济复苏,但是其国内金融系统仍然脆弱,信贷供给与需求缺乏活力,失业率居高不下,国内消费和投资需求疲软,财政赤字和主权债务大幅度上升,既给金融市场增加了新的不稳定因素,也给财政政策带来巨大的政治和经济约束。

为此,不少发达国家从2011年起将不得不采取财政紧缩措施,这将对2011年的世界经济增长带来负面影响。初步预测,世界经济在2010年增长3.6%之后,2011年增速将回落到3.1%。

发达国家中,美国经济正在从二战以来最严重和持续时间最长的经济危机中恢复,但是经济复苏的力度也是二战以来最疲软的。综合多种因素预测,2011年美国经济增长将从2010年的2.6%放缓至2.2%。而欧洲和日本的增长前景则更为暗淡,特别是日本大地震引发的福岛核电核泄漏事故发生后,对日本经济的影响还难以预测,2011年欧元区的经济增长预计为1.3%。

对于发展中国家,2011年亚洲的发展中国家在中国和印度的带领下将增长强劲,并继续推动全球经济增长。预计,2011年中国经济将增长8.9%,印度将增长8.2%。但由于发达国家经济增长的缓慢和各种经济刺激措施的逐渐退出,发展中国家的经济增长也将有所放缓,预计平均经济增长率将保持在6%,比2010年回落1.1个百分点,但比发达国家快4.1个百分点。

联合国认为,未来几年世界经济前景依然具有不确定性,严重的下行风险将继续困扰世界经济。而各主要经济体的合作在弱化,影响了应对世界金融危机的有效性,特别是货币政策的不协调成为金融市场动荡和不确定的根源。如果世界经济的下行风险成为现实,那么经济复苏将受到进一步影响。因此,在近期仍需要财政刺激措施以实现经济复苏。今后几年,“低增长”和“高失业”很可能是不少发达国家不得不面对的现实。而由国际金融危机引发的经济衰退不是简单的周期性波动,在很大程度上是结构性问题。主要发达国家所面临的结构性问题,如银行资产负债的调整、金融业的整合、结构性失业、结构性公共债务和居民债务等,需要经过很长时间才能得到解决。

国际货币基金组织(IMF)认为,金融危机爆发后,世界各经济体空前一致地采取了大力度的财政、金融刺激政策,以期刺激国内需求,推动经济增长。但随着刺激政策的陆续退出,各经济体的内部需求并未完全恢复,实体经济的发展仍然缺乏活力。美、日等发达经济体,虽然继续实行量化宽松的货币政策,并直接或间接地干预汇率,但外部需求增长远远低于他们的预期,国际收支的不平衡依然存在。IMF分析,过去40年中世界各国共发生了169次银行和债务危机,通过跟踪这些危机后的进出口变化发现,在危机后的头两年,进口往往急剧下降,即使在中期内仍然疲弱不振。相反,出口相对不受影响。经常账户逆差较高的国家往往经历较大幅度的进口下降。同时,危机还伴随着较大程度的货币贬值、较高的汇率波动性和相对疲弱的信贷状况。

IMF预测,遭受金融危机打击的发达国家的进口在几年内都可能低于危机前的水平,经常账户逆差的缩小会持续一段时间。过去高度依赖发达国家外部需求的经济体今后需要促进国内需求以支持增长。2011年,世界商品和服务贸易量将增长7%,比2010年的11.4%回落了4.4个百分点。

经合组织认为,当前世界经济增长还面临诸如金融市场脆弱、主权债务危机、家庭消费动力不足和外汇市场矛盾突出等可能挫伤经济发展的因素,而且这些风险大多相互关联。所以,各国政府需要在调整国内宏观经济政策的同时,加强国际协调,避免贸易保护主义,稳定国际金融市场。就货币政策来说,应逐步回归常态。因为随着经济增长加速和产出缺口收窄,利率应开始恢复至中性水平(高于或至少不低于通货膨胀率),以减轻长期低利率带来的负面影响。

表 15－1　世界主要经济体经济增长预测　　单位:%

	2010 年	2011 年	2012 年
美　国	2.7	2.2	3.1
日　本	3.7	1.7	1.3
欧元区	1.7	1.7	1.3
OECD	2.8	2.3	2.8
巴　西	7.5	4.3	5.0
中　国	10.5	9.7	9.7
印　度	9.9	8.0	8.5
印度尼西亚	6.1	6.3	6.0
俄罗斯	3.7	4.2	4.5
南　非	3.0	4.2	4.5

表 15－2　主要国际组织对 2011 年世界宏观经济预测　　单位:%

机　构	GDP 增长率			CPI 上涨率			世界贸易增长率		
	2009	2010	2011	2009	2010	2011	2009	2010	2011
联合国	－2.0	3.6	3.1	2.2	2.7	－11.4	6.6	—	—
国际货币基金组织	－0.6	4.8	4.2	2.5	3.7	3.1	－11.0	11.4	7.0
世界银行	－2.1	3.3	3.3	－0.2	1.3	1.1	－11.0	15.7	8.3
经济合作与发展组织	－1.7	2.8	2.3	0.5	1.5	1.3	－11.1	12.3	8.3
共识公司	－1.8	4.0	3.4	1.3	2.7	2.8	—	—	—

注:①各国际组织 2011 年数据为预测数。②CPI 为 G7 数据。③各项指标均指 OECD。

15.2　“十二五”我国宏观经济发展趋势

“十二五”期间,我国经济发展将进入由人均国内生产总值3000 多美元的中低收入水平向中高收入水平迈进的阶段。从国际经验看,这一时期若发展战略不能及时转型,经济将面临被原有增长机制锁定的风险,从而使经济体在中等收入阶段处于停滞徘徊期,即所谓的中等收入陷阱。因此,十七届五中全会提出,“十二五”时期是全面建设小康社会的关键时期,是深化改革开放、加快转变经济发展方式的攻坚时期,具有重大的战略意义。总的来看,“十二五”期间国际环境总体有利,国内经济发展的基础良好,我国经济将继续保持平稳较快发展,经济结构调整和发展方式转变有望取得实质性进展。作为“十二五”的开局之年,2011 年经济增长将进一步回归正常轨道,全年经济增速有望达到 9% 左右,但价格上行的压力也将进一步加大。

15.2.1 “十二五”我国经济发展环境

1. 全球经济增长模式将持续调整,我国经济发展机遇大于挑战

“十二五”期间,全球经济增长模式和增长格局将继续调整,并呈现以下特征:一是世界经济、尤其是发达经济体经济增长速度可能放缓。据有关国际机构预测,“十二五”期间世界经济潜在增长率可能在 3% 左右,低于 2000～2007 年的平均增速。二是全球经济将寻求结构再平衡,发达国家将逐步转变消费模式,注重提高储蓄率,降低消费率,并要求中国这样的贸易顺差国扩大消费,减少贸易顺差。三是新一轮产业革命方兴未艾,新能源、节能减排、信息技术等若干重要领域将酝酿新的突破,物联网、智慧地球等新技术不断成熟,若干国家将会在这些领域形成新的战略优势。四是全球治理结构将继续调整,新兴经济体国家在世界经济中的地位和发言权将进一步上升,G20 将成为国际经济协调的主要平台,全球金融监管合作会进一步强化,国际货币体系多元化将会加速。五是绿色经济、低碳经济将成为大势所趋,发展中国家应对气候变化、减少温室气体排放的国际压力不断增加,发达国家与发展中国家在低碳技术方面的差距将会进一步拉大。

随着主要国家经济结构、体制和政策调整的深入,全球产业分工、贸易格局、经济力量对比将会发生重大调整和变化,对我国既是机遇,也是挑战,总体是机遇大于挑战。首先,全球化将在新的基础上继续深化,全球贸易和投资将会继续增长,有利于我国继续利用两个资源、两种市场,

优化资源和要素配置。第二，发达国家国际产业转移将继续深化，有利于我国积极承接国际先进产业和技术转移，形成新的竞争优势。第三，全球新一轮技术革命全面启动，也为我国提供了后来居上的机遇。第四，国际金融货币体系的调整，有利于人民币国际地位的提升，有利于我国实施“走出去”战略。

2. 我国经济发展潜力巨大，发展风险增加，但保持经济平稳较快发展的基本条件没有改变

“十二五”期间，我国仍处于工业化、城镇化加快发展的阶段，经济结构升级和社会结构变迁使得内需潜力巨大。从供给面来看，2009 年末全部金融机构本外币各项存款余额达到 61.2 万亿元，资金供给潜力巨大；“十二五”期间劳动年龄人口年均增速有望达到 0.8%，劳动力资源仍然很丰富；我国能源、电力、钢材、水泥、乙烯等主要工业基础产品的生产能力均居世界前列，基础产业和基础设施供给能力大大增强，国民经济体系比较完整、产业配套能力较强的优势会进一步巩固和加强；随着政府和企业对教育、科技投入的增多，人力资源素质持续提升，低成本竞争优势逐步消失的同时，人力资源等新竞争优势正在逐步形成。从需求面来看，我国尚有 7 亿多农民，农村消费市场潜力十分可观，随着经济的发展和收入水平的提高，广大居民对教育、医疗保健、文化的消费将大幅度增加，汽车、通信器材、计算机等正在成为新的消费热点，消费结构在加快升级，消费增长潜力巨大；政府在基础设施、公共服务等领域的投资需求潜力仍很大，城乡居民的住房投资需求增长仍有较大空间，企业投资需求也有很大潜力，外商直接投资快速增长势头不减，投资需求仍将持续增长。世界经济复苏也为我国经济发展提供了良好的外部环境，外需、外资对经济增长的作用还将进一步发挥。同时，国内需求潜力虽然巨大，但潜力的充分释放还面临着一系列体制性制约；自主创新能力不强，技术水平、管理能力与发达国家仍有较大差距；劳动力成本上升较快，劳动力低成本优势逐步削弱；可贸易的资源需求量迅速提升，对外依存度不断加大，但不可贸易的土地、水、生态和环境要素约束更加突出，资源环境压力加大；社会矛盾不断凸显，城乡差距、区域差距、收入分配差距以及社会公平正义等问题日渐突出，这些影响我国经济全面协调可持续发展的不利因素，也是“十

二五”期间我们必须直面解决的重大问题。

15.2.2 “十二五”我国经济发展总体趋势

1. 经济增长速度会适度放缓,“调结构、促转型”将会取得实质性进展

从党的十七届五中全会精神可以看出,“十二五”期间,我国宏观经济政策的基调是“稳增长,调结构,促转型,惠民生”,宏观经济政策总体会保持连续性,宏观政策环境总体稳定。在经历世界金融危机冲击后,“十二五”我国经济将进入新一轮增长周期。受政府换届等因素的影响,“十二五”中期经济增长率可能会达到峰值。预计整个“十二五”期间,经济平均增长率有望在7%以上,有可能达到8%甚至更高一些,但总体上会低于“十一五”期间的平均增长水平。在经济继续平稳较快增长的同时,经济结构调整将会取得实质性进展。

2. 需求结构进一步改善,内需、特别是消费对经济增长的拉动作用将明显增强

受国家提高居民收入水平、推进城市化进程、建立扩大消费需求的长效机制等政策的影响,“十二五”消费将持续快速增长,增速将高于同期GDP增速,也将高于“十一五”消费增速,消费对经济增长的贡献率会出现上升。投资增速会低于“十一五”平均水平,对经济增长的贡献率会稳中略降。进出口增速也会低于“十一五”平均水平,但会略高于GDP增速,在“十二五”后期增速可能会加快;贸易顺差将会缩小,净出口对经济增长的贡献率会有一定下降。预计,“十二五”末期消费率可能提高到52%,甚至更高。随着消费总量的快速上升,消费结构也将从以“衣、食、用”为主逐步向以“住、行、康、体”为主转变,物质产品消费继续增长的同时,精神产品消费增长将更快。

3. 战略性新兴产业和生产性服务业等现代产业将会加快发展,三次产业结构会进一步优化

受产业竞争优势的转变、城镇化水平提高、国家产业结构调整政策的实施等因素的影响,“十二五”期间,第一产业占比将继续下降,预计“十

二五”末期占比在8%左右；第二产业、尤其是制造业将会继续保持增长，预计“十二五”末期占比在47%左右，比金融危机前的比重有所下降；第三产业将会加快发展，预计“十二五”末期占比在45%左右，比金融危机前的比重有较大上升，但在国民经济中的比重仍将低于第二产业。节能环保、新一代信息技术、生物技术、高端装备制造、新能源、新材料、新能源汽车等战略性新兴产业将会加快发展，在新型芯片制造、电动汽车等领域可能会达到世界先进技术水平，在某些区域会形成新的产业集群。随着制造业由低加工度向高加工度转变，生产性服务业也将快速发展，在服务业中的比重将会上升，“十二五”末期预计能达到45%左右。

4. 以农民工市民化为重点的人口城镇化战略在国家战略中的地位将大大提升，城镇化将成为经济社会发展的新动力

近两年，在理论界和决策层已形成一个重大共识：人口城镇化是扩大内需、改善居民收入分配的战略手段。“十二五”期间，我国城镇化率将继续提高，但提高速度会有所放缓，预计“十二五”末期会提高到52%左右。国家将加快户籍制度以及依附于其上的二元福利制度的改革，使已经在城市生活工作并已经被统计为城镇人口的约1.2亿农民工成为真正的市民，释放其内需潜力；将加快落实放宽中小城市、小城镇特别是县城和中心镇落户条件的政策，促进符合条件的农村转移人口到城镇落户。同时，城镇化模式也将进一步转变，城市群将成为推进城镇化的主体形态。“十二五”期间，我国各类生产要素将继续向优势地区集中，人口更多地流向东部、中部、东北地区和西部较发达地区，形成沿海、沿江、沿主要交通干线分布的20余个城市群、其他城市和小城镇点状分布的城镇化空间格局。

5. 区域经济优势互补、主体功能定位清晰、国土空间高效利用、人与自然和谐相处的区域发展格局将进一步完善

“十二五”期间，国家将按照“东部率先，西部开发，东北振兴，中部崛起”的区域发展总体战略，实施国家和省级主体功能区战略，加快中西部地区和东北地区的发展，而且西部大开发仍将处在最重要的位置。从发展趋势看，中西部地区的生产成本优势将得以凸显，沿海地区的产业将由

于成本约束加快向中西部地区转移,资源密集型、劳动密集型、内需导向型产业将是转移的重点。珠三角、长三角、环渤海三大沿海经济带将在经济转型中更加注重内生增长,加快构建现代产业体系,提高我国经济的全球竞争力。沿江经济带和中部中心城市经济圈有望异军突起,成为新时期我国经济重要的增长极。

6. 两型社会建设将深入推进,节能减排降碳力度会进一步加大

我国已将应对气候变化纳入国家战略,2009 年 11 月 25 日召开的国务院常务会议提出,到 2020 年我国单位国内生产总值二氧化碳排放将比 2005 年下降 40% ~45%,作为约束性指标纳入国民经济和社会发展中长期规划,并制定相应的国内统计、监测、考核办法,并在哥本哈根全球气候大会上对国际社会做出了庄严承诺。这一目标的落实主要集中在“十二五”、“十三五”期间,而“十二五”时期则是重中之重。减少二氧化碳排放的核心问题是减少能源的消费,并优化能源消费结构,在同等产出情况下少消耗能源,在同等能源消耗情况下少排放温室气体,在同等温室气体排放情况下少影响气候。在我国以煤为主的特定资源禀赋条件下,能源消费结构的优化将是一个漫长的过程,因此,减缓二氧化碳排放的主要路径是减少能源消费,即节能。因此,“十二五”期间我国节能降碳的压力仍然不减。

可以预计,“十二五”期间我国单位国内生产总值能源消费强度下降目标不会比“十一五”的目标(下降 20%)有明显下调,而且还会增加碳排放水平下降指标,估计单位国内生产总值二氧化碳排放强度下降目标会略高于能源消费强度下降目标。同时,二氧化硫、化学需氧量等主要污染物排放总量下降目标也会与“十一五”相当。为实现这些目标,“十二五”期间国家的监管政策会更加严格,节能环保技术及相关产业的发展也会加快。企业间、区域之间的排放权交易、碳交易将会增加,碳金融将会加快发展,森林、绿地等碳汇资产将会受到更多的重视。

15.2.3 2011 年我国宏观经济基本走势

综合判断,2011 年我国经济增长率可能在 9% 左右,较 2010 年略有回调。受基数和政策调整因素的影响,2011 年经济走势将呈前低后高态

势,预计一季度为全年增长的谷底,随后增长率将逐季提高。同时,通胀压力也趋于增强。

1. 消费将继续保持平稳较快增长

2011 年支持消费增长的有利条件仍然较多:一是国民经济继续向预定目标发展,回升向好的基础进一步巩固,为消费增长提供了基础。二是居民就业和收入将继续增长,目前劳动力供求关系正发生历史性的变化,工资、特别是消费增长潜力较大的低端劳动力的工资上涨较快,将提升消费能力。三是鼓励消费将是国家长期的政策取向,政策环境也将越来越有利于消费的增长。同时,消费增长也面临着一些制约因素:城乡居民实际收入增速有所回调,对城镇居民消费增长将形成硬约束;2010 年 5 月份以来民生性财政支出增长有所加快,但仍明显低于 2007 年以来的平均水平;2010 年三季度以后消费实际增速已小幅回落,消费者信心指数也出现回调。但总的来看,2011 年消费仍将保持较快增长,预计全年社会消费品零售总额增长 18% 左右,名义增速基本与 2010 年持平,实际增速略低于 2010 年。

从需求方面看,我国市场潜力巨大。按 2010 年价格计算,到"十二五"期末的 2015 年,人均国内生产总值预计达到 3. 96 万元人民币。人均收入水平的提高,将推动需求结构及相应的产业结构的升级。从供给方面看,我国资金供给充裕,科技和教育水平整体提升,劳动力素质提高,基础设施日益完善。我国拥有不断增强的财政实力、较为宽裕的信贷资金和较为充足的外汇储备,可以有效保证经济、社会发展的资金供给。同时,我国科技和教育水平会整体得到提升,劳动力素质将进一步提高,自主创新水平也会不断提高,科技实力显著提升。我国全社会研究与试验发展经费支出总量占国内生产总值的比重,在"十一五"时期由 1. 3% 上升到 1. 8% ,到"十二五"时期末预计进一步上升到 2. 2% 。另外,基础设施将日益完善。"十二五"时期,进一步统筹各种运输方式发展,基本建成国家快速铁路网和高速公路网,构建网络设施衔接完善、技术装备先进适用、交通服务安全高效的综合交通运输体系。

2. 固定资产投资将在高位持续增长

"十二五"开局之年的投资热情、产业转移和战略性新兴产业发展、民生工程建设等因素，将对2011年的投资增长起到重要支撑作用。各地重大规划项目陆续开工建设，特别是中西部地区基础设施建设空间较大，对基础设施投资增长将形成重要支撑。从中长期来看，我国制造业投资会出现稳中略降的态势，但今后两年仍将保持一定增速。但2011年投资增长也面临一些不确定因素：首先是房地产投资，房地产成交量的持续负增长，对房地产开发投资将产生一定的负面影响；而打击房地产开发企业囤地行为和严格控制开、竣工时间，又会刺激房地产开发企业加快开发进度；保障性住房建设力度加大，也会部分弥补房地产开发投资规模收缩对房地产投资增长的负面影响；总的来看，2011年房地产投资增长将有所回落，但不会出现深度滑坡。其次，2010年调控措施的滞后影响、资源环境约束的加强和治理产能过剩等因素，也会对2011年的投资起到制约作用。综合判断，2011年城镇固定资产投资增速将呈现前低后高走势，全年增速在22%左右，略低于2010年。

3. 进出口增速会出现一定幅度的回落

随着全球经济的温和复苏，特别是新兴经济体经济的较快增长，有利于我国出口增长。但随着世界经济增速回调，全球贸易增长减缓，贸易保护主义抬头，我国产品出口将面临更高的贸易壁垒。重启人民币汇改进程后，人民币汇率升值预期增强，汇率波动幅度加大，再叠加上生产成本上升的因素，也会对出口产生不利影响。同时，2010年全年出口达到30%左右的高增长，也会导致2011年的增长基数较高。综合上述因素，预计2011年我国出口增长将有一定幅度回落，月度出口增速将呈前低后高走势，全年出口增长在15% ~20%之间。进口增速会略高于出口，贸易顺差较2010年小幅收窄。

4. 价格上行的压力将进一步加大

2011年，抑制和推动物价上涨的因素同时存在。抑制物价上涨的因素主要有：消费和投资实际增速回调、货币供给回归适度增长区间，需求拉动因素趋于弱化，产出缺口和货币缺口不会对2011年CPI造成新的冲击；未来人民币升值压力加大，也会在一定程度上减轻输入型通胀压力；我国粮食生产连续第七年丰收，国家稻米、小麦、食用油等储备都比较充足,价格调控能力增强。但推动物价上涨的因素也显著增加:一是食品价格上涨的动力较强。由于生产成本上升,政府提高粮食收购价格,市场粮价将会继续上涨,并带动肉禽蛋价格上涨;受极端天气的影响,蔬菜等储存周期短的农产品价格仍有短期剧烈波动的可能。二是居住价格上涨趋势可能延续。受高房价的影响,自2010年初房租同比增速大幅上升,7~9月房租同比分别上涨5.9%、6.5%和6.7%,并还可能在高位波动上行;房屋贷款利率上升也会推动居住价格上涨;居民用水、电、气调价等因素也将进一步推高居住价格。三是工资上涨具有刚性。由于劳动力供求关系发生转折性变化,近两年我国工资增长较快,《中共中央关于制定国民经济和社会发展第十二个五年规划的建议》提出努力实现居民收入增长和经济发展同步,劳动报酬增长和劳动生产率提高同步,未来工资将持续上涨。工资上升对劳动生产率较高的制造业影响有限,但对劳动生产率不高的服务业和农业将会产生较大影响,服务价格和农产品价格可能随之上升。四是输入性影响。美元等主要货币汇率仍存在贬值的可能,国际初级产品价格仍可能继续波动上涨,并通过进口、期货市场等渠道传导到国内;发达经济体实施的量化宽松政策将促使热钱继续流入,进一步推高国内货币存量和通胀压力。总的来看,2011年物价上涨压力加大。CPI同比增速将会前高后低,全年可能在4%左右,个别月份可能会突破5%。而且,物价上涨以输入性因素、成本推动因素为主,也增加了货币政策的调控难度。

5. 经济发展将从资源高消耗,环境高污染的粗放型增长转变为资源节约型、环境友好型增长

长期以来,我国经济的高速增长主要是以资源高消耗、高投入、环境高污染而实现经济的高增长,随着我国资源开发强度加大,国际矿产资源价格越来越高,老百姓对于生活环境、生活质量提出了越来越高的要求,国际社会对于节能减排和气候变化给予了越来越多的关注,在这样的国际、国内大发展背景下,我国必须要从资源高消耗、环境高污染的粗放型增长,转变为资源节约型、环境友好型增长。目前,我国已经成为最大的能源消耗国和二氧化碳排放国。新能源技术和先进的节能环保技术在我国拥有广阔的市场空间,容易形成规模经济,从而降低研发成本,未来,在

新一轮的技术革命周期中,我国基于成熟的制造技术和研发技术,有可能达到世界先进水平。

15.3 “十二五”我国能源发展趋势

1. 传统能源清洁高效利用的比例将大幅提高

“十二五”时期,煤炭、石油等化石能源仍将是我国能源供应的主体,特别是煤炭在保障我国能源安全中,仍将起基础性作用。在这一大前提条件下,传统能源的清洁高效利用对转变传统能源发展方式,调整能源结构、合理控制能源消费总量具有十分重要的意义。

一是有序推进包括新疆在内的14个大型煤炭基地建设。按照“控制东部、稳定中部、发展西部”的原则,合理控制煤炭开发规模和开采强度。提高煤炭洗选比例,在特大型矿区内建设低热值燃料综合利用发电项目。结合煤质、水资源及生态环境条件,合理规划煤制烯烃等煤化工项目。加强国内石油勘探开发。按照“稳定东部、加快西部、发展南方、开拓海上”的原则,有序推进国内原油勘探开发,努力使国内原油产量稳定在2亿t左右。

加快发展天然气产业。按照“稳定东部、加快西部、常规和非常规并举”的思路,加大鄂尔多斯、川渝、塔里木等重点产气区的勘探开发。抓好主力气田增产,加快建设塔里木、西南、长庆三个年产量200亿方级大气田。积极开发海上天然气资源。加快开发煤层气、页岩气等非常规天然气资源。

优化炼油工业布局。“十二五”期间,完成约1亿t新增炼油能力建设,基本形成以中俄、中哈、中缅3个能源通道炼化产业带,以及环渤海、长三角、珠三角3个炼油集聚区为主体的“三带三圈”炼化产业发展新格局。到2015年,全国一次原油加工能力达到6亿t,成品油年产量达到3.1亿t。

二是优化发展火电开发布局。“十二五”时期,火电仍然是我国的主力电源。要统筹资源、环境和市场需求,合理控制火电建设规模,为水电、核电、风电等新能源发展留下足够空间。据初步测算,“十二五”时期新开工建设火电规模在2.6亿~2.7亿kW。今年是“十二五”的开局之年,包括热电联产和燃气电站,拟新开工火电8000万kW。为优化火电开发布局,在西部煤炭富集地区,按照集约化开发和煤电一体化模式,采用先进节水技术,建设大型煤电基地电站项目。在东、中部地区,主要考虑建设保障电网供电安全的电站项目,严格控制新建、扩建“上大压小”和热电联产以外的燃煤电厂。在边疆少数民族和经济欠发达地区,建设一定规模的燃煤电站。继续淘汰能耗高、污染重的小火电机组。优先安排符合要求的“上大压小”项目,完善政策,切实做好关停企业的人员安置和资产处理工作。发展热电联产。在北方采暖城市以及热负荷集中的工业园区,结合淘汰分散供热锅炉和小热电,建设热电联产或热电冷联供项目。合理安排天然气发电项目。在气源充足、价格承受能力强、电网调峰压力大的大中城市,适度发展一定规模的燃气调峰电站。加强电力科技创新。掌握拥有自主知识产权的600℃百万千瓦超超临界机组设计和制造技术,研究开发700℃参数的超超临界发电机组,建设大型循环流化床和整体煤气化联合循环示范工程。

2. 新能源与可再生能源发展步伐进一步加快

未来10年我国将致力于调整以煤为主的能源结构,增加清洁能源比重,使我国水电、核电、风电、太阳能等非化石能源占一次能源消费总量的比重由目前的仅为8.3%,提高至2015年的11.4%,力争到2020年实现我国向国际社会承诺的15%。

一是在保护生态和做好移民工作的前提下积极发展水电。我国水能资源丰富,技术可开发量5.42亿kW,水电装机容量刚突破2亿kW,仍有较大开发潜力。实现2020年非化石能源消费比重15%的目标,一半以上需要水电来完成。争取到“十二五”末,水电在一次能源消费中所占比重达到6.5%左右。今年的任务是在水能资源丰富、建设条件较好、开发程度偏低、环保论证充分的金沙江下游、雅砻江、大渡河、澜沧江中下游、黄河上游等水电基地,开工建设一批大中型水电站或推进前期工作,争取开工建设糯扎渡水电站,做好乌东德、白鹤滩两个大型水电项目的前期工作。全年水电新开工规模达到2000万kW以上。

二是在确保安全的基础上高效发展核电。大力发展核电,将是我国减少煤炭依赖、应对气候变化的重要选择。由于核安全是核电发展的生命线,推进核电建设,必须坚持安全第一的原则。研发更为安全高效的核电技术。做好三代核电技术的引进、消化、吸收和再创新,加快研发具有安全性高的新堆型,以及能适应不同规模电网的系列化核电堆型,尽快形成具有自主知识产权的核电品牌。同时,积极参与国际上新堆型的合作研发。加强在运核电站管理,提高安全运营水平。抓好在建核电站安全建设,严格遵守建设规程。推进重大关键装备国产化,加强设备制造质量和安全监管。加快核电人才培养,以适应我国核电加快发展的人才需求。优先安排沿海核电建设,稳步推进内陆核电项目。有序开工田湾二期、红沿河二期、三门二期、海阳二期等项目。适时建设桃花江一期,大畈一期和彭泽一期工程。

三是积极发展风电。我国陆地风能资源潜力有 23 亿 kW,海上风能资源约 2 亿 kW。“十二五”期间,我国一方面将重点发展内蒙古、甘肃、新疆、河北、江苏、山东、吉林及东北地区等千万千瓦级风电基地,另一方面将加快海上风电开发。在加强风电建设的同时,下大力气解决好风电接入电网和市场消纳问题。重视风电就地转化利用,拓展风电就地消纳途径。加强电网调节能力建设,提高跨区域消纳规模。结合智能电网研究,加强风电并网技术研发和并网标准建设,做好风能和风机发电功率预测等工作。提高风电装备制造业水平。支持风电设备企业加大研发投入,提高控制系统等关键环节的自主研发能力,改进风电设备质量和性能。扶持大型风电企业发展,提高产业集中度。鼓励我国风电企业和风电设备“走出去”。

四是稳步发展太阳能。太阳能资源取之不尽、用之不竭,是最具发展前景的新能源。经过多年发展,我国太阳能热利用已非常普及,形成了比较完整的太阳能光伏产业链,国内太阳能光伏发电市场开始启动,起步良好。当前的主要问题是太阳能光伏发电转化效率较低,发电成本较高。下一步,在继续推广利用太阳能热水器,争取到 2015 年我国太阳能热利用面积达到 4 亿 m^2 的同时加大对太阳能发电技术研发的支持。建设国家级太阳能研发试验中心,增加财政和企业的研发投入。密切跟踪国外太阳能技术发展的最新动态,加强国内外技术交流与合作。稳步启动国内太阳能发电市场。在太阳能资源丰富、具有荒漠和荒芜土地资源的地区,建设一批大型并网光伏示范电站。在城镇推广与建筑结合的分布式并网光伏发电系统。在偏远、无电地区推广户用光伏发电系统或建设小型光伏电站。在内蒙古、甘肃、青海、新疆、西藏的适宜地区,开展太阳能热发电试点。加强行业规划和准入管理,建立产品能耗标准和污染物排放标准,控制能耗高、污染重的光伏发电产品生产。加快光伏发电产业科技创新和进步,把它培养成为我国先进的装备制造产业和新兴能源支柱产业。

五是开发利用生物质能和地热能。按照"不与民争粮、不与粮争地、不破坏环境"的原则,开发利用生物质能。依据资源条件,科学布局生物质发电项目。继续推进生物柴油产业化。加快生物质成型燃料试验示范工程建设。因地制宜建设地热发电站。推广地源热泵高效利用技术。

3. 能源发展区域布局进一步得到优化

我国能源资源主要分布在西部,能源消费主要集中在东部,长距离、大规模的北煤南运、西电东送、北油南运、西气东输是我国能源运输的基本格局。因此统筹东中西部能源开发对保证能源供给具有重要意义。一是按照"加快西部、稳定中部、优化东部"的原则,构筑区域能源优势互补、资源高效配置、能源开发与环境相和谐的能源发展布局。即加快西部地区能源资源开发利用、建设大型煤炭基地和现代化矿井、发展大型煤电基地和坑口电站群、加强油气资源勘探开发、加快西南地区和黄河上游水电开发、大力发展风能和太阳能;稳定山西煤炭资源开发,随着河南、安徽煤炭资源的逐步减少,为延长开采年限,要调整两省开发强度,不宜以增加产能为目标,要在提高回采率上多下工夫,合理布局燃煤电站建设,适时推进内陆核电建设,因地制宜发展可再生能源;加快海上油气带建设,稳定陆上油气生产,控制东部煤炭资源开采,大力发展核电、风电等新能源和可再生能源。因地制宜发展燃气调峰电站和热电联产,严格控制东部地区新增火电项目,在大中城市及其附近地区不再布局建设新的燃煤电站,所需电力通过西部输电解决。

二是建设现代能源储运体系。推进煤炭运输通道建设。加强"三西”地区以及蒙东、新疆东部外运通道建设，提高北煤南运、西煤东运能力。加强沿海主要煤炭装卸港泊位和长江中部下水港能力建设。加强电网建设。完善区域500kV和750kV主干网架，实施“全国联网”工程，促进各级电网协调发展。继续推进“西电东送”、“北电南送”，建设超高压和特高压输电线路。改造城乡配电网，积极推进智能电网建设，提升电网的信息化、自动化、互动化水平。加快油气管网建设。根据国内新建整装油气田上产，以及老油气田增产需要，加强兰州－成都、长庆－华北等原油输送管道，以及西气东输三线、东北管网等天然气骨干管道建设。继续完善华北、长三角、东南沿海，以及沿江地区的成品油管网。建设与海洋油气生产配套的集输管线。到2015年，国内油气管道总长度达到14万km左右。加强能源战略储备。全面推进国家石油储备二期项目建设，做好三期工程前期工作。加紧建设一批天然气储备库，重点做好大中城市调峰储气设施建设。

三是加强农村和民族地区能源建设。大力推进农村电网建设与改造。加大中央财政性资金投入，实施新一轮农村电网改造升级工程，使农村居民生活用电得到较好保障，农业生产设施用电得到基本解决，城乡各类用电同网同价。加强无电地区电力建设。重点解决西藏、新疆、青海、云南、四川、内蒙古等省区无电地区用电问题。继续支持农村户用沼气和集中沼气建设。到2015年，农村沼气用户达到6000万户，建成3000个规模化养殖场沼气集中供气工程。在农村推广应用太阳能热利用技术。实施村镇阳光浴室工程，推广应用太阳能热水器、太阳灶和节能炉等高效清洁能源技术和产品。加强民族地区能源建设。加强西藏、新疆电网建设，扩大电网覆盖面。建设西藏、新疆与西北网联网工程。建设格尔木－拉萨天然气管线，让藏区人民用上天然气。在偏远农牧区，建设一批小型太阳能发电、风光互补电站和太阳能热利用设施。

四是加强国家能源战略基地建设。山西、鄂尔多斯盆地、蒙东、西南、新疆五个区域煤炭、油气、水力资源蕴藏量占全国的70%以上，要统筹做好开发规划，把握开发强度、节奏和时序，把这五个能源资源集聚区域打造成为支撑我国经济长期发展的国家能源战略基地。

4. “走出去”的战略步伐将进一步加快

“十二五”期间，一要建设好现有陆上东北、西北和西南三大通道。保障中俄原油管道、中亚天然气管道、中哈原油管道的运输安全。加快中缅油气管道建设。

二要鼓励企业利用自身优势，加大同有关国家的能源资源合作，积极参与境外油气、煤炭、电力等领域的投资与开发。

三要通过境外能源工程承包、技术服务、劳务合作等方式，带动油气、火电、水电、电网、核电和风电设备出口。

四要利用已有的多双边机制，积极开展与能源资源生产国、消费国的对话与交流，宣传我国能源政策、增信释疑，促进友好，务实合作。

五要建立健全能源“走出去”跨部门协调机制，强化政府在其中的统筹、协调、指导和服务职能。积极推动能源大型企业国际化经营，开展有利于改善当地民生的项目合作。

5. 创新能力建设将进一步提高

推动我国能源发展方式转变，必须更多依靠科技创新。在“十二五”能源发展，乃至维护国家更长时期的能源安全，科技创新都具有十分重要的战略地位。

依托国家科技重大专项，带动能源科技创新取得重大突破。在“十二五”继续组织开展“大型油气田及煤层气开发”和“大型先进压水堆和高温气冷堆”两个国家科技重大专项。以国家科技重大专项实施为载体，增强能源领域原始创新、集成创新和引进消化吸收再创新能力，抢占未来能源科技竞争制高点。

依托国家能源研发实验中心，组织重大能源科技攻关。充分发挥好、利用好国家能源研发实验中心的作用，根据国家经济发展和市场需要，加强自主研发，开展核心技术攻关和成果转化研究。重点在核电、新能源和大型油气田、页岩气等领域，发展一批对产业发展整体带动性强、对资源开发和可持续发展具有战略意义的关键技术。

依托国家重大工程，推进能源重大装备自主化。将能源工程建设和重大能源装备自主化相结合，加强技术攻关和综合配套。建立健全能源装备标准、监测和认证体系，进一步完善政策支持体系，落实首台(套)能源重大技术装备国产化政策，加大对能源装备自主化的资金支持力度。加强对能源装备产业的规划引导，推动结构调整，防止低水平重复建设。重点推进核电、洁净煤发电、新能源、燃气轮机、油气勘探开发及管道、海洋油气钻探、天然气液化等关键设备的自主化制造工作，努力将能源装备制造业培育成我国重要的战略性新兴产业。

6. 能源领域的各项改革将进一步推进

深化能源价格改革，理顺煤、电、油、气等资源类产品价格关系。研究制定促进能源结构调整、能源节约、清洁能源技术研发和推广的财税金融政策。推进电力体制改革，完善农电管理体制，研究出台煤、电行业协调发展的政策措施。培育石油、煤炭现货和期货交易市场体系。加强能源法制建设，尽快出台《能源法》，完善配套的法律、法规和规章。2011 年将主要贯彻落实《国务院关于加强法制政府建设的意见》，积极推进能源法、煤炭法(修订)和海洋石油天然气管道保护条例的审查修改。同时抓紧核电、国家石油储备和天然气基础设施管理立法。研究修改电力法。抓紧石油天然气立法前期工作。贯彻实施可再生能源法，制定实施可再生能源配额管理办法。认真履行石油天然气管道保护法赋予的职责，加强各自行政区域内管道保护工作。

15.4 “十二五”我国煤炭工业发展思路及主要任务

“十二五”期间是我国煤炭工业结构调整，转变发展方式，实现可持续发展的重要时期。认真总结煤炭工业发展改革发展经验，正确把握发展思路和方向，明确发展任务，对解决制约煤炭工业改革发展的突出矛盾和问题，努力推进煤炭工业节约发展、清洁发展、安全发展和可持续发展，为我国全面建设小康社会，保障国家能源安全稳定具有重要的现实意义。

15.4.1 “十二五”煤炭工业发展趋势

1. 煤炭需求仍将保持适度增长

综合各方因素看，“十二五”期间，我国经济仍将继续保持平稳较快发展，与之对应的是包括煤炭在内的能源需求仍将保持适度增长。初步预测，到2015年，全国煤炭消费总量将达到40亿t左右，在2010年煤炭消费量的基础上，净增8亿t左右，仍有较大的发展空间。

2. 产能将得到进一步释放

目前，主要产煤地区、大型煤炭企业继续加大煤矿建设投资，改造提升煤矿生产能力。初步调查，到2015年，按照主要产煤省的规划产量，全国煤炭产量将超过42亿t。各主要产煤省、各大煤炭企业发展规划思路，大都延续了前几年的产量增长趋势。因此，“十二五”期间，煤炭供应能力仍将继续保持增长态势。

3. 科技进步与创新发展对煤炭企业的进步与发展作用更加彰显

预计“十二五”期间，随着我国煤炭科技进步加快，自主创新能力提高，新技术、新工艺、新装备不断涌现，千万吨大型煤矿技术装备制造能力提高，电液控制阀等关键部件逐步实现国产化，一些制约煤炭工业发展的基础理论、关键技术将逐渐被攻破，煤炭清洁开采、高效、低碳利用技术研发取得的成功，将为煤炭工业发展带来更多的机遇和更大的空间。

4. 煤炭结构调整步伐将进一步加快

2010年10月16日，国务院办公厅转发了国家发展改革委《关于加快推进煤矿企业兼并重组的若干意见》（国办发〔2010〕46号文，以下简称《若干意见》）。《若干意见》指出，加快煤矿企业兼并重组，是规范煤炭开发秩序、保护和集约开发煤炭资源、保障能源可靠供应的必然要求，是调整优化产业结构、提高发展质量和效益、实现长期可持续发展的重大举措。《若干意见》明确提出，通过兼并重组，全国煤矿企业数量特别是小煤矿数量明显减少，形成一批年产5000万t以上的特大型煤矿企业集团，煤矿企业年均产能提高到80万t以上，特大型煤矿企业集团煤炭产量占全国总产量的比例达到50%以上。煤矿技术装备水平明显提升，安全生产条件明显改善，煤炭资源回采率明显提高，环境保护与治理得到加 发秩序进一步规范，形成以股份制为主要形式、多种所有制并 局。

若干意见》的颁布实施，“十二五”期间，在国家和地方政府的推动下，煤炭企业兼并重组的速度会进一步加快，随着大型煤炭企业集团的快速壮大，煤炭企业的规模效益逐渐显现；大型煤炭基地内产业集群发展，上下游产业一体化联合经营，产业衔接将更加密切，互利共赢发展趋势将进一步明显，以煤基多联产为方向的煤电、煤化工产业发展会更为成熟；产业集中度将进一步提高，市场秩序更加稳定，煤炭经济运行质量会进一步提高。

5. 政策效力进一步显现

近年来，国家出台相关政策措施，有力地支持了煤炭工业发展。煤矿提取安全生产费用政策，为煤矿安全提供了资金保障。初步统计，全国煤矿已累计提取煤矿安全生产费用超过 1800 多亿元。国家推进煤炭市场化改革，取消政府主导的订货制度，放开煤炭价格，为推进煤炭市场化发挥了重要作用。国家出台棚户区改造支持政策，使长期生活在棚户区的矿工生活条件得以改善。产煤省区政府也配套出台了一系列政策，如安徽省出台支持政策，煤矿安全费用上不封顶，将煤炭资源价款省级分成部分返还给煤炭企业，支持企业发展。这些政策措施的效应在“十二五”期间将逐渐显现，也将成为煤炭工业发展机遇。

6. 运输瓶颈将进一步得到缓解

根据中国铁路网建设规划，规划新建铁路 4.1 万公里。今后一个时期，在原规划的煤炭外运基地基础上，增加了新疆地区煤炭外运基地，并重点强化“三西”地区煤炭下海和铁路直达中南、华东内陆地区通道。规划新建内蒙古中西部、山西中南部煤运铁路和乌鲁木齐—哈密—兰州铁路等。“十二五”期间，全国煤炭铁路运输网将逐渐完善，煤炭供应保障能力和供应效率将大幅提高。

15.4.2 “十二五”我国煤炭工业发展思路

1. 坚持科学、有序发展

统筹考虑煤炭资源条件、矿区生态环境承载能力、煤炭科技发展水平、煤矿安全保障程度和煤矿从业人员素质，树立煤炭科学产能理念，把握节奏、合理有序开发、综合高效利用资源，降低煤炭资源消耗强度，提高资源可持续利用能力，努力实现煤炭行业由产量速度型向质量效益型转变。

2. 坚持创新、高效发展

充分发挥科技创新的支撑作用，加大煤炭行业重大基础理论和关键性技术研究，推动煤矿由传统的生产方式向大型化、现代化、自动化、信息化的方向转变，煤炭企业管理由经验决策向信息化、系统化、科学化决策上来，运用先进的煤炭资源开发规划发展思想，推进煤炭资源整合与兼并重组，加快建设大型煤炭基地、大型现代化煤矿和安全高效矿井，实现由粗放的煤炭开采技术向以高新技术为支撑的安全高效开采转变。结合我国煤炭资源开发与消费布局特点，以资源开发生产为龙头，发展新兴产业，提升煤炭价值空间。推动煤炭上下游产业一体化发展，拓展行业发展空间；推进煤炭深加工转化，提高原煤入选比例，支持现代煤化工技术发展，促进煤炭产业升级。构建产业集群发展模式，提高全国煤炭有效供应保障能力。

3. 坚持绿色、低碳发展

统筹矿区煤及与煤共伴生资源的综合开发，发展具有煤炭特色的循环经济产业，促进节能减排。开发研制和推广应用绿色开采技术和矿区环境恢复与治理技术，从根本上改善矿区生态环境，走高碳产业低碳经济发展道路，建立矿区生态环境恢复与治理机制，实现资源开发利用、环境保护与区域经济社会协调发展。

4. 坚持安全、和谐发展

坚持“以人为本、生命至上”的发展理念，认真贯彻“安全第一、预防为主、综合治理”方针，建立煤矿安全生产长效机制，提高煤矿建设标准，建立煤炭行业准入制度，提高从业人员素质，煤矿安全生产实现由控制伤亡事故向职业安全转变，逐步把煤炭行业建设成为一个安全的行业，一个劳动者生命安全和身体健康得到切实保障的行业，一个全面协调可持续发展的行业。从根本上改变煤炭高危行业的形象，促进人与自然和谐发展。

15.4.3 "十二五"我国煤炭工业发展目标

"十二五"期间,煤炭工业要加快转变发展方式,形成有利于煤炭工业可持续发展的体制机制。一是大力推进煤矿企业兼并重组和资源整合,促进煤炭工业由粗放式增长向集约化发展转变,结构布局明显优化;二是加快发展煤矿机械化、信息化、促进煤炭工业从劳动密集型向资金技术密集型转变,生产力水平明显提高;三是大力发展洁净煤和循环经济产业,促进煤炭生产由排放多、污染大,向绿色开采、清洁生产转变,矿区生态环境明显改善;四是实施走出去战略,促进煤炭生产供应由立足国内为主向利用国际国内两种资源、两个市场转变,供应保障能力明显增强;五是加强安全保障能力建设,促进煤矿安全生产由总体稳定向基本治理转变,安全生产状况明显好转。到2015年实现如下基本目标:煤炭产量达38亿t左右,原煤入选率达到65%左右;加快推进大型煤炭企业、现代化煤矿、千万吨矿井、大型露天煤矿建设,改造中小煤矿;大型煤矿全部实现机械化生产;煤矿安全保障能力大幅提高,有效遏制煤矿重大事故,百万吨死亡率降到0.5以下;煤层气利用达到200亿m^3,矸石利用率达到75%,矿井水达标排放100%,土地复垦60%;煤矿职工收入大幅提高。

15.4.4 "十二五"我国煤炭工业发展的主要任务

1. 加快建设大型煤炭基地,确保煤炭稳定供应

"十二五"时期,我国将加大对14个大型煤炭基地的建设实施力度,根据控制东部、稳定中部、发展西部的原则,煤炭生产继续向西部地区转移,陕晋蒙大型矿区和大型矿井建设加紧进行,新疆煤炭资源开发成为新热点,东部重点产煤省区煤炭开采向深部发展,依托区域优势和技术支撑产量得到稳定和提高。按照大型煤炭基地功能定位和开发部署,坚持一个矿区原则上由一个主体开发,加大资源勘查、矿权整合、小煤矿淘汰、企业兼并重组力度,集中高效开发煤炭资源,并做好能源输送通道、水源等基础设施的衔接和配套。在开发布局过程中对煤炭消费量较大、而资源短缺的地区,鼓励建设煤炭储配转运基地。

2. 推进煤炭产业结构调整,切实转变经济发展方式

进一步明确煤炭产业结构调整方向,加快大型煤炭基地建设,推进煤炭资源整合和企业兼并重组,培育和发展大型煤炭企业集团。有序推进煤炭产业布局战略西移,稳定东部地区煤炭产量,提高中部地区煤炭供应保障能力,根据国民经济发展需要和环境承载能力,加大西部煤炭资源开发强度。推进大型现代化煤矿和安全高效矿井建设,提升煤炭工业整体生产力水平。鼓励煤炭上下游产业一体化经营,发展煤炭产业集群,推进资源开发、环境保护与区域经济协调发展。深化煤炭市场化改革,促进按商品煤计量、按发热量计价政策的实施;研究建立以商品煤计量的经济技术指标体系,完善反映市场供求关系、资源稀缺程度、环境成本和煤矿安全的煤炭市场价格形成机制。

3. 推进科技进步,提高煤炭自主创新能力

“十二五”期间,力争在煤炭重大基础理论和科技攻关方面取得突破性进展。加大科技创新人才培养力度,培养一批煤炭科技领军人才。加快煤炭装备国产化进程,积极推进年产1000万吨综采成套装备研发与实验,在实施工业性实验的基础上,完成产品定型和推广。开展重大科技成果集成研究。重点围绕煤矿高效现代化开采技术、建井技术、煤层气(煤矿瓦斯)抽采与综合利用技术、煤炭地质保障技术和煤炭循环经济技术开展研究,形成完整、系统的煤炭重大科技创新体系,提升煤炭生产力总体水平。

4. 加大煤层气开发力度,推进煤矿先抽后采

近年来,煤炭行业坚持“先抽后采、监测监控、以风定产”的煤矿瓦斯治理“十二字”方针,煤矿重特大事故得到了有效遏制。但重特大瓦斯事故仍时有发生,煤矿瓦斯治理工作任务还十分艰巨。“十二五”期间要加强全国煤层气抽采利用规划研究,做到地面抽采与煤矿井下抽放相结合,煤层气开发与煤矿生产相结合。加强煤层气勘查,开展全国煤层气资源分布与储量预测与评价。推广适合我国低透气性煤层气抽采的装备与技术,提高煤层气抽采利用率。推进煤矿先抽后采,提高煤矿安全保障程度。

5. 发展以煤为基础的循环经济,从源头上促进节能减排

“十二五”期间,要统筹考虑大型煤炭基地建设、大型坑口电厂建设、煤焦化工产业发展,建立具有产业特色的循环经济园区;煤炭生产规划要与下游产业发展规划有效衔接,合理布局,促进资源消耗“减量化”,废物利用“资源化”,提高煤炭资源综合利用水平;鼓励煤气共采、煤矸石和矿井水利用,实现煤与共伴生资源在产业链条上“再利用、再循环”,从源头上促进节能减排。

6. 加强教育培训体系建设,提高煤炭从业人员素质

目前我国煤炭整体从业人员素质普遍较低,与煤炭工业快速发展实际要求还有很大差距。“十二五”期间要把提高煤炭从业人员素质当做重要工作来抓。根据我国煤炭工业改革发展实际,合理调整大专院校煤炭主体专业招生人数和培养方向,满足煤炭行业发展需求;进一步加大对煤炭主体专业的政策扶持力度,支持青年学生毕业后到煤矿基层工作。主要产煤地区政府要加强农民工就业前培训和再就业培训。煤炭企业要根据产业发展需要,变招工为招生,确保煤炭从业人员全部实现岗前培训;建立人才引进与激励机制,招得进、留得住、用得好人才,为煤炭工业持续健康发展提供有力支撑。